JN260613

一気に攻略
TOEFL ITP® テスト
文法

トフルゼミナール講師
鈴木順一
Junichi Suzuki

TOEFL ITP is a registered trademark of Educational Testing Service (ETS). This publication is not endorsed or approved by ETS.

テイエス企画

はじめに

　本書は TOEFL ITP（Institutional Testing Program）の Section 2 にあたる Structure and Written Expression で高得点を目指す方を対象にした学習参考書です。学習参考書といっても、筆者である僕がこれまでに解いた実際の試験問題や類題をもとに、皆さんに TOEFL テストの姿とテスト問題の解き方やコツをお伝えするガイドブックだと考えております。

　昨今の日本における従来の英語教育是正の風潮の中で、「英語を話すことと書くこと」が今まで以上に重要視されています。僕が学生時代にイギリスに留学していた時に、イギリス人の先生から「日本人の英語力はアジアにおいて下から 2 番目だ」と言われたことを今でも覚えています（一番下の国名は伏せておきます）。何を基準にした英語力なのか今となっては分かるすべもありませんし、それが彼の個人的な意見だったのかも覚えていません。しかし、恐らくは「英語を話す力と書く力」に関するそういった評価だったのではないかと思います。

　一見すると「英文法」と「英語で話す力・書く力」は遠く離れた存在に感じられるかもしれません。しかし、実際には文法が正しく理解できていないと、「より良い英語」で話すことも書くこともできません。例えば英語でエッセーを書いたとしましょう。そのエッセーを他人に読んでもらった時に伝えたい内容は伝わるかも知れません。でも、もしそのエッセーを英語のネイティブスピーカーに添削してもらっても、文法が分からなければ自分の英語がなぜ間違っていたのか分かりません。なぜ間違いなのか分からなければ、次にエッセーを書く際に改善は見込めません。本書を手に取って頂いた皆さんは英語を母語としない方々だと思います。皆さんはネイティブのような英語に対する「語感」を身に付けていないわ

けですから、このことはより一層当てはまります。

　本書を手に取られる方は様々だと思います。「文法は得意分野だから満点を目指そう！」と考えておられる方もいれば、「文法はサッパリだけど、TOEFL 受けないといけないし…」と辛い心境におられる方もいることかと思います。満点を目指す方にとっては「そんな着眼点はこれまで持ってなかった！」と、そして文法が大嫌いな方には「まぁ、一冊読み切ってみて何とか７割は正解できるかな」と感じて頂ければと思います。また、TOEFL を受験される方は海外の大学でさらに勉学に励みたいと考えておられる方が大半であると思います。そのような皆さんには、ただ伝わるだけの英語ではなく「より良い」英語を身に付けて頂きたいと僭越ながら僕は考えております。そのためにも本書が少しでも皆さんの助力となれば幸いです。

　最後になりましたが、本書を出版するにあたって尽力下さった方々に感謝の気持ちをお伝えさせて頂きたいと思います。編集を担当してくださいました飯塚香さんをはじめ、テイエス企画・出版部の皆さんには企画の段階から本当にお世話になりました。そして、本書を執筆する機会を下さいました川端淳司先生には常に心配りを頂き大変感謝しております。

2016 年

　　　　　　　　　　　　　　　　　　　　　　鈴木順一

CONTENTS

一気に攻略 TOEFL ITP® テスト文法

はじめに	3
本書の構成と利用法	7
TOEFL ITPの概要	14

STEP 1 ITP文法問題の特徴

1. 2つのパート	18
2. 語彙力について	18
3. Structure 問題の特徴	19
4. Structure 例題	20
5. Structure 例題の解答プロセス	21
6. Structure 解法のまとめ	22
7. Written Expression 問題の特徴	23
8. Written Expression 例題	24
9. Written Expression 例題の解答プロセス	25
10. Written Expression 解法のまとめ	26

STEP 2 Structure 重要POINT40

学習の進め方	28
POINT 1-8 例題／解答と解説	30
シャッフル問題／解答と解説	42
POINT 9-16 例題／解答と解説	48
シャッフル問題／解答と解説	60
POINT 17-24 例題／解答と解説	66
シャッフル問題／解答と解説	78
POINT 25-32 例題／解答と解説	84
シャッフル問題／解答と解説	98
POINT 33-40 例題／解答と解説	104
シャッフル問題／解答と解説	118

STEP 3 Written Expression 重要POINT60

- 学習の進め方 ……………………………………………………… 126
- ▎POINT 41-48　例題／解答と解説 …………………………… 130
- シャッフル問題／解答と解説 …………………………………… 144
- ▎POINT 49-55　例題／解答と解説 …………………………… 150
- シャッフル問題／解答と解説 …………………………………… 164
- ▎POINT 56-63　例題／解答と解説 …………………………… 170
- シャッフル問題／解答と解説 …………………………………… 186
- ▎POINT 64-70　例題／解答と解説 …………………………… 192
- シャッフル問題／解答と解説 …………………………………… 206
- ▎POINT 71-78　例題／解答と解説 …………………………… 212
- シャッフル問題／解答と解説 …………………………………… 226
- ▎POINT 79-85　例題／解答と解説 …………………………… 232
- シャッフル問題／解答と解説 …………………………………… 246
- ▎POINT 86-93　例題／解答と解説 …………………………… 252
- シャッフル問題／解答と解説 …………………………………… 268
- ▎POINT 94-100　例題／解答と解説 ………………………… 274
- シャッフル問題／解答と解説 …………………………………… 288

STEP 4 ITP文法 模試

- 取り組み方 ………………………………………………………… 296
- 模試1問題 ………………………………………………………… 297
- 解答と解説 ………………………………………………………… 306
- 模試2問題 ………………………………………………………… 324
- 解答と解説 ………………………………………………………… 334
- 模試3問題 ………………………………………………………… 352
- 解答と解説 ………………………………………………………… 362

解答用マークシート　巻末

本書の構成と利用法

本書は、TOEFL ITP の文法セクション（Section 2 Structure and Written Expression）の対策を目的に、以下の STEP で構成されています。STEP を順に学習することにより、本番に備えて十分な知識と演習を積むことができます。

本書の構成〈4つのSTEPで攻略〉

STEP 1 ITP文法問題の特徴

文法セクションの2つのパートで出題される問題の特徴を学習します。例題を解きながら、基本的な解き方を確認しましょう。

STEP 2 Structure 重要POINT40

Structure のパートに出題される問題パターンを習得します。40 の頻出パターンに絞って、覚えるべき重要ポイントを説明しています（重要 POINT リスト：12 ページ）。例題を解きながら各ポイントを理解した後、さらに演習を重ねることで知識の定着を図ります。

STEP 3 Written Expression 重要POINT60

Written Expression のパートに出題される 60 の問題パターンの重要ポイントを、STEP 2 と同様に、例題と演習を通して学習します（重要 POINT リスト：12 ページ）。

STEP 4 ITP文法 模試

本試験の文法セクションの問題構成に準じた試験に挑戦します。3 セットの模試が用意されています。実力試しとして、また直前対策として利用しましょう。

本書の利用法〈STEPの流れ〉

STEP 1 ITP文法問題の特徴

　文法セクションの2つのパートについてどのような問題が出題されるのか、例題とともに説明しています。まずはセクションの全容を把握しましょう。

問題の特徴

各パートの「問題の特徴」「例題」「解答のプロセス」「解法のまとめ」が示されています。

STEP 2 Structure 重要POINT40
STEP 3 Written Expression 重要POINT60

[1]「例題」を解きながら「重要POINT」100項目を押さえる

　7〜8題の例題を順に解いていきます。それぞれの問題には、解法に至るための重要なポイントが含まれています。問題を解いた後、「解答と解説」でポイントを確認しましょう。

重要POINT 例題

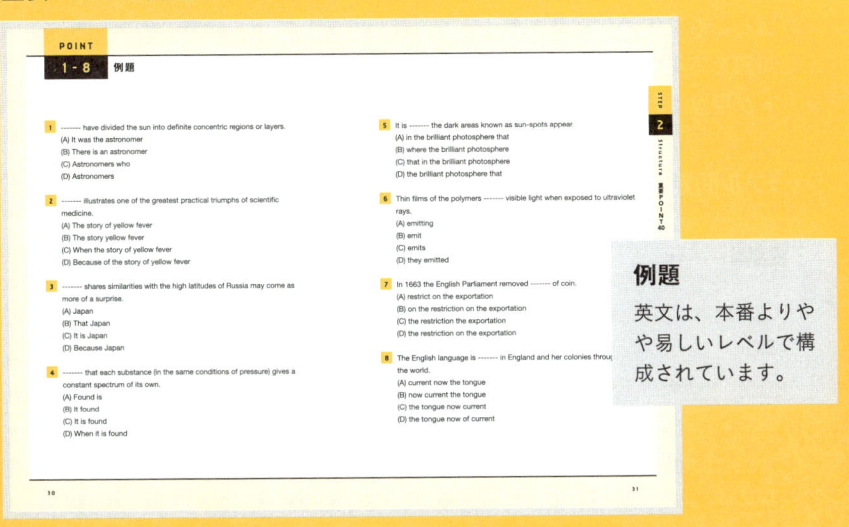

POINT 1-8 例題

1. ------ have divided the sun into definite concentric regions or layers.
   (A) It was the astronomer
   (B) There is an astronomer
   (C) Astronomers who
   (D) Astronomers

2. ------ illustrates one of the greatest practical triumphs of scientific medicine.
   (A) The story of yellow fever
   (B) The story yellow fever
   (C) When the story of yellow fever
   (D) Because of the story of yellow fever

3. ------ shares similarities with the high latitudes of Russia may come as more of a surprise.
   (A) Japan
   (B) That Japan
   (C) It is Japan
   (D) Because Japan

4. ------ that each substance (in the same conditions of pressure) gives a constant spectrum of its own.
   (A) Found is
   (B) It found
   (C) It is found
   (D) When it is found

5. It is ------ the dark areas known as sun-spots appear.
   (A) in the brilliant photosphere that
   (B) where the brilliant photosphere
   (C) that in the brilliant photosphere
   (D) the brilliant photosphere that

6. Thin films of the polymers ------ visible light when exposed to ultraviolet rays.
   (A) emitting
   (B) emit
   (C) emits
   (D) they emitted

7. In 1663 the English Parliament removed ------ of coin.
   (A) restrict on the exportation
   (B) on the restriction on the exportation
   (C) the restriction on the exportation
   (D) the restriction on exportation

8. The English language is ------ in England and her colonies through the world.
   (A) current now the tongue
   (B) now current the tongue
   (C) the tongue now current
   (D) the tongue now of current

例題
英文は、本番よりやや易しいレベルで構成されています。

解答と解説

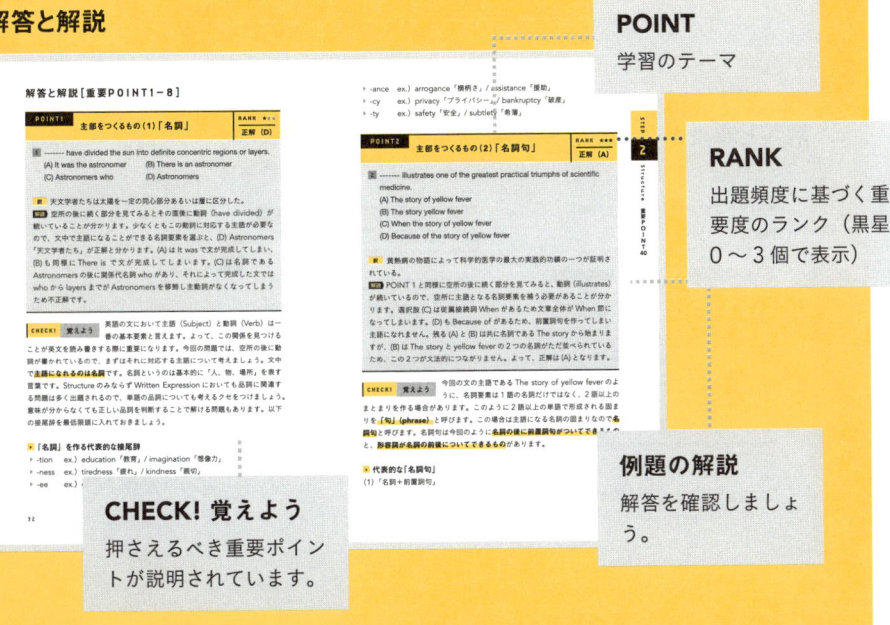

POINT
学習のテーマ

RANK
出題頻度に基づく重要度のランク（黒星0〜3個で表示）

例題の解説
解答を確認しましょう。

CHECK! 覚えよう
押さえるべき重要ポイントが説明されています。

HOW TO PROCEED WITH LEARNING

[2]「シャッフル問題」で演習

例題とともに学習した重要ポイント項目の含まれている問題に挑戦します。学んだ知識を応用できるかどうかを確認して復習しましょう。巻末に解答用マークシートが用意されています。

シャッフル問題

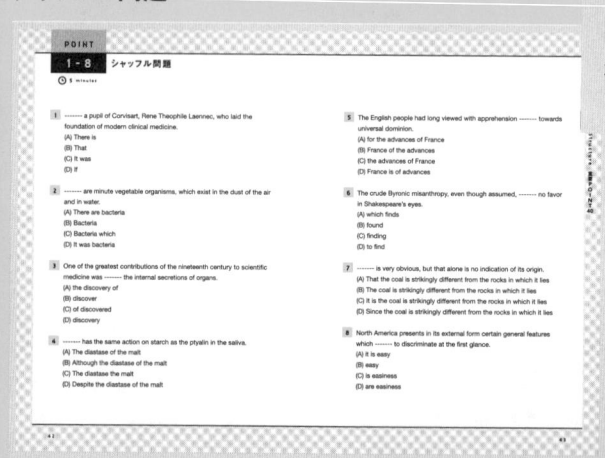

問題
本試験と同様のレベルの英文です。

解答用マークシート

解答と解説

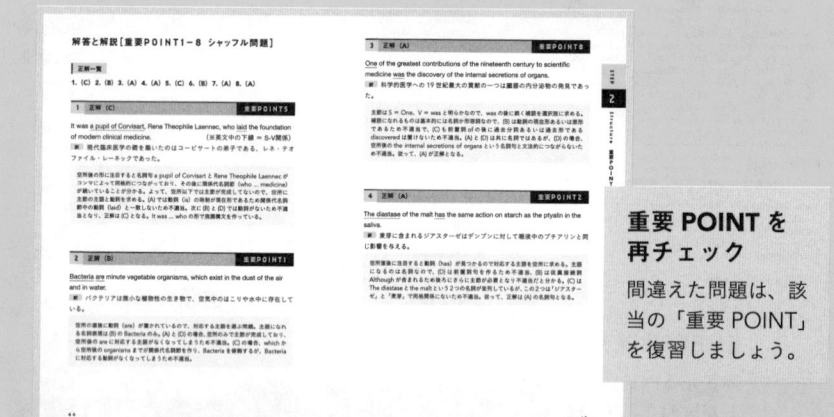

重要 POINT を再チェック
間違えた問題は、該当の「重要 POINT」を復習しましょう。

STEP 4 ITP文法 模試

本番の形式に準じた文法セクションの問題に取り組んでみましょう。巻末の解答用マークシートを利用することができます。

模試問題

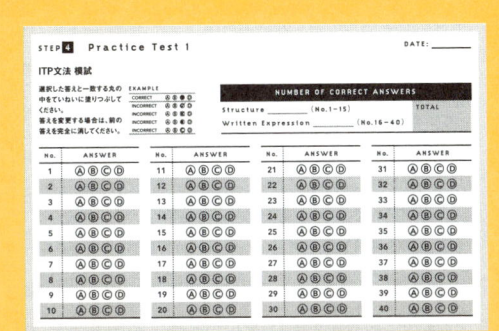

解答用マークシート

解答と解説

重要POINTを再チェック
必要に応じてSTEP 2・3の内容を復習しましょう。

11

STEP 2・3 重要POINT100 学習リスト

No.	項目	重要度
	Structure 1-40	
1	主部をつくるもの(1)「名詞」	★★★
2	主部をつくるもの(2)「名詞句」	★★★
3	主部をつくるもの(3)「名詞節」	★★★
4	主部をつくるもの(4)「it（形式主語）」	★★★
5	強調構文	★★★
6	述部の欠落を補う(1)「主動詞の欠落」	★★★
7	述部の欠落を補う(2)「目的語の欠落」	★★★
8	述部の欠落を補う(3)「補語の欠落」	★★★
9	名詞の同格表現を補う	★★★
10	つなぎ言葉(1)「前置詞」	★★★
11	主部をつくらないもの「前置詞句」	★★★
12	前置詞を含むイディオム	★★★
13	つなぎ言葉(2)「等位接続詞」	★★★
14	つなぎ言葉(3)「従属接続詞」	★★★
15	つなぎ言葉(4)「従属節内のS-beの省略」	★★★
16	「主節のS-V」の欠落を補う	★★★
17	「従属接続詞 S-V」の欠落を補う	★★★
18	「副詞・副詞句」の欠落を補う	★★★
19	不定詞句を補う(1)「名詞用法」	★★★
20	不定詞句を補う(2)「形容詞用法」	★★★
21	不定詞句を補う(3)「副詞用法」	★★★
22	現在分詞を補う	★★★
23	過去分詞を補う	★★★
24	分詞構文を補う(1)「現在分詞による分詞構文」	★★★
25	分詞構文を補う(2)「過去分詞による分詞構文」	★★★
26	関係代名詞(1)「関係代名詞を補う」	★★★
27	関係代名詞(2)「what」	★★★
28	関係代名詞(3)「関係代名詞の省略」	★★★
29	関係代名詞(4)「前置詞+関係代名詞のあとには」	★★★
30	関係副詞「関係副詞を補う」	★★★
31	複合関係代名詞	★★★
32	複合関係副詞	★★★
33	関係詞の非制限用法	★★★
34	よく問われる語順(1)「比較級+than ~」	★★★
35	よく問われる語順(2)「形容詞句の位置」	★★★
36	語順が問われる表現	★★★
37	倒置(1)「There is/are A」	★★★
38	倒置(2)「文頭に前置詞句+V-S」	★★★
39	倒置(3)「文頭に否定表現+疑問文の語順」	★★★
40	倒置(4)「仮定法でのif省略」	★★★
	Written Expression 41-100	
41	主語と動詞の不一致(1)「動詞に下線」	★★★
42	主語と動詞の不一致(2)「主部に下線」	★★★
43	主動詞の欠落(1)「主部の直後の関係詞節に注意!」	★★★
44	主動詞の欠落(2)「主部の直後のdoingに注意!」	★★★
45	主動詞の欠落(3)「主部の直後のdoneに注意!」	★★★
46	余分な動詞に注意!	★★★
47	よく問われる時制	★★★
48	進行形を取る動詞・取らない動詞	★★★
49	動詞のコロケーション	★★★
50	仮定法の動詞の時制のズレ(1)「仮定法過去」	★★★

No.	項目	重要度
51	仮定法の動詞の時制のズレ(2)「仮定法過去完了」	★★★
52	仮定法の動詞の時制のズレ(3)「仮定法現在 ①」	★★★
53	仮定法の動詞の時制のズレ(4)「仮定法現在 ②」	★★★
54	不完全な受動態(1)「be動詞の欠落」	★★★
55	不完全な受動態(2)「過去分詞の代わりに…」	★★★
56	助動詞のあとは…	★★★
57	自動詞か他動詞か(1)「他動詞には前置詞が不要!」	★★★
58	自動詞か他動詞か(2)「紛らわしい他動詞」	★★★
59	不定詞か動名詞か(1)「目的語に不定詞を取る動詞」	★★★
60	不定詞か動名詞か(2)「目的語に動名詞を取る動詞」	★★★
61	"to doing" を含む表現	★★★
62	現在分詞か過去分詞か	★★★
63	関係詞に絡んで(1)「適切な関係代名詞を選ぶ」	★★★
64	関係詞に絡んで(2)「関係代名詞のあとの不要な語句」	★★★
65	前置詞に絡んで(1)「前置詞のあとは(動)名詞」	★★★
66	前置詞に絡んで(2)「正しい前置詞を使う」	★★★
67	前置詞に絡んで(3)「前置詞を含むイディオム」	★★★
68	比較表現(1)「正しい比較級」	★★★
69	比較表現(2)「比較対象を揃える」	★★★
70	比較表現(3)「正しい最上級」	★★★
71	名詞の単数形か複数形か(1)「単数形 → 複数形」	★★★
72	名詞の単数形か複数形か(2)「複数形 → 単数形」	★★★
73	不可算名詞	★★★
74	「意味」が問われる名詞	★★★
75	冠詞(1)「不定冠詞 a/an」	★★★

No.	項目	重要度
76	冠詞(2)「定冠詞 the」	★★★
77	冠詞(3)「無冠詞」	★★★
78	よく問われる名詞表現(1)「mostとalmost」	★★★
79	よく問われる名詞表現(2)「some」	★★★
80	よく問われる名詞表現(3)「one of 限定された複数名詞」	★★★
81	代名詞の指示内容「単数と複数の一致」	★★★
82	代名詞の適切な格	★★★
83	よく問われる形容詞(1)「manyとmuch」	★★★
84	よく問われる形容詞(2)「anotherとother」	★★★
85	紛らわしい前置詞と従属接続詞	★★★
86	品詞に関する注目語	★★★
87	並列法	★★★
88	品詞の間違い(1)「名詞 ⇔ 形容詞」	★★★
89	品詞の間違い(2)「形容詞 ⇔ 副詞」	★★★
90	品詞の間違い(3)「名詞 ⇔ 動詞」	★★★
91	品詞の間違い(4)「名詞 ⇔ 副詞」	★★★
92	語順に関する間違い	★★★
93	冗語(1)「不要な接続詞に注意!」	★★★
94	冗語(2)「不要な修飾語に注意!」	★★★
95	冗語(3)「主語が重複」	★★★
96	相関関係の崩れ	★★★
97	よく問われる重要表現(1)「so ... that S-V／too ... to do」	★★★
98	よく問われる重要表現(2)「between A and B／among A／byとuntil」	★★★
99	よく問われる重要表現(3)「The 比較級 S'-V', the 比較級 S-V」	★★★
100	よく問われる重要表現(4)「数字に絡んで」	★★★

TOEFL ITPの概要

　TOEFL ITP（Institutional Testing Program）とは、団体受験用のテストです。これは、TOEFLのテストにコンピュータが導入される前に実施されていたTOEFL PBT（Paper-Based Test）というペーパー版テストの過去の問題を再利用して作成されたもので、問題の内容も形式もPBTと同様です。
　TOEFL ITPは、現在、大学などの教育機関で実施されており、多くの学生が受験しています。ITPのスコアは公式なものではありませんが、学内での英語力のレベルに応じたクラス分けや、提携大学への交換留学生の選考などの、一定の目的のために使用されています。なお海外留学などのための公式スコアを取得するには、現行のインターネット版のTOEFL iBT（Internet-Based Test）を受験しなければなりません。

試験の構成と内容

　TOEFL ITPは、リスニング（Listening Comprehension）、文法（Structure and Written Expression）、リーディング（Reading Comprehension）の3つのセクションで構成されています。試験時間は全体で約2時間です。解答はすべて、(A)〜(D)の4つの選択肢の中から正解を1つ選ぶマークシート方式です。

Section 1　Listening Comprehension
試験時間：約35分
問題数：合計50問
Part A:〈短い会話 Short Conversations〉30題、30問（各会話に設問1つ）
Part B:〈長い会話 Long Conversations〉2題、8問（各会話に設問4つ程度）
Part C:〈トーク Talks〉3題、12問（各トークに設問4つ程度）

　Part Aでは、短い会話を聞いて、その内容に関する質問に答えます。主にアメリカの大学生が普段キャンパスで交わすような会話が出題されます。また、一般の人が話す日常的なトピックもよく出題されます。
　Part Bでは、やや長めの会話を聞いて、その内容に関する質問に答えます。

Part A と同様に、アメリカの大学生が普段キャンパスで交わすような会話が出題されます。

Part C では、レクチャーなどのトークを聞いてその内容について質問に答えます。初歩的なレベルのアカデミックな内容のレクチャーのほか、ラジオ放送やニュースやツアーガイドなど、現行の TOEFL iBT では見られないようなものも出題されます。

Section 2　Structure and Written Expression
試験時間：25 分
問題数：合計 40 問
Structure:〈空所補充問題 Sentence Completion〉15 問
Written Expression:〈間違い探し問題 Error Identification〉25 問

　Structure では、語形や語の並び方などから判断して、文中の空所に最も適切なものを選択肢から選びます。
　Written Expression では、文中の下線が引かれた 4 つの選択肢の中から、文法的に誤りがあるものを選びます。

Section 3　Reading Comprehension
試験時間：55 分
問題数：合計 50 問
〈パッセージ読解〉5 題（各パッセージに 10 問程度の設問がつく）

　パッセージを読み、その内容や語彙について設問に答えます。パッセージの内容は主にアメリカの大学の一般教養課程で扱われるような初歩レベルの学術的なもので、自然科学・社会科学・人文科学などの幅広い分野から出題されます。

スコアの見方

　TOEFL ITP のスコア（総スコア Total Score）は、各セクションの正答数＝素点（Raw Score）をもとに最低点 310〜最高点 677 の範囲で算出されます。

Section 1	Listening Comprehension	31 〜 68
Section 2	Structure and Written Expression	31 〜 68
Section 3	Reading Comprehension	31 〜 67
総スコア		310 〜 677

　各セクションの素点は、リスニングと文法のセクションでは 31 〜 68、リーディングセクションでは 31 〜 67 の換算スコア（Scaled Section Scores）に、それぞれ換算されます。TOEFL ITP のスコアを算出するには、この各セクションのスコアの合計に 10 をかけて 3 で割り、その結果を四捨五入します。したがって、各セクションの換算スコアが、リスニングで 40、文法で 50、リーディングで 40 の場合、3 つのセクションの合計 130 を 10 倍して 3 で割ると 433.333... となりますが、この場合は以下に示すように、433 が総スコアとなります。

```
Section 1    Section 2    Section 3
   40    +     50    +      40      = 130
(130 × 10) ÷ 3  = 433.333...  →   433
```

　どのセクションも得意不得意をなくして、バランスよくレベルアップしていくことが理想ですが、短期間で必要とされるスコアを達成したい場合には、セクションのバランスが悪くても得意な部分で正解率を上げて、目標に到達することも可能です。

スコアの比較

現行の TOEFL iBT や過去に実施されていた CBT（Computer-Based Test）とレベルを比較する場合は、下記のスコア換算表を参考にしてください。

ITP	CBT	iBT
677	300	120
650	280	114〜115
600	250	100
550	213	79〜80
500	173	61
450	133	45〜46
400	97	32
350	63	19〜20
310	0〜40	0〜12

※ CBTは現在実施されていません。

ITP文法問題の特徴

STEP 1

1 2つのパート

　TOEFL ITP テストの文法セクションは Structure と呼ばれる「英文の構造を正しく理解しているか」を問うパートと、Written Expression と呼ばれる「書き言葉としての正しい英語を理解しているか」を問うパートの 2 つに分かれています。Structure が 15 問、Written Expression が 25 問で合計 40 問を 25 分で解答します。

▶ セクションの構成と解答時間

パート	問題数（合計40問）	解答時間
Structure	15問	25分
Written Expression	25問	

　単純に計算すると 1 問につき 37.5 秒で解答しなくてはいけないということになります。このような解答時間の短さから、一問ずつ文意をしっかり考えて解答することがなかなか難しいのが実際のところです。

2 語彙力について

　「一問ずつ文意をしっかり考えて解答することが難しい」と述べましたが、もちろん正解にたどり着くにはある程度の語彙力が必要です。

　本書の STEP 2 と STEP 3 では、過去に TOEFL テストで出題された問題をもとに最頻出のパターンを 100 項目に絞って紹介しています。「この 100 項目をマスターすれば完璧！」と言いたいところですが、それらのパターンを身に付ける上でも、ある程度の語彙力が必要です。

　TOEFL ITP の試験は、TOEFL iBT の試験と互換性を持つテストであり、海外の大学に留学するために適した英語力を持っているかどうかを測っています。そのため、**大学生として備えておくべき一定の学術的な語彙力**が求められます。文法セクションで扱われる英文においても、皆さんが専門としていない分野の語彙や用語を多く目にすることになるでしょう。文意を完全に捉えていなくても正解できる問題も多いですが、**文意を考えないと選択肢を正しく判断できない問題も含まれています**ので、語彙の知識は大切です。

　また、ITP テストの文法セクションを勉強している皆さんであれば、ほぼ全て

の方が同時にリスニング（Listening Comprehension）とリーディング（Reading Comprehension）のセクションの対策も行う必要があることと思います。そして、このテストの先に海外留学を見据えている方、自らの英語力のアップを目指している方がほとんどだと思いますので、語彙力については、文法知識を中心とした「文法問題をそれなりに解けるようになるための語彙力」ではなく、より幅広い分野の「<u>全てに役立つ本物の語彙力</u>」を身に付けることを志していただければと思います。

　ここからは、各パートの特徴を詳しく見ていきましょう。

3 Structure 問題の特徴

[問題形式] 空所補充問題。1つの英文中の空所に当てはまる適切な語句を選択肢から選びます。

[解答時間] 文法セクション40問中の15問を占めています。人によって解答にかける時間に違いはありますが、単純計算で9分22.5秒、おおよそ10分をかけて15問を解くということになります。

[問題英文] 各英文の長さは多少長短の差があるものの、内容は学術的な事柄について述べたものばかりです。

[問われていること] 選択肢の傾向から大きくパターンを2つに分けることができます。
(1)「文法的な正しさ」を問うパターン
(2)「語順の正しさ」を問うパターン

4 Structure 例題

それぞれのパターンの例題に取り組んでみましょう。

例題1 「文法的な正しさ」を問うパターン

The revolts of the Balkan peoples in 1875 and 1876 ------- with joy among the Russians.
(A) which hailed
(B) were hailed
(C) hailing
(D) they hailed

HINT! まずは選択肢に注目しましょう。(A) から (D) を見比べると hail という語がすべてに含まれています。さらにこの hail が ed 形になったり、ing 形になったりしていることから「hail が動詞である」と推測できます。ここまで来れば「この問題は動詞についての問題だ！」と気付くことができます。

例題2 「語順の正しさ」を問うパターン

For eighty years after the time of Napoleon, the French nation showed a lower birth rate and produced smaller and ------- had one hundred years previously.
(A) than weaker men it
(B) weaker men than it
(C) it weaker than men
(D) it than weaker men

HINT! この例題でも同様に、まずは選択肢にだけ目を通してみましょう。すると、今回の問題では than、weaker、men、it の 4 つの語が全ての選択肢で用いられていて、例外的な語句は選択肢にありません。つまりこの問題は「何かの」

正しい語順が問われていると分かるわけです。

　このように**まずは問題文を細かく見る前に、選択肢に注目することでその問題によって自分が「何を問われているのか」を知る**ことができます。皆さんもここで例題を自分なりに解いてみてください。

5 Structure 例題の解答プロセス

　では、解答プロセスを説明します。

例題1 「文法的な正しさ」を問うパターン

解法 選択肢から「動詞」について問われているということは分かりました。では、次にどうすれば正しい動詞が選べるかについてですが、Structure の問題は「空所補充問題」になっているということを考えましょう。空所に適切な語句を補うということは空所以外の部分は正しい英文なわけですから、そこからヒントを得ることができます。今回の例題であれば、文頭に The revolts「反乱」と名詞が置かれていることから、この名詞が文の主語であると考えられます。英文には特殊な文を除いて常に主語と動詞が存在するので、この主語である The revolts に対応する動詞が必要です。次に空所の後ろを見てみると、動詞らしき語句は見当たりません。ということは、空所には動詞を補う必要があると判断することができます。ここまで来れば、消去法を用いることで正解にたどり着くことができます。(A) は関係代名詞である which が含まれているため動詞にはなりません。(C) は hailing だけで動詞にはなりません（be 動詞があれば進行形として動詞になることはできます）。また (D) は they が含まれており、主語が The revolts と they の 2 つ存在することになってしまい英文としては不適切です。よって、(B) の were hailed が正解であると分かります。

　このように**空所の前後に注目し、空所に補充すべき語句を文法的に特定する**ことが、正解を短い時間で導き出すカギとなります。

正解 **(B)**

例題1 訳 1875 年と 1876 年のバルカン民族による反乱はロシア人たちの間で喜びをもって歓迎された。

例題2 「語順の正しさ」を問うパターン

解法 選択肢のチェックによって「語順の正しさ」が問われていることは分かりました。**英文において語順を考える際のポイントは、「語順の軸」となるものを発見すること**です。[例題2]の場合、選択肢中のweakerとthanが注目すべき語であり、weakerは形容詞weak「弱い」の比較級、thanは比較対象を表す接続詞であるため「weakerの後にthanが来る」という語順は確実に判断できます。このことによって、選択肢の(A)と(D)は不適当であると判断することができます。次にこのパターンでも空所の前後からヒントを得ましょう。空所前にはsmaller and（＝「smallの比較級＋ and」）が置かれ、空所後には「動詞の過去形had」が置かれていることが分かります。このヒントから、「空所の始めにはsmallerと並列されるもの」、そして「空所の最後にはhadに対応する主語」が置かれるのではないかと推測することができます。この推測に基づけば正解は(B)であると分かります。尚、(C)であればsmaller and itとなってしまい、andの並列関係が不適当です。

「正しい語順」を問うパターンにおいてもやはり、**空所の前後から「空所に何が入るべきか」を推測する**ことが速く問題を解く上でのカギとなります。

正解 **(B)**

例題2訳 ナポレオンの時代後の80年に渡って、フランスではそれ以前の100年に比べて出生率が低下し体が小さく脆弱な男児が生まれた。

6 Structure 解法のまとめ

1. 選択肢に注目し、「文法的な正しさ」を問うパターンか「語順の正しさ」を問うパターンかを分析する

2. 「文法的な正しさ」を問うパターンであれば、空所の前後から「何を空所に補充すべきか」を推測する

3. 「語順の正しさ」を問うパターンであれば、「語順の軸」になる語句を選択肢に探し、同様に空所の前後からヒントを得る

4. 消去法を使って正解を絞り込む

次に、Written Expressionの特徴を見ていきましょう。

7 Written Expression 問題の特徴

[問題形式] 間違い探し問題。1つの英文中に施された4箇所の下線部から間違いを1箇所探します。

[解答時間] 文法セクション40問中の25問を占めています。人によって解答にかける時間に違いはありますが、単純計算で考えると15分37.5秒、おおよそ15分をかけて25問を解くということになります。

[問題英文] Structureと同様に、出題されている英文は学術的なテーマを扱ったものが多く、やはり意味を完全に理解するためには相応の英語力がなくては難しいでしょう。

[問われていること] Structureとの大きな違いとして、「『書き言葉として』正しい英語が理解できているか」が直接問われています。

次の英文を見て下さい。

ex. 1) **The child said to his mother, "I didn't do nothing wrong!"**
「その子供は母親に『僕は何も悪いことはしてないよ！』と言った」

まさしく子供が言いそうな内容を子供がお母さんに言ったわけですが、やはり子供らしく発言内容が文法的に間違っています。この子供が言った、I didn't do nothing wrong! という文は一見すると意味が分かりますし、話し言葉の英語では許容される場合があります。しかし、書き言葉の英語としては I didn't do anything wrong! あるいは I did nothing wrong! が正しい英文とされます（つまり、否定文を強調する場合に否定語をさらに付け加えても強調にはなりません）。

もう一つ英文を見てみましょう。

ex. 2) **Would you mind me smoking here?**
「ここでタバコを吸ってもいいですか」

この英文も話し言葉としては問題ありませんし、書き言葉としても許容される

場合があるかもしれません。しかし、TOEFL テストの基準では Would you mind my smoking here? という英文が求められます（動名詞の意味上の主語に代名詞を置く場合、所有格の代名詞を置くことが求められます）。

　このように Written Expression では「意味は通じるけど書き言葉としてはダメ」と考えられているものを判断することが私たちに求められています。

8 Written Expression 例題

実際の問題に取り組んでみましょう。皆さんも自分で考えてみてください。

例題1

The most important occurrence can mark the annals of a people is the
　　　　A　　　　　　　　　　　　B　　　　　　　　　　　C
breaking out of a war.
　　　　D

例題2

In America the principle of the sovereignty of the people is neither barren
　　　　　　　　　　　　　A　　　　　　　　　　　　　　　　　B
or concealed, as it is with some other nations.
C　　　　　　　　D

9 Written Expression 例題の解答プロセス

例題1

解法 初めて間違い探し問題を解く、あるいはこれまでにあまり触れたことがない方にとっては、「一体どこの何を見ればいいの？」と思われるかもしれません。この問題の場合、下線部だけを見ていても正解にはたどり着けません。「じゃあどうするの？」ですが、僕はいつも授業の際に生徒の皆さんに **困ったらまず英文の主語と動詞の関係を捉えましょう** と話しています。皆さんも一度この英文の主語と動詞を探してみましょう。ラッキーなことに文頭に名詞である The most important occurrence「最も重要な出来事」が置かれているので取りあえずこれが主語だと考えられます。次に対応する動詞を探すと直後に can mark「特徴づけうる」があるので、動詞も見つかりました。でも、ここで続きをよく見て下さい。the annals of a people「一民族の年代記」は can mark の目的語ですが、その後にもう一つ動詞の is が置かれています。このままでは英文が [S-V-O-V ...] なんていう形を取ってしまいます。この英文は現状で動詞が2つも出てきてしまっているのです。この間違いを訂正するためには2つの内のどちらか一方の動詞をなくしてしまう必要がありますが、どちらを取り去ることができるのでしょうか？そこで2つの動詞をもう一度よく見て下さい。1つ目の can mark には下線が施されていますが、2つ目の is には下線がありません。下線がないものはどうしようもない、つまり「正しい」ということですから、1つ目の動詞 can mark が間違っているという判断を下すことができます。尚、関係代名詞 which を補って which makes とすると正しい英文になります。

初めの例題としては少し難しく感じた方もいるかもしれませんが、ここで僕が実感して欲しかったことは **考えるべきポイントが分かれば解ける** ということです。実際の授業の現場でも自分一人で考えた時は正解できなかった方が、「主語と動詞の関係を捉えましょう」というヒントを出しただけで正解まで自分でたどり着けるようになるケースがよくあります。このことが意味しているのは、僕のヒントがすごいということではなく、ただ皆さんが考えるべきポイントが見えていなかっただけ、ということです。

正解 (B) which marks

例題1 訳 一民族の年代記を特徴づけうる最も重要な出来事というのは戦争を打ち破りそこから抜け出すことである。

例題2

解法 この問題は実は「考えるべきポイント」が分かれば1秒で解けてしまいます。と、問題作成者の僕が言っても信憑性がないかもしれません。ではこの問題の考えるべきポイントをお話しすると、それは (B) と (C) の間にある neither です。TOEFL テストを受ける皆さんであれば、「あっ！」となったのではないかと思います。正解は (C) の or で、正しくは nor であるべきです（neither A nor B の形で用いる対句表現で「A でもなく B でもない」の意味を表します）。

この neither A nor B の表現に気付けなかったからといって皆さんの英語力が低いとか、Written Expression で満点を取れる人が英語マスターだなんていうことではなく、僕が伝えたいのは「**着眼点さえ持っていれば必ず Written Expression のスコアは上がる**」ということです。この時点で知らなかった人はこの際に覚えてしまえば、次回は反応できるようになると思います。もし次回で気付けなかったとしても、正解を見た時に「あっ、そうか！そのパターンか！」と悔しい思いができると思います。その悔しい思いがあれば、そのまた次回の問題で正解する可能性は高まるはずです。つまり、英語のプロでなくても地道に練習を繰り返せば Written Expression を得点源にすることは可能です。

正解 （C）nor

例題2 訳 アメリカでは他国においてと同様に、人民主権の原則は無益でもなければ隠されているわけでもない。

10 Written Expression 解法のまとめ

1. 下線部に注目し、「着眼点」を捜し出す
「着眼点」に関しては、本書 STEP 3 の「重要 POINT 60」41〜100 とそれらを簡潔にまとめた「Focus」1〜20 を参考にしてください。

2. 下線部からでは答えが分からない場合、英文全体の構造を文法的に考える
「困ったらまず英文の主語と動詞の関係を捉えましょう」と生徒に話していると述べましたが、人によってそれぞれ「困った場合」の困り方が異なると思います。「主語と動詞は言われなくても考えました」という人もいるでしょう。本書では「困った場合の…」を「重要 POINT 60」（STEP 3）の中にできる限り収めています。皆さん一人ひとりの新しい着眼点を1つでも多くそれらの中から見つけてください。

Structure 重要POINT40

STEP 2

学習の進め方

❗ 重要POINT40

　Structure の問題は、STEP 1 で述べたように「文法的な正しさ」を問うパターンと「語順の正しさ」を問うパターンの 2 つがありますが、本書では Structure で問われる重要ポイントを、過去に TOEFL テストで出題歴のあるものから絞って 40 項目にまとめています。

　40 の項目中、「文法的な正しさ」を問うパターンの項目が大部分を占めており、「語順の正しさ」を問うパターンは、POINT 34、35、36 の 3 つの項目です。ただし、出題される問題は、必ずしも 1 つの問題が 1 つの項目のみに関するというわけではなく、いくつかの項目について複合的に問うことも頻繁です。

✎ 学習の流れ

　重要ポイントを順に 8 項目ずつ、例題を通して学習していきます。

1. 重要 POINT の学習

　まず「例題」8 問を解いてみましょう。英文は比較的やさしいレベルです。「解答と解説」で解答のプロセスを確認した後、「CHECK! 覚えよう」でその文法項目の理解を深めてください。各 POINT の「RANK」の黒星マークの数（★0〜3 個）は、TOEFL テストでの出題頻度に基づく重要度合いを示しています。

2. シャッフル問題

　続いて、「シャッフル問題」を解きましょう。学んだ 8 項目に関する演習問題が本試験レベルで用意されています。解答には、巻末の「解答用マークシート」を利用できます。不正解だった問題については、該当するポイント項目を復習し、解法の定着を目指しましょう。

［ 学習方法について ］ もし実際に ITP テストの受験経験があり、文法セクションでそれなりの点数が取れているならば、「シャッフル問題」を先に解いて、不正解だった問題の項目をチェックするという進め方でもよいでしょう。一方、「文法はどうしても苦手だ」という場合は、「重要 POINT」の学習を順番通りに進めていくことで最も高い学習効果が得られるでしょう。

POINT 1-8　　p. 30

- [ ] 1　主部をつくるもの（1）「名詞」
- [ ] 2　主部をつくるもの（2）「名詞句」
- [ ] 3　主部をつくるもの（3）「名詞節」
- [ ] 4　主部をつくるもの（4）「it（形式主語）」
- [ ] 5　強調構文
- [ ] 6　述部の欠落を補う（1）「主動詞の欠落」
- [ ] 7　述部の欠落を補う（2)「目的語の欠落」
- [ ] 8　述部の欠落を補う（3)「補語の欠落」
  シャッフル問題　　p. 42

POINT 9-16　　p. 48

- [ ] 9　名詞の同格表現を補う
- [ ] 10　つなぎ言葉（1）「前置詞」
- [ ] 11　主部をつくらないもの「前置詞句」
- [ ] 12　前置詞を含むイディオム
- [ ] 13　つなぎ言葉（2）「等位接続詞」
- [ ] 14　つなぎ言葉（3）「従属接続詞」
- [ ] 15　つなぎ言葉（4）「従属節内のS-beの省略」
- [ ] 16　「主節のS-V」の欠落を補う
  シャッフル問題　　p. 60

POINT 17-24　　p. 66

- [ ] 17　「従属接続詞S-V」の欠落を補う
- [ ] 18　「副詞・副詞句」の欠落を補う
- [ ] 19　不定詞句を補う（1）「名詞用法」
- [ ] 20　不定詞句を補う（2）「形容詞用法」
- [ ] 21　不定詞句を補う（3）「副詞用法」
- [ ] 22　現在分詞を補う
- [ ] 23　過去分詞を補う
- [ ] 24　分詞構文を補う（1）「現在分詞による分詞構文」
  シャッフル問題　　p. 78

POINT 25-32　　p. 84

- [ ] 25　分詞構文を補う（2）「過去分詞による分詞構文」
- [ ] 26　関係代名詞（1）「関係代名詞を補う」
- [ ] 27　関係代名詞（2）「what」
- [ ] 28　関係代名詞（3）「関係代名詞の省略」
- [ ] 29　関係代名詞（4）「前置詞＋関係代名詞のあとには」
- [ ] 30　関係副詞「関係副詞を補う」
- [ ] 31　複合関係代名詞
- [ ] 32　複合関係副詞
  シャッフル問題　　p. 98

POINT 33-40　　p. 104

- [ ] 33　関係詞の非制限用法
- [ ] 34　よく問われる語順（1）「比較級＋than ～」
- [ ] 35　よく問われる語順（2）「形容詞句の位置」
- [ ] 36　語順が問われる表現
- [ ] 37　倒置（1）「There is/are A」
- [ ] 38　倒置（2）「文頭に前置詞句＋V-S」
- [ ] 39　倒置（3）「文頭に否定表現＋疑問文の語順」
- [ ] 40　倒置（4）「仮定法でのif省略」
  シャッフル問題　　p. 118

STEP 2　Structure　重要POINT 40

POINT 1-8 例題

1 ------- have divided the sun into definite concentric regions or layers.
   (A) It was the astronomer
   (B) There is an astronomer
   (C) Astronomers who
   (D) Astronomers

2 ------- illustrates one of the greatest practical triumphs of scientific medicine.
   (A) The story of yellow fever
   (B) The story yellow fever
   (C) When the story of yellow fever
   (D) Because of the story of yellow fever

3 ------- shares similarities with the high latitudes of Russia may come as more of a surprise.
   (A) Japan
   (B) That Japan
   (C) It is Japan
   (D) Because Japan

4 ------- that each substance (in the same conditions of pressure) gives a constant spectrum of its own.
   (A) Found is
   (B) It found
   (C) It is found
   (D) When it is found

5 It is ------- the dark areas known as sun-spots appear.
   (A) in the brilliant photosphere that
   (B) where the brilliant photosphere
   (C) that in the brilliant photosphere
   (D) the brilliant photosphere that

6 Thin films of the polymers ------- visible light when exposed to ultraviolet rays.
   (A) emitting
   (B) emit
   (C) emits
   (D) they emitted

7 In 1663 the English Parliament removed ------- of coin.
   (A) restrict on the exportation
   (B) on the restriction on the exportation
   (C) the restriction the exportation
   (D) the restriction on the exportation

8 The English language is ------- in England and her colonies throughout the world.
   (A) current now the tongue
   (B) now current the tongue
   (C) the tongue now current
   (D) the tongue now of current

解答と解説［重要ＰＯＩＮＴ１−８］

POINT1　主部をつくるもの（１）「名詞」

RANK ★★★
正解（D）

1 ------- have divided the sun into definite concentric regions or layers.
(A) It was the astronomer　　(B) There is an astronomer
(C) Astronomers who　　(D) Astronomers

訳 天文学者たちは太陽を一定の同心部分あるいは層に区分した。

解説 空所の後に続く部分を見てみるとその直後に動詞（have divided）が続いていることが分かります。少なくともこの動詞に対応する主語が必要なので、文中で主語になることができる名詞要素を選ぶと、(D) Astronomers「天文学者たち」が正解と分かります。(A) は It was で文が完成してしまい、(B) も同様に There is で文が完成してしまいます。(C) は名詞である Astronomers の後に関係代名詞 who があり、それによって完成した文では who から layers までが Astronomers を修飾し主動詞がなくなってしまうため不正解です。

CHECK!　覚えよう
英語の文において主語（Subject）と動詞（Verb）は一番の基本要素と言えます。よって、この関係を見つけることが英文を読み書きする際に重要になります。今回の問題では、空所の後に動詞が書かれているので、まずはそれに対応する主語について考えましょう。文中で**主語になれるのは名詞**です。名詞というのは基本的に「人、物、場所」を表す言葉です。Structure のみならず Written Expression においても品詞に関連する問題は多く出題されるので、単語の品詞についても考えるクセをつけましょう。意味が分からなくても正しい品詞を判断することで解ける問題もあります。以下の接尾辞を最低限頭に入れておきましょう。

▶『名詞』を作る代表的な接尾辞
▶ -tion　ex.) education「教育」/ imagination「想像力」
▶ -ness　ex.) tiredness「疲れ」/ kindness「親切」
▶ -ee　ex.) employee「従業員」/ interviewee「面接を受ける人」

- -ance　ex.) arrogance「横柄さ」/ assistance「援助」
- -cy　　ex.) privacy「プライバシー」/ bankruptcy「破産」
- -ty　　ex.) safety「安全」/ subtlety「希薄」

POINT2　主部をつくるもの（2）「名詞句」　RANK ★★★　正解（A）

2　------- illustrates one of the greatest practical triumphs of scientific medicine.
　(A) The story of yellow fever
　(B) The story yellow fever
　(C) When the story of yellow fever
　(D) Because of the story of yellow fever

訳　黄熱病の物語によって科学的医学の最大の実践的功績の一つが証明されている。

解説　POINT 1 と同様に空所の後に続く部分を見てみると、動詞（illustrates）が続いているので、空所に主語となる名詞要素を補う必要があることが分かります。選択肢 (C) は従属接続詞 When があるため文章全体が When 節になってしまいます。(D) も Because of があるため、前置詞句を作ってしまい主語になれません。残る (A) と (B) は共に名詞である The story から始まりますが、(B) は The story と yellow fever の 2 つの名詞がただ並べられているため、この 2 つが文法的につながりません。よって、正解は (A) となります。

CHECK!　覚えよう

今回の文の主語である The story of yellow fever のように、名詞要素は 1 語の名詞だけではなく、2 語以上のまとまりを作る場合があります。このように 2 語以上の単語で形成される固まりを**「句」(phrase)** と呼びます。この場合は主語になる名詞の固まりなので**名詞句**と呼びます。名詞句は今回のように**名詞の後に前置詞句がついてできるもの**と、**形容詞が名詞の前後についてできるもの**があります。

▶ **代表的な『名詞句』**
(1)「名詞＋前置詞句」

ex.) the <u>formation</u> of the heart「心臓の構造」

(2)「形容詞＋名詞」
ex.) a thoughtful <u>expression</u>「物思いにふけった顔つき」

(3)「名詞＋形容詞句」
ex.) a <u>boy</u> used to living alone「一人暮らしに慣れた少年」

POINT3 主部をつくるもの(3)「名詞節」　　RANK ★★★
正解 **(B)**

3 ------- shares similarities with the high latitudes of Russia may come as more of a surprise.
(A) Japan　　　　(B) That Japan
(C) It is Japan　　(D) Because Japan

訳 日本にはロシアの高緯度地域と類似点があるということはかなりの驚きとなるかもしれない。

解説 空所の直後を見ると shares「共有する」という動詞が見つかります。空所は文頭にあることから、この動詞の主語にあたる名詞である (A) Japan を選びたくなりますが、それでは不正解です。shares の後を見ると may come という動詞がもう一つ見つかります。接続詞や関係詞がない限り一文中に2つの動詞が存在することは基本的にできないので、文の主語と動詞の関係をもう一度考え直します。(B) を選ぶと文頭に That があり That から Russia までで一つの節が完成するので、この節を文の主語として考えることができます。よって正解は (B) です。(C) を選ぶと It is Japan だけで文が完成してしまい、以下の2つの動詞である shares と may come があぶれてしまいます。(D) を選ぶと Because Japan shares ... Russia までで Because の節は完成しますが、主節の主語が欠けてしまうため、文としては正しくありません。

CHECK！ 覚えよう　今回の問題では That S-V のかたまりが文の主語となっています。このように S-V 構造を持つ単語のまとまり

を**節（clause）**と呼びます。今回の that 節は文中で主語の働きをしているので**名詞節**と呼びます。名詞節を導くものは今回のような**接続詞＋S-V** 以外にも、**疑問詞＋S-V** でも可能です。以下で具体的な例を見てみましょう。

▶ 代表的な『名詞節』

(1)「接続詞＋S-V」型
　※名詞節を導く接続詞には、that、whether、if があります。
　ex.) **Whether** I can help you with your homework is not clear.
　「宿題を手伝ってあげられるかどうかは分かりません」

(2)「疑問詞＋S-V」型
　※疑問詞は間接疑問文で用いると名詞節を導きます。
　ex.) **How** you came here does not matter to me.
　「ここにどうやって来たかは私にはどうでもいいことです」

POINT4　主部をつくるもの（4）「it（形式主語）」

RANK ★★★
正解 （C）

4　------- that each substance (in the same conditions of pressure) gives a constant spectrum of its own.
　(A) Found is　　　　(B) It found
　(C) It is found　　　(D) When it is found

訳 物質はそれぞれに（同じ圧力下であれば）それに特有の電磁波を絶えず放出していることが分かっている。

解説 空所の直後を見ると that 節ができていることが分かります。POINT 3 でも見たように that 節は文中で名詞節を作るということを考えると、この節が文中でどういった働きをしているのかを考える必要があります。そこで選択肢を見てみると、(C) では It is found で文が完成しており、It の指示する内容が空所後の that 節であると考えることができます。よって正解は (C) です。(A) の場合 Found は find の過去分詞であり is に対応する主語にはなれず、(B) の場合 It found で S-V 関係にはなれますが、that 節が found の目的語になってしまうため、It の指示内容が分かりません。また、

> (D) では it 以下の部分については (C) と同様の形を取っていますが、When が文頭にあることから、主節が見当たらず不正解です。

CHECK! 覚えよう

代名詞 it には様々な働きがありますが、その中に**形式主語**という働きがあります。例えば、Whether he was late for class today because of late arrival of the train was doubtful. という一文は文法的には正しい英文ですが、主部（Whether ... train）がとても長い名詞節になっています。こういった場合、**It** was doubtful whether he was late for class today because of late arrival of the train. というように、主語に **It**（形式主語）を置き、述部（was doubtful）を述べた後に It の指示内容である whether he was late for class today because of late arrival of the train（**真主語**）を置くのが一般的です。こうすることで主部が長すぎることなくバランスのとれた英文を作ることができます。

▶ 代表的な『形式主語と真主語』のパターン

(1) 真主語に**不定詞（to do）**を取るパターン
  ex.) **It** is necessary for the students **to go** right away.
  「学生たちはすぐに行かねばならない」

(2) 真主語に**動名詞（doing）**を取るパターン
  ex.) **It** is very important **opening** a bank account when you study abroad.
  「留学する際に銀行口座を開設することはとても重要である」

POINT5　強調構文　　　　　　　　　　　　RANK ★★★
正解（A）

5 It is ------- the dark areas known as sun-spots appear.
  (A) in the brilliant photosphere that
  (B) where the brilliant photosphere
  (C) that in the brilliant photosphere
  (D) the brilliant photosphere that

> **訳** 太陽黒点として知られる暗い部分が見えるのはその輝く光球の中である。
>
> **解説** 文頭に It が置かれていることにまず注目します。POINT 4 で見たように文頭の It は後ろでその指示内容が明示されることが多いので、それを確認してみると (D) の選択肢であれば that と空所後の部分で名詞節ができると分かります。しかしながら、この文では意味が「太陽黒点として知られる暗い部分はその輝く光球である」となり文意が成立しません。(A) であれば in が置かれていることから「暗い部分はその輝く光球の中にある」となり文意が成り立ちます。このように正解は強調構文を作る (A) となります。(B) と (C) は空所後の節を作る関係詞が選択肢の最後に置かれていないため不正解です。

CHECK! 覚えよう

"It is ~ that S-V" という形を見ると POINT 4 でも見た形式主語構文をどうしても思い出してしまいがちですが、似た形を持つものとして<u>強調構文</u>があります。例えば Jim revealed the secret to me.「ジムは私にその秘密を明かした」という一文で、「他の誰でもなくジムが」その秘密を明かしてくれた、という意味を持たせたい場合、It was Jim that revealed the secret to me. というように **It was と that の間に強調したい語句を置くことでその語句を強調する**ことができます。

▶ 『強調構文』か『形式主語構文』かの判断

見た目だけではこの２つを判断することは難しいですが、強調構文の場合本来あった英文に勝手に it is と that を付け足しているわけですから、それらを取り除いても英文が成り立ちます。

(1) 強調構文を用いた英文
　　ex.) **It was** the secret **that** Jim revealed to me.
　　「ジムが私に明かしてくれたのはその秘密だった」
　　→ ~~It was~~ the secret ~~that~~ Jim revealed to me.
　　※語順は異なるが、結局は Jim revealed the secret to me. と同じ意味になる。

(2) 形式主語構文を用いた英文
　　ex.) It was a miracle that Mary survived the accident.

「メアリーがその事故を生き延びたのは奇跡だった」
→ ~~It was~~ a miracle ~~that~~ Mary survived the accident.
※ a miracle と以後がつながらない。

POINT 6　述部の欠落を補う(1)「主動詞の欠落」　　RANK ★★★　正解 (B)

6 Thin films of the polymers ------- visible light when exposed to ultraviolet rays.

(A) emitting　　　　(B) emit
(C) emits　　　　　(D) they emitted

訳 紫外線にさらされると、ポリマーの薄い皮膜から可視光線が放出される。

解説 まずは主節の主語が Thin films of the polymers であることを確認します。空所の後には動詞がないため、空所に主語に対応する動詞が必要であると分かります。主語は複数形の名詞なのでそれに合わせて (B) emit が正解となります。(A) emitting は be 動詞 are を伴えば進行形の動詞になれます。(C) emits は三人称単数現在の s が不要。(D) they emitted は主語が空所前にあるので they が不要です。

CHECK!　覚えよう　英文を構成する上で最も基本的なまとまりが主語と動詞（Subject と Verb）の関係であると言えます。命令文を除いて、主語と動詞を持たない英文は存在しません。POINT 1 から 5 でも見てきたように、TOEFL の問題ではこの S-V の関係を適切に捉えられているかを尋ねる問題が色々な形で出題されています。

今回の選択肢にもあるように、主語に対応する適切な動詞の形を確認するよう常に気を付けましょう。その際には、**(1) 主語が単数形か複数形かのチェック、(2) (1) に応じて動詞に三人称単数形の s があるかどうかのチェック**を必ず行ってください。

▶ 英文の「動詞」になれないもの
　ex. 1) * The university built by a famous architect. (* ＝誤りのある文)

※ by a famous architect「有名な建築家によって」とあるので、この場合の built は build の過去分詞形ですが、**過去分詞は単独では文の動詞にはなれません**。was built と be 動詞を補えば、受動態を作って文の動詞になれます。
ex. 2) * The woman calling for help then.
※過去分詞と同様に、calling のような**現在分詞形も単独では文の動詞にはなれません**。この場合、was を補って was calling とすれば過去進行形として文の動詞になれます。

POINT7　述部の欠落を補う(2)「目的語の欠落」　RANK ★★★　正解 (D)

7　In 1663 the English Parliament removed ------- of coin.
(A) restrict on the exportation
(B) on the restriction on the exportation
(C) the restriction the exportation
(D) the restriction on the exportation

訳　1663年イギリス議会は硬貨の輸出に対する規制を撤廃した。

解説　今回もまずは英文の S-V の関係を確認すると、主語が the English Parliament で動詞が removed であると分かります。動詞である removed は「除去する、取り除く」という意味の他動詞 remove の過去形です。よって後に続く空所には目的語である名詞を補う必要があります。(A) は restrict という動詞から始まっており、(B) は on という前置詞から始まっているため、共に目的語になれません。(C) は the restriction の後にもう一つ the exportation という名詞が並べられており、これらが文法的につながりません。よって、適切に名詞句を作っている (D) が正解となります。

CHECK!　覚えよう　一般動詞は大きく自動詞と他動詞に分類することができます。**自動詞（intransitive verb）は基本的にその動詞だけで動作が成立する動詞**で、run「走る」や sleep「眠る」などが挙げられます。一方、**他動詞（transitive verb）はその動詞だけでは動作が成り立たず後ろに目的語（object）を取る必要がある動詞**です。例えば、eat「食べる」や use「使う」などがあります（「私は食べた」や「彼は使った」と言っても、「何を？」

STEP 2　Structure　重要POINT40

と疑問が残ります。この「何を？」に対応する答えが目的語だと考えてください）。**目的語の役割を果たせるのは名詞要素**です。名詞、名詞句、名詞節の全てがこれにあてはまります。したがって、**動詞が他動詞の場合、その後に目的語となる名詞要素を探してください**。

▶ 英文中の「目的語」の位置

　ex.) The scientist applied 〈to the case〉 the method he had established before.
　「その科学者は以前に確立した理論をその事例に当てはめた」

　※ applied「当てはめた」の目的語がその直後ではなく前置詞句 to the case のあとに置かれています。このように常に他動詞の直後に目的語が置かれるわけではありません（前置詞句の扱いについては POINT 10、11 で詳しく説明します。51ページ～）。

POINT8　述部の欠落を補う(3)「補語の欠落」

RANK ★★★
正解　(C)

8　The English language is ------- in England and her colonies throughout the world.

　(A) current now the tongue　(B) now current the tongue
　(C) the tongue now current　(D) the tongue now of current

訳　英語はイギリスとその世界中にある植民地において現在用いられている言語である。

解説　空所の直前の動詞が be 動詞（is）であることをまず確認します。選択肢には現在分詞や過去分詞は見当たらないので、is に続く補語となるものを空所に補う必要があります。(A) は current「流行っている」という形容詞がありますが、そのあとに名詞（the tongue）を持っているため、この名詞があふれてしまいます。(B) も副詞の now の位置が異なるだけで (A) と同様に the tongue が文の一部になりません。(D) はまず the tongue を置き、補語になることができますが、以下の of current が意味をなしません。よって、正解は (C) で now current 以下が形容詞句を作り the tongue を説明しています。

| CHECK! | 覚えよう | 英文の構成要素には**補語（complement）**というものがあります。補語には二種類、主格補語（SVCのC）と目的格補語（SVOCのC）があります。基本的に**補語になれる要素は名詞と形容詞**です。

　直後に補語を取る代表的な動詞が **be 動詞**です。TOEFL の Structure の問題では be 動詞の後に補語として機能する語句、あるいは節を問う問題がよく出題されています。be 動詞の場合は、現在分詞（動詞の ing 形）を伴って進行形、あるいは過去分詞形を伴って受動態を作る場合もありますが、空所前に be 動詞を見つけた場合は、まず補語となる名詞、あるいは形容詞を選択肢に探しましょう。

▶ **be動詞以外に「主格補語を取る代表的な動詞」**

　ex.) The milk **smelled** sour.「その牛乳はすっぱいにおいがした」

　※ smell という動詞はこの場合、自動詞で「〜なにおいがする」の意味です。他にも look「〜に見える」、appear「〜に見える」、seem「〜に見える」、sound「〜に聞こえる」、taste「〜な味がする」、feel「〜に感じられる」といった**外見や知覚を表す自動詞も後ろに補語（主に形容詞）を取る**ことができる動詞です。

POINT

1-8 シャッフル問題

⏱ 5 minutes

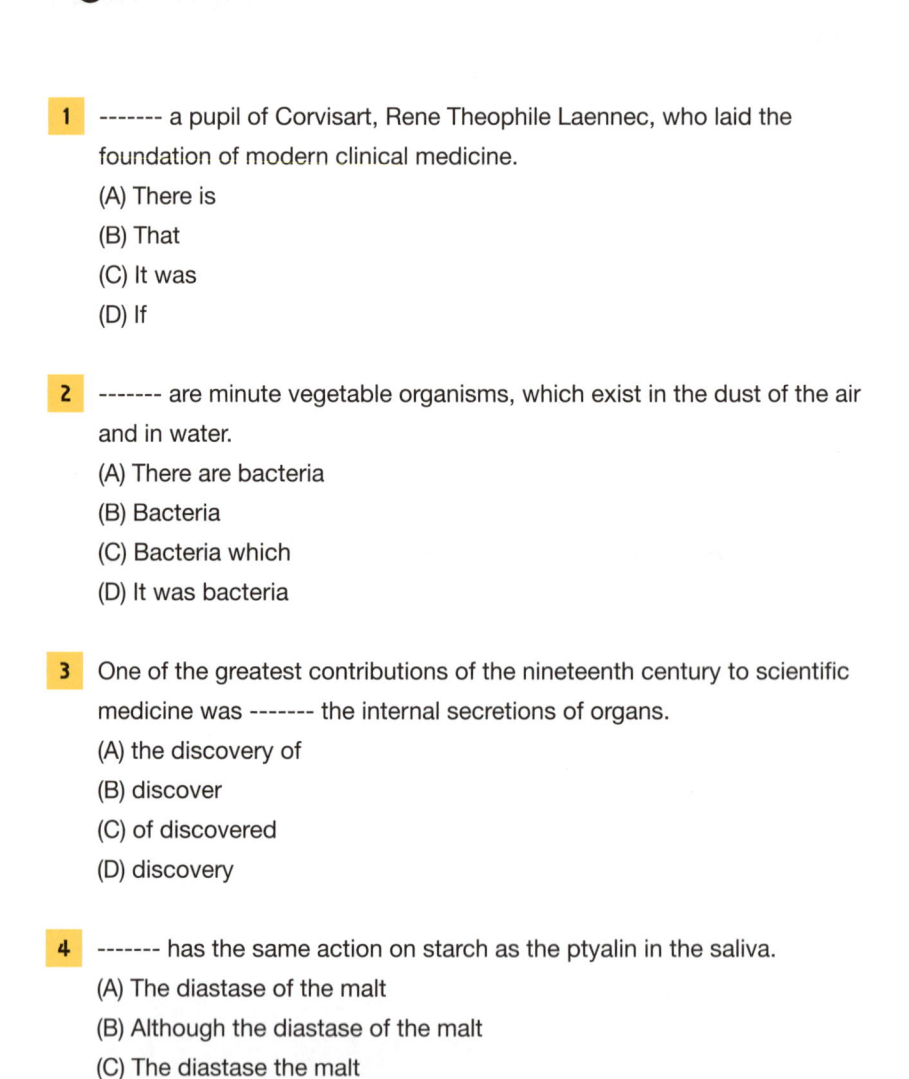

1 ------- a pupil of Corvisart, Rene Theophile Laennec, who laid the foundation of modern clinical medicine.
(A) There is
(B) That
(C) It was
(D) If

2 ------- are minute vegetable organisms, which exist in the dust of the air and in water.
(A) There are bacteria
(B) Bacteria
(C) Bacteria which
(D) It was bacteria

3 One of the greatest contributions of the nineteenth century to scientific medicine was ------- the internal secretions of organs.
(A) the discovery of
(B) discover
(C) of discovered
(D) discovery

4 ------- has the same action on starch as the ptyalin in the saliva.
(A) The diastase of the malt
(B) Although the diastase of the malt
(C) The diastase the malt
(D) Despite the diastase of the malt

5 The English people had long viewed with apprehension ------- towards universal dominion.
 (A) for the advances of France
 (B) France of the advances
 (C) the advances of France
 (D) France is of advances

6 The crude Byronic misanthropy, even though assumed, ------- no favor in Shakespeare's eyes.
 (A) which finds
 (B) found
 (C) finding
 (D) to find

7 ------- is very obvious, but that alone is no indication of its origin.
 (A) That the coal is strikingly different from the rocks in which it lies
 (B) The coal is strikingly different from the rocks in which it lies
 (C) It is the coal is strikingly different from the rocks in which it lies
 (D) Since the coal is strikingly different from the rocks in which it lies

8 North America presents in its external form certain general features which ------- to discriminate at the first glance.
 (A) it is easy
 (B) easy
 (C) is easiness
 (D) are easiness

解答と解説［重要POINT1-8 シャッフル問題］

正解一覧
1. (C) 2. (B) 3. (A) 4. (A) 5. (C) 6. (B) 7. (A) 8. (A)

1　正解　(C)　　　　　　　　　　　　　　　重要POINT5

It was a pupil of Corvisart, Rene Theophile Laennec, who laid the foundation of modern clinical medicine.　　　（※英文中の下線 ＝ S-V関係）

訳　現代臨床医学の礎を築いたのはコービサートの弟子である、レネ・テオファイル・レーネックであった。

空所後の形に注目すると名詞句 a pupil of Corvisart と Rene Theophile Laennec がコンマによって同格的につながっており、その後に関係代名詞節（who ... medicine）が続いていることが分かる。よって、空所以下では主節が完成してないので、空所に主節の主語と動詞を求める。(A) では動詞（is）の時制が現在形であるため関係代名詞節中の動詞（laid）と一致しないため不適当。次に (B) と (D) では動詞がないため不適当となり、正解は (C) となる。It was ... who の形で強調構文を作っている。

2　正解　(B)　　　　　　　　　　　　　　　重要POINT1

Bacteria are minute vegetable organisms, which exist in the dust of the air and in water.

訳　バクテリアは微小な植物性の生き物で、空気中のほこりや水中に存在している。

空所の直後に動詞（are）が置かれているので、対応する主語を選ぶ問題。主語になれる名詞表現は (B) の Bacteria のみ。(A) と (D) の場合、空所のみで主節が完成しており、空所後の are に対応する主語がなくなってしまうため不適当。(C) の場合、which から空所後の organisms までが関係代名詞節を作り、Bacteria を修飾するが、Bacteria に対応する動詞がなくなってしまうため不適当。

3 正解（A） 重要POINT8

<u>One</u> of the greatest contributions of the nineteenth century to scientific medicine <u>was</u> the discovery of the internal secretions of organs.

訳 科学的医学への19世紀最大の貢献の一つは臓器の内分泌物の発見であった。

> 主節は S = One、V = was と明らかなので、was の後に続く補語を選択肢に求める。補語になれるものは基本的には名詞か形容詞なので、(B) は動詞の現在形あるいは原形であるため不適当で、(C) も前置詞 of の後に過去分詞あるいは過去形である discovered は置けないため不適当。(A) と (D) は共に名詞ではあるが、(D) の場合、空所後の the internal secretions of organs という名詞句と文法的につながらないため不適当。従って、(A) が正解となる。

4 正解（A） 重要POINT2

<u>The diastase</u> of the malt <u>has</u> the same action on starch as the ptyalin in the saliva.

訳 麦芽に含まれるジアスターゼはデンプンに対して唾液中のプチアリンと同じ影響を与える。

> 空所直後に注目すると動詞（has）が見つかるので対応する主語を空所に求める。主語になるのは名詞なので、(D) は前置詞句を作るため不適当、(B) は従属接続詞 Although が含まれるため後ろにさらに主節が必要となり不適当だと分かる。(C) は The diastase と the malt という2つの名詞が並列しているが、この2つは「ジアスターゼ」と「麦芽」で同格関係にないため不適当。従って、正解は (A) の名詞句となる。

5 正解（C）　　　　　　　　　　　　　　　　　　　重要POINT7

The English people had long viewed with apprehension the advances of France towards universal dominion.

訳　イギリス人はフランスが世界支配へと向かうのを長らく懸念を抱きながら注目していた。

空所の前から、主語が The English people で動詞が had viewed であることを確認する。空所直前には前置詞句 with appreciation が置かれているが、主動詞を形成する view は他動詞で「〜を見る」の意味であるため、空所には対応する目的語が必要である。目的語には名詞が置かれるので、(A) の前置詞句は不適当であると分かる。(D) は節を作っているが France is of advances では意味をなさない。(B) と (C) は共に名詞句を作っているが、(B) の France of the advances では「前進のフランス」となってしまい意味をなさない。よって、正解は (C) となる。

6 正解（B）　　　　　　　　　　　　　　　　　　　重要POINT6

The crude Byronic misanthropy, even though assumed, found no favor in Shakespeare's eyes.

訳　粗雑なバイロン風の人間不信は、見せかけであるとしても、シェイクスピアの目には好意的に映らなかった。

主節の主語が The crude Byronic misanthropy、その直後に副詞節 even though assumed（本来は even though it was assumed であったが、主語が主節の主語と一致するため it was が省略されている）、が挿入されており、空所にたどり着く。空所後にも動詞がないため、空所に主語である The crude Byronic misanthropy に対応する主動詞を求める。(A) は関係代名詞 which が不要で、(C) は finding だけでは動詞にはなれず、(D) も不定詞では主動詞になれない。したがって、(B) が正解で find の過去形である。この問題も even though assumed の挿入を見抜ければ大きな文の構造が容易に判断できる。

7　正解（A）　重要POINT3

That the coal is strikingly different from the rocks in which it lies is very obvious, but that alone is no indication of its origin.

訳　その石炭がそれが含まれている岩石と著しく異なっていることは非常に明白であるが、そのことだけでは、その石炭の起源を示すことにはならない。

> まず、空所以下に is があることから対応する主語を空所に求める。(B) の場合、選択肢だけで節（S = The coal、V = is、C = strikingly different、from から lies までが different を修飾）が完成しており、主語になれないため不適当。(C) も同様に S = It、V = is、C = the coal で節が出来上がっており、その直後の is に対応する主語も見当たらないため不適当。また (D) の場合は、従属接続詞 since の後に節（S = the coal、V = is、C = strikingly different、from から lies までが different を修飾）が完成しており従属節を作っているが、空所後の is に対応する主語が存在しないため不適当であると分かる。したがって、正解は (A) となり従属接続詞 that で that 節を形成し主節の主語の役割を果たしている。

8　正解（A）　重要POINT4

North America presents in its external form certain general features which it is easy to discriminate at the first glance.

訳　北アメリカは一目で区別できる特定の一般的特徴を外面的な形で示している。

> 空所の直前に関係代名詞 which があることに注目する。先行詞は certain general features「特定の一般的特徴」で、この語句を説明する節が空所以下に続くことが分かる。先行詞は複数名詞であることから (D) are easiness は主語と動詞が一致しないため不適切、(B) の easy では関係代名詞節に動詞が欠けることになるので不適当。(C) の is easiness にすると is の補語が名詞である easiness「簡単さ」になってしまい意味を成さない。(A) の場合、it が関係代名詞節の形式主語となり to discriminate が真主語となり、discriminate の目的語に先行詞である certain general features が本来あったと考えられる。（元の文は it is easy to discriminate the certain general features at the first glance.「一目で特定の一般的特徴を区別することは容易である」となる。）

POINT 9-16 例題

9 James Russell Lowell, -------, was editor, essayist, diplomat, poet.
 (A) was America's representative poet
 (B) America's representative poet
 (C) who America's representative poet
 (D) when is America's representative poet

10 On ------- for some time the carbon dioxide gas is expelled.
 (A) boil the water
 (B) boiled the water
 (C) boiling the water
 (D) to boil the water

11 ------- close of the Glacial Age Paleolithic man vanished from Europe.
 (A) At the
 (B) The
 (C) Where the
 (D) Because the

12 Deservedly the foundation of Greek Medicine is ------- the name of Hippocrates, a native of the island of Cos.
 (A) associating with
 (B) associated with
 (C) associated under
 (D) associate to

13 Rocks are poor conductors of heat, ------- may become painfully hot under the full blaze of the sun.
   (A) and their surfaces
   (B) their surfaces
   (C) and surfaces their
   (D) they

14 ------- is completed, there is still a constant change in the bones.
   (A) The process of ossification which
   (B) The process of ossification
   (C) When the process of ossification
   (D) That the process of ossification

15 Limestone, -------, is easily dissolved in water charged with carbon dioxide.
   (A) although so little affected by pure water
   (B) so little affected although by pure water
   (C) so little affecting by pure water
   (D) it is so little affected by pure water

16 As water falls on the earth in rain ------- from the air carbon dioxide and oxygen.
   (A) has already absorbed
   (B) if has already absorbed
   (C) which has already absorbed
   (D) it has already absorbed

解答と解説［重要POINT 9-16］

POINT 9 名詞の同格表現を補う

RANK ★★★
正解 (B)

9 James Russell Lowell, -------, was editor, essayist, diplomat, poet.
(A) was America's representative poet
(B) America's representative poet
(C) who America's representative poet
(D) when is America's representative poet

訳 ジェームズ・ラッセルは、アメリカを代表する詩人であるが、編集者であり、評論家であり、外交官であり、詩人でもあった。

解説 空所の前後を見てみると、主語が James Russell Lowell、動詞が was と英文に必要な最低限の要素が既に書かれていることが分かります。また、空所がコンマによって挟まれていることにも注目します。この二点から考えて、空所に入るものは文の主要素にはならないものだと考えられます。ここで選択肢を見てみると、(A) は動詞である was が不要なため不適当、(C) は関係代名詞の who がありますが動詞が不足しており不十分、(D) の従属接続詞 when も主語が欠けているため不適当です。よって、正解は (B) で本文の主語である James Russell Lowell を同格的に説明しています。

CHECK! 覚えよう I bought a pen, notebook yesterday. のように、**英文では基本的に名詞を2つコンマだけで並列することはできません**。この文の場合、a pen and notebook のように接続詞を置く必要があります。

しかし、I saw his father, principal of my school, on my way home.（「私は帰りに彼の父で私の通う学校の校長に会った」）のように、「名詞 コンマ 名詞」の形が成立する場合があります。この場合、his father「彼の父」と principal of my school「私の通う学校の校長」の2つの名詞について、his father ＝ principal of my school の関係が成り立っています。このように**コンマで並列された2つの名詞が同一人物、あるいは同一物を指す場合、「名詞 コンマ 名詞」の形を取ることができます**。この関係を同格関係と呼びます。

▶「名詞 コンマ 名詞」以外の「同格」の表現方法

(1)「名詞 名詞」型
　ex.) **The first governor Sir William Phipps** arrived in May.
　「初代知事であるウィリアム・ヒップスは五月に着任した」

(2)「名詞 , or 名詞」型
　ex.) **Thebes, or Diospolis**, was the most ancient of the several capitals of Egypt.
　「テーベ、すなわちディオスポリスはエジプトの数ある首都の中で最も古い都市であった」

POINT10　つなぎ言葉（1）「前置詞」　RANK ★★★　正解（C）

10　On ------- for some time the carbon dioxide gas is expelled.
　(A) boil the water　　(B) boiled the water
　(C) boiling the water　(D) to boil the water

訳　一定期間水を沸かすと二酸化炭素ガスが排出される。

解説　文頭に On が置かれていることにまず注目します。on は前置詞なので後ろに名詞が必要です。選択肢で名詞要素になれるものを探すと、(A) は動詞の原形 (boil)、(B) は動詞の過去形、あるいは過去分詞から始まっており、名詞ではありません。残る (C) と (D) ですが、(C) は動名詞 (boiling)、(D) は不定詞 (to boil) で始まります。(D) の不定詞は文中で名詞的な働きをすることができますが、前置詞の後ろに置くことはできません。したがって、正解は (C) となります。

CHECK!　覚えよう

ここまでの項目でもたびたび文中に出てきている前置詞についての基本を確認しましょう。まず、前置詞は必ず**後ろに名詞要素**を従えます。TOEFLの文法問題を解く上でのポイントは前置詞の後ろに置かれる語句です。前置詞は名詞要素を後ろに従えるので、名詞、名詞句、一部の名詞節はもちろんですが、準動詞として**動名詞（動詞にing を加えた**

もの)を取ることもできます。**不定詞も文中で名詞句を作ることができますが、前置詞の後ろに置くことはできません**。Structure に加えて、Written Expression でもよく問われる項目ですので、「**前置詞を見つけたら必ず後ろに名詞！**」を徹底させましょう。

▶ 「群前置詞」について

　前置詞は in、to、with のように1語のものもあれば、because of A「Aが原因で」や in spite of A「Aにもかかわらず」のように2語以上の語句から成るものもあります。これらを**群前置詞**と呼びます。

　ex.) as for A：「Aに関して」、for all A：「Aにもかかわらず」、instead of A：「Aの代わりに」、in addition to A：「Aに加えて」、on account of A：「Aが原因で」

POINT11　主部をつくらないもの「前置詞句」　　RANK ★★★　　正解（A）

11　------- close of the Glacial Age Paleolithic man vanished from Europe.
(A) At the　　　　(B) The
(C) Where the　　(D) Because the

訳　氷河期の終わりに旧石器時代人はヨーロッパから姿を消した。
解説　文頭に空所があることから (B) の The を入れて「The close of the Glacial Age が文の主部！」、と考えたいところですが、後に続く文の Paleolithic man vanished で S-V の関係が既に完成しています。(B) を入れてしまうと「名詞 S-V」となってしまい、この名詞 The close of the Glacial Age「氷河期の終わり」と主語である Paleolithic man「旧石器時代人」は同一人物でもないため同格と考えることもできません。空所以降で S-V の関係は固定されているため、空所から Age までの固まりで修飾語を作ればよいので、(A) の At the を補い前置詞句を作れば正解です。(C) と (D) は共に Where、Because という接続詞を持つので後ろに節が必要となるため不適当です。

| CHECK! | 覚えよう | POINT 10 に続いて、ここでは前置詞句の働きを詳しく見てみましょう。 |

(1) 形容詞として
　ex.) Children **under 18 years of age** may not enter the building.
　※ under 18 years of age が children を修飾している。
　「18歳未満の子供はその建物に入ることができない」

(2) 副詞として
　ex.) Please put your belongings **under the desk**.
　※ under the desk が put を修飾している。
　「持ち物を机の下にしまってください」

(3) 補語として
　ex.) The patient was not **in good condition**.
　※ in good condition が was の補語になっている。
　「その患者は状態が悪かった」
　cf.) **In good condition** the car would sell for ten thousand dollar.
　　「状態が良ければその車は1万ドルで売れるであろう」
　※注意したいのは文頭に前置詞句が来る場合です。**前置詞句は主語になることは絶対にありません**。Structure の問題を解く際には前置詞句は無視して S-V 関係を探してください。

POINT12　前置詞を含むイディオム

RANK ★★★
正解（B）

12　Deservedly the foundation of Greek Medicine is ------- the name of Hippocrates, a native of the island of Cos.
　(A) associating with　　(B) associated with
　(C) associated under　　(D) associate to

訳　当然ながら、ギリシャ医学の礎はコス島の出身であるヒポクラテスの名前に関係している。

解説 まず空所の前に be 動詞である is があることを確認すると (D) の選択肢にある動詞の原形 associate は来ないことが分かります。残りの選択肢は associate の現在分詞か過去分詞が含まれていますが、(A) の現在分詞 associating を取ると is と共に現在進行形を作ります。現在進行形になっても態は変わらず能動態のままなので目的語が必要となるため (A) も不適当です。あとは be associated と共に用いる正しい前置詞を選んで、正解は (B) となります。be associated with A で「A に関係している」の意味です。

CHECK! 覚えよう

TOEFL の Structure と Written Expression で問われる前置詞に関係する項目には成句表現が含まれます。しかし、成句表現といってもすごく複雑なものは問われることはなく、英文を読む上でも書く上でも必要最低限と言えるレベルのものです。

レベルはさておき、前置詞を含んだ成句表現は以下の2パターンがあります。以下に例として挙げたものは過去に TOEFL の試験で出題されたものですので、意味と共に覚えましょう。

(1)「be ＋ 過去分詞／形容詞＋前置詞」型
　ex.) **be concerned with A**:「Aと関係している」、**be given to A**:「Aに与えられる」、**be known for A**:「Aで知られている」、**be found in A**「Aで発見される」、**be related to A**:「Aと関係している」、**be rich in A**:「Aの点で豊かである」

(2)「自動詞＋前置詞」型
　ex.) **start with A**:「Aで始まる」、**serve in A**:「Aの一員として働く」、**benefit from A**:「Aから利益を得る」、**result in A**:「結果Aになる」

POINT13　つなぎ言葉(2)「等位接続詞」　RANK ★★★　正解（A）

13. Rocks are poor conductors of heat, ------- may become painfully hot under the full blaze of the sun.

　(A) and their surfaces　(B) their surfaces
　(C) and surfaces their　(D) they

訳 岩石は熱を伝導しにくく、ぎらぎら照りつける太陽の下ではその表面がひどく熱くなることがある。

解説 空所の前に注目して Rocks が主語で are poor ... heat までで述部が完成していることをまず確認しましょう。次に空所の後ろに may become と述部が以下に続くことが分かります。これに対応する主語を選びたいのですが、単純に (B) や (D) を選ぶわけにはいきません。先にも見たように、前に既に S-V 関係があるので、(B) と (D) を選ぶと「S-V, S'-V'」というように S-V 関係がコンマによって 2 つ並列されることになります。**コンマには S-V 関係をつなげる働きはありません**。よって、等位接続詞 and を含む選択肢 (A) と (C) に目を向けますが、(C) は所有格の代名詞 their の後に名詞がないため不適当です。よって正解は (A) となります。

CHECK! 覚えよう 解説でも述べているように、英文では基本的に「**コンマによって 2 つ以上の節（S-V 関係）をつなげることはできません**」。この原則は Written Expression でも活用できるものなので、しっかりと覚えておいて下さい。

それでは、2 つ以上の節をつなげる際にはどうすればよいのかということですが、一つの手段として**等位接続詞**を見てみましょう。等位接続詞は 7 つあり、**and, but, or, yet, so, for, nor** が挙げられます（これらの接続詞の中には節以外のものを接続できるものもありますが、それらについては POINT 87 の「並列法」で詳しく説明します。255 ページ）。

ex. 1) It was heavily raining last night**, yet** my father picked me up at the station.
※ yet：「しかし」
「昨夜はひどい雨だったが、父が駅まで迎えに来てくれた」
ex. 2) I found him soaked**, for** he was caught in a shower on his way.
※ for：「というのは〜だからだ」
「彼はびしょ濡れだった。というのは、道の途中で雨に降られたからだった」
ex. 3) She did not listen to me again**, neither** did she talk to me.
※ neither：「（また）〜もない」（neither の後ろは語順が「倒置」します。詳しくは POINT 39 を参照。114 ページ）
「彼女は私の言うことを再び聴いてくれることはなかったし、話しかけること

もなかった」

POINT14 つなぎ言葉（3）「従属接続詞」

RANK ★★★
正解 (C)

14 ------- is completed, there is still a constant change in the bones.
(A) The process of ossification which
(B) The process of ossification
(C) When the process of ossification
(D) That the process of ossification

訳 骨化が終わっても、骨には常に変化が起こり続ける。

解説 空所の直後に動詞（is completed）、そしてコンマ後に節（S = a constant change、V = is）が従えられていることを確認します。もちろん、is completedに対応する主語は必要ですが、名詞句である(B)を選んでしまうと「S-V, S'-V'」になってしまうため、不適当です。(A)は最後に関係代名詞whichがあるためwhich is completedがThe process of ossificationを修飾し、より大きな名詞句が文頭に置かれているだけ（「名詞, S-V」）になるため不正解です。残る(C)と(D)には共に初めに従属接続詞WhenとThatが含まれています。(D)のThatは基本的に名詞節を導くので、結局は(A)の場合と同様に「名詞, S-V」になってしまいます。よって正解は副詞節を導く接続詞Whenを含む(C)となります。

CHECK! 覚えよう ２つ以上の節をつなげる品詞の２つ目として**従属接続詞**を見てみましょう。従属接続詞には名詞節を導くものと副詞節を導くものの２種類があります。名詞節を導くものついてはPOINT 3（34ページ）で扱いました。ここでは副詞節を導く従属接続詞の例を見てみましょう。

ex.）〈**Because** the lady was shocked at the sight,〉she was at a loss to answer the question.
「その女性はその光景にショックを受けたので、質問に答えられなかった」
※〈 〉で閉じた Because で始まる S-V の固まりを**従属節**と呼び、下線を施

した she で始まる節を**主節**と呼びます。

この文は主節と従属節の順番を入れ替えて、以下のように書くこともできます。
= The lady was at a loss to answer the question〈because she was shocked at the sight〉.

POINT15　つなぎ言葉(4)「従属節内のS-beの省略」　　RANK ★★★　　正解（A）

15 Limestone, -------, is easily dissolved in water charged with carbon dioxide.
(A) although so little affected by pure water
(B) so little affected although by pure water
(C) so little affecting by pure water
(D) it is so little affected by pure water

訳　石灰岩は、真水の影響はほとんど受けないが、二酸化炭素を帯びた水中では容易に溶解する。

解説　まず空所の前後の部分で主節は（S ＝ Limestone、V ＝ is dissolved）完成していることが分かります。そうすると、空所には主節を修飾する語句あるいは節が必要であると分かります。そこで選択を見てみると、(D)は完全な節（S ＝ it、V ＝ is affected）が出来上がっていることが分かります。(D)を空所に入れると「S, S'-V', V」のように、S-V の間に S-V を挿入していることになり、不適当です。次に(C)ですが、affecting とあるので分詞構文と考えられますが、能動態のままなので後ろに目的語が必要なため不正解。残る(A)と(B)には従属接続詞 although が共に含まれています。従属接続詞は後ろに節（S-V関係）を従える必要があるため、(B)のように by pure water だけでは不十分です。それでは、「(A)も後ろに節を従えていない！」となりますが、(A)の場合、本来は although it(＝ limestone) is so little affected by pure water であると考えることができるので、正解となります。

CHECK! 覚えよう

POINT 14 でも触れたように、「**従属接続詞は後ろに節 (S-V) を従えて名詞節あるいは副詞節を形成**」します。これは基本ルールです。しかし、このルールには例外があります。

ex.) I used to help my mother cook dinner on Sundays **when** young.

この英文では従属接続詞 when が用いられています。しかし、その後にはあるべき S-V が見当たりません。これは when が従属接続詞ではないわけではなく、本来あったものが省略されています。元の文にもどすと以下のとおりです。

→ I used to help my mother cook dinner on Sundays **when** I was young.
「私は幼い時、毎週日曜日に母が夕飯を作るのを手伝っていた」

この英文であれば when の後に S ＝ I、V ＝ was と節が従えられていることが分かります。

このように、**副詞節**を導く一定の従属節内では、**主節の主語と従属節の主語が一致する場合、主語と be 動詞が省略される場合があります。**

POINT16　「主節のS-V」の欠落を補う　　RANK ★★★

正解（D）

16 As water falls on the earth in rain ------- from the air carbon dioxide and oxygen.
　(A) has already absorbed
　(B) if has already absorbed
　(C) which has already absorbed
　(D) it has already absorbed

訳　水が雨になって地上に降り落ちる時には、水は大気中からすでに二酸化炭素と酸素を吸収している。

解説　この問題も空所の前後から欠落している部分が本文のどこの部分に当てはまるかが分かれば簡単に正答することができます。まずは文頭が As 節 (S ＝ water、V ＝ falls) で始まっていることを確認します。As 節は副詞節を導くので後ろに主節を探してみると、空所の後には S-V 関係が見当たりません。したがって、空所には「主節の S-V」を補う必要があると分かります。よって、意味を考えなくても正解は (D) であると分かります。

CHECK!	覚えよう

これまでに等位接続詞と従属接続詞という2種類の接続詞を見てきました。この2つの接続詞に共通して言えることは、英文では基本的に「**節（S-V）を2つ以上つなげる場合には接続詞が必要！**」ということです。言い方を換えれば、**1文中（大文字で始まる1語目からピリオドまで）の接続詞の個数に＋1した数の分だけS-V関係がある**とも言えます。

ex.) He had to finish his homework **by the time** his father came home, **but** he couldn't.
「父親が帰るまでに彼は宿題を終えなければならなかったが、できなかった」

この文では接続詞が2つ（by the time と but）あるので、S-V関係は2＋1で3つ（① S = He、V = had to finish / ② S = his father、V = came / ③ S = he、V = couldn't）あります。

※ TOEFLの文法問題では今回の例題のように意味を考えなくても文の形や構造（まさしくStructureです）を捉えられれば正解できる問題が多く出題されています。したがって、今回の「節（S-V）を2つ以上つなげる場合には接続詞が必要！」のように、これまでの「CHECK! 覚えよう」で挙げている合言葉を一つずつ確認し、問題を解く際に応用してください。

POINT

9-16　シャッフル問題

🕐 5 minutes

1 Mineral matter is left as an ash -------.
  (A) when food is thoroughly burnt
  (B) food is thoroughly burnt
  (C) is food thoroughly burnt
  (D) food which is thoroughly burnt

2 Theodore Roosevelt was born in New York City ------- every advantage in education and training.
  (A) enjoyed
  (B) the enjoyment
  (C) enjoying of
  (D) and enjoyed

3 When the food reaches the stomach, ------- secreted.
  (A) gastric juice is which
  (B) gastric juice is
  (C) is gastric juice
  (D) gastric juice which is

4 Vegetable acids ------- the same three elements and undergo combustion into the same compounds as the carbohydrates.
  (A) composed of
  (B) are composing of
  (C) have composed of
  (D) are composed of

5 ------- planets, over eight hundred small planets and a great number of comets circulate around the sun in obedience to the same law of gravitation.

(A) The
(B) While the
(C) Because of the
(D) In addition to the

6 ------- the fine rootlike rhizophores of Selaginella bear some resemblance to Stigmaria in essentials.

(A) Living plants
(B) Plants living
(C) Plants among living
(D) Among living plants

7 ------- seems at first sight more promising as regards the possibility of life.

(A) Venus, the bright globe is known to all as the morning and evening "star,"
(B) Venus, the bright globe which is known to all as the morning and evening "star,"
(C) Venus, which is known the bright globe to all as the morning and evening "star,"
(D) Venus, is the bright globe which is known to all as the morning and evening "star,"

8 Blood plasma, -------, clots or passes from a fluid into a gelatinous or semi-solid condition.

(A) when taken from vessels
(B) taken when from vessels
(C) it is taken from vessels
(D) taking from vessels

解答と解説［重要POINT9－16 シャッフル問題］

正解一覧
1.（A） 2.（D） 3.（B） 4.（D） 5.（D） 6.（D） 7.（B） 8.（A）

1　正解（A）　　　　　　　　　　　　　　　　　重要POINT14

Mineral matter is left as an ash when food is thoroughly burnt.

（※英文中の下線 ＝ S-V関係）

訳　食物が完全に燃焼された時に鉱物質が灰として残される。

空所の前に主節（S ＝ Mineral matter、V ＝ is left）が完成していることに注目する。(B) は接続詞がないため不適当、(D) は which 以下が food を修飾し名詞句を作っているため、主節と文法的につながらない。(C) の場合、空所前の as を接続詞と考えると従属節（S ＝ an ash、V ＝ is、C ＝ food）が完成するが、意味が不適当。従って、正解は (A) で従属接続詞 when の節が適切に完成している。

2　正解（D）　　　　　　　　　　　　　　　　　重要POINT13

Theodore Roosevelt was born in New York City and enjoyed every advantage in education and training.

訳　セオドア・ルーズベルトはニューヨーク市に生まれ、教育と訓練のあらゆる有利さに恵まれていた。

空所前で S ＝ Theodore Roosevelt、V ＝ was born と主節が完成しており、正しく主節後に続けられるものを選ぶ問題。(A) は動詞の過去形であれば接続詞が不足しており、過去分詞形であれば直前の New York City を修飾するが意味的にも不適当。(B) は名詞句なので主節とつながらず、(C) は of がなければ分詞構文で正しいが enjoy は他動詞であるため前置詞 of は不要。よって、正解は (D) and enjoyed で主節の2つ目の動詞が and によって並列されている。

3　正解（B）　　　重要POINT16

When the food reaches the stomach, gastric juice is secreted.
訳 食べ物が胃に達すると胃液が分泌される。

空所の前で When 節が完成していることから、空所以下に主節を作る必要があることが分かる。(C) の場合主語がなく不適当、また (D) の場合関係代名詞 which があることから which is secreted が gastric juice を修飾し対応する動詞がなくなってしまうため不適当。(A) の場合、S ＝ gastric juice、V ＝ is までは正しいが which の先行詞が不明で後ろの secreted とも適切につながらないため不適当。よって、正解は (B) で S ＝ gastric juice、V ＝ is secreted「分泌される」で受動態を形成している。

4　正解（D）　　　重要POINT12

Vegetable acids are composed of the same three elements and undergo combustion into the same compounds as the carbohydrates.
訳 植物性の酸は同じ3つの要素によって構成されており、燃焼されると炭水化物と同じ化合物になる。

文頭に名詞句 Vegetable acids が置かれていることから、これが主節の主語であると考えられ、さらに空所以下が and undergo となっており and によって undergo「経験する」と並列される1つ目の動詞を空所に求める。全ての選択肢に含まれる compose の正しい語法が今回の問題のポイント。compose は他動詞で「〜を構成する、〜を作る」の意味であるが、この文では主語が Vegetable acids「植物酸」であるため、受動態にする必要がある。受動態ではイディオム的に be composed of A で「A で構成される」の形で用いられるため、(D) が正解となる。be composed of の前置詞を含んだイディオムも重要ではあるが、and による並列関係にも注目したい。

5 正解（D）　　　　　　　　　　　　　　　　　　　重要POINT10

In addition to the planets, <u>over eight hundred small planets and a great number of comets</u> <u>circulate</u> around the sun in obedience to the same law of gravitation.

訳　それらの惑星に加えて、800を超える小惑星と非常に多くの彗星が重力の法則と同じ法則に従って太陽の周りを回っている。

> 空所後に置かれている planets, の後に S = over eight hundred small planets and a great number of comets、V = circulate と主節が書かれていることを確認する。(A) の場合、[The planets, 主語] の形を取るため [名詞 , 名詞] の同格関係が考えられるが、意味の面で The planets「それらの惑星」= over eight hundred small planets and a great number of comets「800を超える小惑星と非常に多くの彗星」と考えることはできないので不適当。(B) の場合、While は従属接続詞であるため後ろに節を従えなければいけないが the planets では名詞句だけなので不十分。(C) の Because of と (D) の In addition to は共に群前置詞であるため文法的には正しいが、the planets「その惑星」と主節の内容が因果関係にあるとは考えにくいため (C) は不適当。従って、(D) が正解となる。

6 正解（D）　　　　　　　　　　　　　　　　　　　重要POINT11

Among living plants <u>the fine rootlike rhizophores</u> of Selaginella <u>bear</u> some resemblance to Stigmaria in essentials.

訳　生きた植物の中でイワヒバの持つ根のような担根体は本質的にスティグマリアとある程度似ている。

> 空所の後に注目すると、S = the fine rootlike rhizophores、V = bear、O = some resemblance で主節が完結していることが分かる。よって、空所には主節を修飾する副詞が必要となり、(A) Living plants「生きた植物」は名詞句であるため不適当、(B) Plants living は名詞句すら形成できていないため不適当、そして (C) Plants among living は among は前置詞で複数名詞を後ろに従えるので不適当であると分かる。したがって、正解は (D) で前置詞句を形成している。

| 7 | 正解（B） | 重要POINT9 |

Venus, the bright globe which is known to all as the morning and evening "star," seems at first sight more promising as regards the possibility of life.

訳 金星は、明けと宵の「星」として皆に知られる明るい惑星であるが、生命が存在する可能性については一見するとより有望であるように思われる。

> 空所の直後に主動詞 seems が置かれていることから、空所には主語を補う必要がある。また、選択肢から Venus が主語でコンマの後に Venus を同格的に正しく補足できている名詞句を含むものを選ぶ必要がある。(A) の場合、コンマの後に節（S = the bright globe、V = is known）が出来上がっているため不適当で (C) はコンマの後に関係代名詞節を従えているが、which is known と the bright globe の間に前置詞が欠落しているため非文である。(D) はコンマ直後に動詞が来ているが対応する主語がなく不適当。よって正解は (B) となり、コンマの後ろも the bright globe という名詞句が置かれ、さらに関係代名詞節（which ... "star"）で正しく修飾できている。

| 8 | 正解（A） | 重要POINT15 |

Blood plasma, when taken from vessels, clots or passes from a fluid into a gelatinous or semi-solid condition.

訳 血漿は、血管から取り出されると、凝固するかあるいは流動体からゼリー状もしくは半固体状に変わる。

> 空所前後のコンマから挿入表現を補う問題であると分かる。主節の主語は Blood plasma、主動詞が clots or passes であることを確認し、空所に入るべき表現を考えると (C) の場合は節（S = it、V = is taken、from vessels が taken を修飾）を接続詞もなく挿入していることになるので不正解であると分かる。(B) の場合は taken から始まるので過去分詞による分詞構文であると考えられるが、when は従属接続詞であるため節を後続しないといけないので不適当。(D) も現在分詞 taking による分詞構文であるが、主節の主語が Blood plasma「血漿」なので意味の面で能動態（Blood plasma takes from vessels）では不適切。よって正解は (A) となるが、この選択肢は本来 when it(= blood plasma) is taken from vessels で、主節の主語と when 節の主語が blood plasma で共通するため when 節内の主語と be 動詞である it is が省略されている。

POINT 17-24 例題

17 ------- it appearance before the first is removed, the milk tooth should be removed without delay.
(A) In permanent tooth makes
(B) If a permanent tooth makes
(C) A permanent tooth makes
(D) A permanent tooth which makes

18 In historical times the Nile has ------- been very stationary, and has not shifted its position in the valley.
(A) owing to
(B) as if
(C) general
(D) on the whole

19 The use of the areolar tissue is ------- and parts of organs, and to envelop, fix, and protect the vessels and nerves of organs.
(A) connect together organs
(B) connected together organs
(C) to connect together organs
(D) together in connection of organs

20 Italian writers were among the first ------- the laws of money intelligently, but a number of acute Englishmen enriched the literature of the subject.
(A) discuss
(B) to discuss
(C) who discussing
(D) that they discussed

21 The cellular tissue consists of small fiber ------- a net-work, with numerous interstices that communicate freely with each other.
(A) to form
(B) formed
(C) it forms
(D) form

22 At the present day, there are not more than six species of reptiles in the whole world ------- of over fifteen feet.
(A) have a length
(B) a length having
(C) having a length
(D) which a length

23 Rocks ------- the direct rays of the sun become strongly heated by day and expand.
(A) to expose
(B) expose
(C) exposing
(D) exposed to

24 The edges of each bone interlock with each other, -------.
(A) produce a union
(B) producing a union
(C) a union producing
(D) a union produce

解答と解説［重要ＰＯＩＮＴ１７－２４］

POINT17 「従属接続詞 S-V」の欠落を補う　RANK ★★★　正解（B）

17　------- it appearance before the first is removed, the milk tooth should be removed without delay.
　(A) In permanent tooth makes
　(B) If a permanent tooth makes
　(C) A permanent tooth makes
　(D) A permanent tooth which makes

訳　乳歯が取り除かれる前に永久歯が生えてくると、乳歯はすぐに抜いてしまわなければならない。

解説　POINT 16（58ページ）で見た接続詞とS-Vの数のルールを適応してみましょう。今回の文中では接続詞が一つ（before）見つかります。よって、文中のS-Vの数は2つです（① S = the first、V = is removed／② S = the milk tooth、V = should be removed）。ここで選択肢を見てみると、(C) は新たに節が足されているにもかかわらず接続詞がないため不適当であると分かります。(D) は関係代名詞が含まれているため which から removed までが A permanent tooth を修飾し、結局は「名詞 , S-V」のパターンになってしまいます。(A) は前置詞の合言葉「前置詞を見つけたら必ず名詞！」を活かすと In permanent tooth が副詞句になり、makes の主語がありません。よって正解は (B) となり、新たに接続詞（if）が加えられたので、それに伴って節（S = a permanent tooth、V = makes）も一つ増えており、接続詞のルールに合致します。

CHECK!　覚えよう

ここまで見てきた従属接続詞についてですが、等位接続詞とは異なって、数が非常に多く、さらにそれぞれの接続詞が複数の意味や働きを持つものも多く存在します。ここで全てを皆さんに伝えることはできないですが、ここでは一見従属接続詞には見えない**２語以上の句によって形成される従属接続詞**を挙げておきます。

▶ **2語以上の句によって形成される従属接続詞**

(1)「時」の副詞節を導く
　ex.) as soon as：「〜するとすぐに」、the moment (that)：「〜するやいなや」、the instant (that)：「〜するいなや」、each time：「〜するたびに」、every time：「〜するときはいつでも」、by the time：「〜するまでに」

(2)「譲歩」の副詞節を導く
　ex.) even if：「たとえ〜だとしても」、even though：「たとえ〜だとしても」

(3)「目的」の副詞節を導く
　ex.) in order that (S) can/may/should (do)：「〜するために」、so that (S) can/will/may (do)：「〜するために」

POINT18　「副詞・副詞句」の欠落を補う

RANK ★★★
正解（D）

18　In historical times the Nile has ------- been very stationary, and has not shifted its position in the valley.
(A) owing to　　　　(B) as if
(C) general　　　　 (D) on the whole

訳　有史以後ナイル川は概して非常に安定しており、流域では位置が移動していない。

解説　前置詞句 In historical times の次に主節の S-V 関係（S = the Niles、V = has been）が見つかります。このことから、すでにこの英文は完成しており、空所には主節あるいはその一部を修飾する形容詞か副詞の働きをするものを置くと推測できます。選択肢に目を移すと、(A) は owing to で群前置詞です（「〜が原因で」の意味です）。群前置詞であっても前置詞なので「前置詞は後に必ず名詞！」に違反するため不正解です。(B) の as if は 2 語で従属接続詞（「まるで〜するように」の意味）ですが、後ろに節を従えていないため、不適当です。(C) の general は形容詞で「一般的な」の意味ですか、今回の空所は現在完了形を作る助動詞 has の直後なので形容詞を置くことは

できません。したがって、正解は (D) の on the whole （「概して」の意味を成す副詞句）となります。

CHECK! 覚えよう
今回の例題のように空所に何も入れなくてもすでに英文が成立している場合があります。この場合空所には**修飾語**を入れることができます。修飾語は**名詞を修飾する形容詞**と**動詞などを修飾する副詞**の2つが挙げられます。ここでは様々な**副詞**の表現方法を見てみましょう。

(1) 「副詞」
　ex.) **Unfortunately**, he missed the first train he wanted to catch.
　「不運にも、彼は乗りたかった始発に乗り損ねた」
　※ Unfortunately が文全体を修飾している。

(2) 「副詞句」
　ex.) The guest left the hotel **without saying anything to the front desk**.
　「その宿泊人はフロントに何も言わずホテルを去った」
　※前置詞句 without ... desk が述部である left the hotel を修飾している。

(3) 「副詞節」
　ex.) I often get a good idea **while (I am) shaving**.
　「ひげをそっている時にいい考えがよく浮かぶ」
　※従属節 while (I am) shaving が主節である I often get a good idea を修飾している。

POINT19　不定詞句を補う(1)「名詞用法」　RANK ★★★　正解 (C)

19. The use of the areolar tissue is ------- and parts of organs, and to envelop, fix, and protect the vessels and nerves of organs.
    (A) connect together organs
    (B) connected together organs
    (C) to connect together organs
    (D) together in connection of organs

70

> **訳** 小室細胞の用途は臓器とその一部を一つにつなげ、臓器中の血管と神経を包み、固定し、保護することである。
>
> **解説** 空所の直前のbe動詞に注目してください。be動詞の直後に動詞の原形は置けないため(A)は不正解です。(B)はis connectedで受動態を作りますが、その場合選択肢の後に続く名詞organs「臓器」とつながらなくなってしまいます（名詞が文中で主語や目的語、補語、前置詞の目的語、名詞の同格、のどれにも当てはまらない状態は英文では非文です）。残る(C)と(D)の判断ですが、ここで空所の後にも注意を向けてみましょう。空所直後にand parts of organs, とあり、そしてand to envelop, fix and protect ... とつながります。このandなどの等位接続詞は並列するものの形を揃えるのが基本となるので、空所前にも不定詞が来ると推測できます。よって正解は(C)となります。(D)はin connection with Aで「Aと関連して」という成句表現はありますが、今回は語法・意味共に誤りです。

CHECK! 覚えよう 不定詞は文中で**名詞、形容詞、副詞の３つの働きができます**（このように、はっきりと役割が特定されていないため「不定」詞と呼ばれています）。ここでは不定詞の名詞的な用い方を見てみましょう。

(1)「主語」になる

　ex.) **To write an essay in English** is not so easy as in Japanese.
　※形式主語を用いてもよい。
　(＝ It is not so easy to write an essay in English as in Japanese.)
　「英語でエッセーを書くのは日本語で書くほどに簡単ではない」

(2)「補語」になる

　ex.) The biggest problem was **how to persuade him**.
　※「疑問詞＋ to do」も名詞的用法。
　「最大の問題はいかに彼を説得するかということであった」

(3)「目的語」になる

ex.) She really wanted **to get promoted before long**.
※目的語に不定詞を取る動詞は POINT 59（177 ページ）で詳しく確認しましょう。
「本当に彼女はすぐに昇進したかった」

POINT20　不定詞句を補う(2)「形容詞用法」　RANK ★★★
正解（B）

20 Italian writers were among the first ------- the laws of money intelligently, but a number of acute Englishmen enriched the literature of the subject.
(A) discuss　　　　(B) to discuss
(C) who discussing　(D) that they discussed

訳　イタリア人の作家たちが初めて知的にお金の法則について議論をした人々ではあったが、多くの機敏なイギリス人たちがそのテーマに関する書物を豊かにした。

解説　主節は S ＝ Italian writers、V ＝ were で完成しており、空所の直前の the first に続く形を選択肢から選びますが、the first はその前の among によって前置詞句になっていることを確認しておきましょう。(A) では動詞になってしまい、前の主節とくっつかないため不適当です。(C) は関係代名詞がありますが、関係代名詞節内には動詞が必要で、discussing だけでは動詞になれないため不正解です。(D) は従属接続詞の that によって節ができていますが、主節とつながらないため間違いです。よって、正解は (B) で不定詞の形容詞的用法によって、前の the first の内容を説明しています。

CHECK!　覚えよう　不定詞の形容詞用法についてここでは見てみましょう。TOEFL の文法セクションで最も問われやすいパターンが、今回の例題にあるような「**the 形容詞（名詞）＋ to do**」の形を取るものです。この形容詞のところには、**the first, the last, the only** 等の「唯一のもの」を示す意味合いのものが多いです。

ex. 1) She is the last person 〈**to meet** in the bar〉.

「彼女はもっともバーで会いそうにない人物だ」

この他にも不定詞の形容詞用法には以下のパターンが挙げられます。
ex. 2) My brother has a lot of friends 〈**to help** him〉.
「私の兄には助けてくれる友人がたくさんいる」
※この場合、不定詞の前の名詞（a lot of friends）と〈不定詞（to help him)〉は**主語と動詞の関係**になっている。
ex. 3) My father has many things 〈**to do** even when he comes back home〉.
「父は家に帰ってもすべきことがたくさんある」
※この例文では、不定詞の前の名詞（many things）は〈不定詞（to do〜）〉と**目的語と動詞の関係**になっている。

POINT21　不定詞句を補う(3)「副詞用法」
RANK ★★★
正解（A）

21　The cellular tissue consists of small fiber ------- a net-work, with numerous interstices that communicate freely with each other.
(A) to form　　　(B) formed
(C) it forms　　　(D) form

訳　細胞組織は小さな繊維質で構成されており、相互に自由に連絡し合う無数の裂け目を持ち、繊維網を形成している。

解説　まず主節のSがThe cellular tissue、Vがconsistsで、consistはconsist of Aで「Aで構成されている」の意味ですから、空所の前までで主節が完成していることをまず確認しましょう。このことから空所以後の固まりは主節、あるいは主節の一部を修飾するものであると分かります。(D)であれば動詞の現在形あるいは原形なので主節とつながりません（「S-V V」は接続詞がない限りありえません）。(B)は過去分詞形の可能性もありますが、後ろに前置詞を補わないと後続とつながりません。(C)はit formsでS-V関係ができていますが、これも主節の後に直接置くと「S-V S-V」となってしまい、接続詞がない限り非文です。したがって、正解は(A)で不定詞の副詞用法です。意味としては、「結果」を補足していると捉えるとよいです。

> **CHECK! 覚えよう**
> 不定詞の副詞用法は様々な働きと意味を表すことができますが、TOEFL ITPのStructureの問題で問われるものは複雑なものはありません。以下に頻出する不定詞の副詞用法の例を挙げておきます。

ex. 1) I woke up early in the morning **to catch** the first train.
「私は始発の電車に乗るために朝早起きした」
※この不定詞は副詞的用法の「目的」(〜するために)を表している。
ex. 2) She opened her eyes **to find** herself lying on the couch.
「彼女は目を開くとソファーで横になっていた」
※この不定詞は副詞的用法の「結果」(結果〜する)を表している。

POINT22 現在分詞を補う

RANK ★★★
正解 (C)

22 At the present day, there are not more than six species of reptiles in the whole world ------- of over fifteen feet.

(A) have a length
(B) a length having
(C) having a length
(D) which a length

訳 今日では、15フィートを越える長さを持つ爬虫類は全世界でせいぜい6種である。

解説 空所の前の段階で文(S = more than six species of reptiles、V = are not)が出来ていることを確認すると、空所には形容詞か副詞の働きをする語句を補充する必要があると分かります。選択肢の(A)では動詞が重複してしまうため不正解。(B)では名詞であるa lengthと前の文がつながらず、havingとofもつながらないため不適当。(D)の関係代名詞whichは前の名詞the whole worldを修飾する働きを持ちますが、関係代名詞の後には動詞が必要なため不十分です。よって正解は(C)となり、現在分詞によって形容詞句を作りmore than six species of reptilesを修飾しています。

> **CHECK! 覚えよう**
> **現在分詞は文中で形容詞の働きをします。**大きくは2つに分かれて、**(1) 名詞を修飾する**場合と、**(2) 文の**

補語になる場合があります。**TOEFL の Structure の問題で問われることが多いのは（1）の名詞を修飾するパターン**です。今回の例題もその一例で、空所以前ですでに文が完成しており空所の直前に名詞を置くパターンが多く見受けられます。

▶ **名詞を修飾する場合（「限定用法」）**

ex. 1) There was a **crying** baby in the cradle.
※ crying が baby を修飾している。
「ゆりかごの中には泣いている赤ん坊がいた」
ex. 2) I have never been to the mansion **standing on the hill**.
※ standing on the hill で句になっているため、the mansion を後置修飾している。
「私は丘の上に立っている屋敷に行ったことがない」

POINT 6 でも確認したように**現在分詞だけでは文の動詞の役割を果たすことはできません**。be 動詞と現在分詞がセットになって文の動詞になることができます。（POINT 6 を再度チェックしてください。38 ページ）

POINT23　過去分詞を補う　　RANK ★★★　正解（D）

23 Rocks ------- the direct rays of the sun become strongly heated by day and expand.
(A) to expose　　(B) expose
(C) exposing　　(D) exposed to

訳 直接太陽光にさらされている岩石は昼間に強く熱され膨張する。
解説 まずは空所の前後の構造を把握します。文頭に名詞（Rocks）があることからおそらく主語と考えることができ、次に対応する動詞を空所後に探すと、become が見つかります。become に対応する主語は the direct rays of the sun の可能性もあるので、修飾語か動詞が入る可能性を考えて選択肢を見てみると、(B) は動詞の現在形ですが、S（= Rocks）、V（= expose）、S（= the direct rays of the sun）、V（= become）になって

しまうので間違いです。次に (A) と (C) は不定詞と現在分詞の形を取っており、共に形容詞的に前の名詞である Rocks を修飾することができます。しかし、expose という語は expose A to B で「A を B にさらす」の意味で用いるのが一般的なので、(A) は the direct rays of the sun を目的語に取り得ますが、それを何にさらすのかが分からないため不正解です。よって、正解は (D) の過去分詞の形で、前の名詞である Rocks を修飾しています。

CHECK! 覚えよう　現在分詞と同様に、**過去分詞も文中で 2 つの働きとして名詞を修飾することと文の補語になることができます。**こちらも現在分詞と同じですが、**TOEFL で出題されやすいのは名詞を修飾するタイプ**です。

　尚、過去分詞の場合、原形を作る動詞が自動詞か他動詞かによって意味が異なるので例文を見てみましょう。

(1) 自動詞の過去分詞形
　ex.) I saw a gentleman **retired as a soldier**.
　「私は退役軍人の紳士に会った」
　※自動詞である retire「退職する」の場合、過去分詞化すると「退役した」のように完了的な意味を持つ。

(2) 他動詞の過去分詞形
　ex.) That guitar was the present **given to his son**.
　「そのギターは彼の息子に与えられたプレゼントだった」
　※他動詞の場合、過去分詞化することで、受動の意味を持たせられる。

POINT24　分詞構文を補う(1)「現在分詞による分詞構文」　RANK ★★★　正解 (B)

24 The edges of each bone interlock with each other, -------.
(A) produce a union　　(B) producing a union
(C) a union producing　(D) a union produce

> **訳** 一つひとつの骨の端はそれぞれに連結しており、一つの固まりを作っている。

解説 S = The edges of each bone、V = interlock と容易に文の大きな枠組みは捉えられることから、空所には修飾語が入ることが分かります。さらに空所前のコンマから副詞的な要素が入ると推測することもできます。選択肢に目を移すと、(A) は動詞である produce があり S-V, V' の形は取れないので不適当。次に (D) の場合、a union が S で produce を V と考えても三単現の s が欠けているため不適当（S-V, S'-V' となる点もダメ）。残る (B) と (C) ですが、(C) の場合他動詞の現在分詞形である producing の目的語がないため不適切となるので正解は (B) になります。producing a union であれば a union を producing の目的語と捉えることができます。

CHECK! 覚えよう

分詞構文は、**本来は「接続詞＋S-V」で書かれている部分を分詞を用いて端的に表しているもの**、であると考えるとよいです。例えば、Running along the river, I saw a beautiful sunshine into the sky. の Running along the river の部分に分詞構文を用いていますが、これを接続詞を用いた文に直すと、As I ran along the river となります（あるいは When I was running along the river でも構いません）。また、例題の文であれば and they produce a union と書き換えられるでしょう。

例題と上の例文で分かるように、分詞構文は決まって常にある特定の位置に置かれるわけではなく、**文のどこの位置にも置くことができます**。文頭・文尾に加えて、文中に置かれているパターンを見てみましょう。

▶ 「文中に挿入されるタイプ」の分詞構文

ex.) The president, **taking a glance at the note**, began to make a speech.
「社長はメモにちらっと目をやり演説を始めた」

語順が前後しますが接続詞を用いた文に直すと、As he took a glance at the note, the president began to make a speech. となります。このように文のどの位置に分詞構文が挿入されようと、**接続詞を用いた文に直した場合の主語は必ず主節と共通します**。

POINT

17 - 24 シャッフル問題

⏱ 5 minutes

1 The American colonists fled ------- economic, political and religious tyranny in the mother countries.
(A) they escape
(B) escape
(C) to escape
(D) escaped

2 In the time of the Romans the Danish Isles were covered ------- with magnificent beech forests.
(A) due to
(B) since
(C) as now
(D) that is

3 The image of Mars on the photographic negative ------- in a big telescope is very small.
(A) took
(B) to take
(C) taking
(D) taken

4 A current of air becomes carbureted or charged with its vapors to saturation ------- passed over the surface of gasoline.
(A) if to be
(B) that it is
(C) when it is
(D) as is it

5 One form of dyspepsia is due to undigested starch ------- in the stomach and causing an excessive secretion of hydrochloric acid.
(A) remains
(B) remaining
(C) which remained
(D) to be remained

6 A fertilized ovum makes a lodgment on the inner surface of the uterus or womb and begins immediately ------- its nourishment from the maternal organism.
(A) to absorb
(B) absorb
(C) by absorption
(D) for absorbing

7 Growing hollow cylinders of titanium oxide, called nanotubes, increases the surface area, ------- more molecules to be captured.
(A) allows
(B) is allowing
(C) allowing
(D) allowed

8 Richard Trevithick was the first engineer ------- steam-power to the haulage of loads on the railroad.
(A) who applying
(B) to apply
(C) that he applied
(D) applied

解答と解説［重要POINT17−24 シャッフル問題］

正解一覧
1. (C)　2. (C)　3. (D)　4. (C)　5. (B)　6. (A)　7. (C)　8. (B)

1　正解 (C) 　　　　　　　　　　　　　　　　　　　　　重要POINT21

The American colonists fled to escape economic, political and religious tyranny in the mother countries.　　　　　（※英文中の下線 = S-V関係）

訳　アメリカの植民者たちは母国での経済的、政治的、宗教的圧政を切り抜けるため逃れてきた。

空所前の段階で S = The American colonists、V = fled と主節の主要素は確認できる。よって、(A) they escape を置くと [S-V S-V] となり時制も一致していないため不適当で、(B) は動詞の現在形、あるいは原形で、(D) も動詞の過去形であれば [S-V-V] となり不適当である。(D) は過去分詞形であると考えて分詞構文であるとしても主語が The American colonists であるため意味の面で「アメリカの植民者たちが逃れられた」となり不適当。よって、正解は (C) で不定詞が副詞的に用いられ目的を表している。

2　正解 (C) 　　　　　　　　　　　　　　　　　　　　　重要POINT18

In the time of the Romans the Danish Isles were covered as now with magnificent beech forests.

訳　ローマの時代にデンマーク島は現在のように巨大なブナの森に覆われていた。

まず空所の前後に注目すると、主節の主語が the Danish Isles、動詞が were covered で、空所後の with 以下が前置詞句を作り were covered を修飾していることが分かる。よって空所には副詞が必要となり、品詞的に適切なものは (B) since と (C) as now の2つである。(B) since は副詞で用いると「その時以来」の意味で、同節内に現在完了形、あるいは過去完了形の動詞が必要となるため不適当。よって、正解は (C) as now で「現在のように」の意味となる。(A) due to は群前置詞で「〜が原因で」の意味であるが、空所以下に名詞を従えないため不適当で、(D) は that is なので関係代名詞節と捉えても先行詞が直前に見当たらないため不適当となる。

3 正解（D） 重要POINT23

<u>The image</u> of Mars on the photographic negative taken in a big telescope <u>is</u> very small.

> **訳** 大きな望遠鏡で撮られたネガに映った火星の画像は非常に小さい。

空所前後から主節のS-V関係を探すと、主語が文頭のThe imageで動詞が空所後のisであると分かる（空所の直前・直後のof Mars on the photographic negativeとin a big telescopeは共に前置詞句を作っており、文の主要素とは見なされない）。よって、主節のS-V関係は固定されているため(A)のtookは動詞の過去形であるため不適当。(B)と(C)は不定詞と現在分詞あるいは動名詞であるが、共に能動態であることは同じであり、空所後に対応する目的語がないため不適当。よって、正解は(D)のtakenでtaken in a big telescopeが過去分詞句を作り直前のthe photographic negativeを修飾している。

4 正解（C） 重要POINT17

<u>A current</u> of air <u>becomes carbureted or charged</u> with its vapors to saturation when it is passed over the surface of gasoline.

> **訳** 空気の流れは、ガソリンの表面を通ると、気化するか飽和するまで水蒸気で満たされる。

空所前の段階で主節が（S = A current、V = becomes carbureted or charged）完成していることを確認する。全ての選択肢にはそれぞれに従属接続詞が含まれており正しく用いられているものを選ぶ。(A)は従属接続詞の後に不定詞句（to be ～）が来ているため不適切で、(D)の場合はSとVが倒置しているため不適当。(B)のthatは名詞節を導くが、この文では主節と正しくつながらないので不適当。従って、正解は(C)となる。

| 5 | 正解（B） | 重要POINT22 |

One form of dyspepsia is due to undigested starch remaining in the stomach and causing an excessive secretion of hydrochloric acid.

訳 消化不良の一つの形態は未消化のデンプンが胃に残り、塩化水素酸の過剰な分泌が引き起こされることが原因である。

まず空所の前に S = One form、V = is、C = due と主節が完成していることを確認する。この時点で、(A) の動詞の現在形である remains は対応する主語が空所前にないため不適当であると分かる。空所直前には名詞である starch が置かれているため、この名詞を修飾するものを選択肢に求めると、(C) は関係代名詞節を作るが時制が過去形（remained）になっており主節の動詞（is）と一致しないため不適当。また、(D) の to be remained は不定詞であるが remain は自動詞であるため受動態（be remained）を取ることはできない。したがって、正解は (B) remaining で現在分詞の形を取り starch を修飾している。また、空所後の and に注目すると causing を従えていることから、「and の前にも ing の形が並列される」と推測することができる。Structure でも Written Expression でも等位接続詞の並列関係を問う問題はよく出題されるので、この点にも注目できるようになりたい。

| 6 | 正解（A） | 重要POINT19 |

A fertilized ovum makes a lodgment on the inner surface of the uterus or womb and begins immediately to absorb its nourishment from the maternal organism.

訳 受精卵は子宮の内側に沈積し、すぐに母体組織から栄養分を吸収し始める。

大きな文の構造として、S = A fertilized ovum、V = makes と begins をまず確認する。immediately が置かれているが空所の前には主動詞である begins が置かれているので、(B) の動詞の原形あるいは現在形は置けない。(C) と (D) は共に前置詞句であるが begin は他動詞で「〜を始める」の意味で用いられるため今回は不適当。従って、(A) の不定詞が正解。begin は start と同様に後ろに不定詞（to do）と動名詞（doing）を目的語に取ることができる。

7 正解 (C)　　　　　　　　　　　　　　　　　　　　重要POINT24

Growing hollow cylinders of titanium oxide, called nanotubes, increases the surface area, allowing more molecules to be captured.

訳　ナノチューブと呼ばれる酸化チタンの入った窪んだシリンダーが大きくなると表面積が増し、より多くの分子を捉えることができる。

> 空所前にS = Growing hollow cylinders、V = increases、O = the surface areaと主節が完成していることをまず確認する。このことから主動詞を作ってしまう(A)allowsの動詞の現在形、(B) is allowingの動詞の現在進行形は不適当となる。(C)と(D)を補うと共に分詞構文であると考えることができるが、主語がGrowing hollow cylinders「窪んだシリンダーが大きくなること」であるため、過去分詞形であるallowedでは意味の面でもS-V関係が成り立たず、空所後にも目的語となる名詞more moleculesが置かれているため、文法的にも不適当。従って、(C)が正解となり接続詞を補った文に書き換えるとand allows more molecules to be capturedとなり、allowの正しい語法であるallow A to do (Aがdoすることを可能にする) が適応される。

8 正解 (B)　　　　　　　　　　　　　　　　　　　　重要POINT20

Richard Trevithick was the first engineer to apply steam-power to the haulage of loads on the railroad.

訳　リチャード・トレヴィシィックは蒸気力を鉄道による貨物運送に応用した初の技師であった。

> 主節はS = Richard Trevithick、V = was、C = the first engineerと完成していることに注目すると(D)のappliedでは動詞の過去形であれば接続詞が不足、過去分詞形で分詞構文を作ると考えると主語であるRichard Trevithickがapply「応用する」されたことになり意味の面で不適当であると分かる。また(A)の場合関係代名詞whoを持つが続くapplyingだけでは動詞にはなれないため関係代名詞節が完成せず不適当。(C)では従属接続詞thatでthat節を作っているが主節と意味、文法の両面からもつながることができないため不適当。したがって、正解は(B)で不定詞句を作りthe first engineerを形容詞的に修飾している。

POINT 25-32 例題

25 Pyrite is a very hard mineral of a pale brass color, ------- in scattered crystals in many rocks.
(A) finding
(B) found
(C) which finds
(D) having found

26 Light from any substance ------- incandescent may be observed with the spectroscope in the same way.
(A) which has been made
(B) has been made
(C) it has been made
(D) has made

27 ------- as the South-Downs in Sussex is a range of hills of a general height of seven hundred feet.
(A) What is known
(B) It is known
(C) Which is known
(D) Was known

28 Whenever the Swiss glaciers retreat a little, the rocks in the bed of the valley ------- are found to be rounded, grooved, and striated.
(A) have passed over them
(B) and they have passed over
(C) have passed over them which
(D) they have passed over

29 The Basques do not belong to the great division of the human family known as Aryans, ------- the English-speaking races belong.
(A) who
(B) which
(C) to which
(D) that

30 In a country ------- Latin was a spoken tongue no great strictness in excluding barbarous phrases was either practicable or expedient.
(A) which
(B) to which
(C) where
(D) in that

31 ------- obstructs the free circulation of labor from one employment to another obstructs that of stock likewise.
(A) Whatever
(B) Which
(C) Whenever
(D) However

32 Crested titmouse inhabits nearly all Central and South Europe, ------- there are pine forests.
(A) however
(B) wherever
(C) which
(D) that

解答と解説［重要ＰＯＩＮＴ２５－３２］

POINT25 分詞構文を補う(2)「過去分詞による分詞構文」

RANK ★★★
正解 (B)

25 Pyrite is a very hard mineral of a pale brass color, ------- in scattered crystals in many rocks.

(A) finding
(B) found
(C) which finds
(D) having found

訳 黄鉄鉱は非常に堅く青白い真鍮色の鉱石で、多くの岩石の点在する結晶の中に見つけられる。

解説 空所前でS＝Pyrite、V＝isと主節が完成していることがわかるので、空所以後で修飾語を補う必要が分かります。また、空所の直前にコンマが置かれていることから副詞が続く可能性が考えられます。選択肢を一つずつ確認すると、(A)は現在分詞形で分詞構文を作りますがfindingの目的語となる名詞がないため不適当です。(B)はfindの過去形と考えると(A)同様目的語がありませんが、findの過去分詞形と考えることもできます。この場合beingをfoundの前に補って、分詞構文を作り「発見される」の意味になるので問題ありません。(C)は関係代名詞が含まれていますが、(A)同様findsの目的語がなく、(D)はhave foundを現在分詞にしているので同じく能動態のままであるため目的語が不足しています。

CHECK! 覚えよう 過去分詞による分詞構文は分詞の前にbeingを補うと分かりやすくなります。例えば、Built about one thousand years ago, the castle still looks gorgeous. であれば、Being built about one thousand years ago, となりbe builtで受動態の関係が分かりやすくなります。

過去分詞の分詞構文に絡んでよく勘違いしてしまうのが "having done" の形です。

ex.) * Having built about one thousand years before, the castle still looked gorgeous.

この文章は非文です。下線部は一見するとbuiltという「過去分詞があるので受動!」と飛びついてしまいそうですが、接続詞を用いた文にもどすとAlthough it had built about one thousand years before, the castle still looked gorgeous. となり、下線部 it had built では能動態になってしまっていることが分かります。このように**"having done"の形を持つ完了分詞は主節との時制のズレを示すだけで態には影響を与えません**。よって正しくは、Having been built ... にして受動態を作ります。

POINT 26　関係代名詞(1)「関係代名詞を補う」　　RANK ★★★　正解 (A)

26 Light from any substance ------- incandescent may be observed with the spectroscope in the same way.
(A) which has been made　　(B) has been made
(C) it has been made　　　　(D) has made

訳 白熱を発するいかなる物質から放たれる光線は分光器を用いて同様に観察されうる。

解説 「空所の前に名詞句があるので、これが主語になって対応する動詞を選んで(B)あるいは(D)」と考えたいところですが、空所後にも注目しましょう。空所後にはmay be observedと動詞が見つかります。その前にあるincandescentの意味・品詞が分からなくても、(B)と(D)を選んでしまうと、「S-V incandescent V」となり、incandescentがつなぎ言葉でない限りは非文となります。(C)では名詞句（Light ... substance）の後に節が出来てしまい、文法的につながりません。正解は(A)でwhichからincandescentまでが関係代名詞節を作ってany substanceを修飾しています。

CHECK! 覚えよう　ここまでの例題の選択肢にも何度も出てきている**関係代名詞**ですが、英文を読んでいても、自分で英文を書く際にも非常に使用頻度の高い文法項目です。よって正しい用法の理解が必要です。

関係代名詞の働きは、「**後ろに節を取り前の名詞（いわゆる「先行詞」）を修飾する**」ことです。簡単に言えば、形容詞節を作るということです。具体的に見てみましょう。

ex. 1) <u>The man</u> **whom** I saw on the street has proved to be a criminal.
「私が街で見た男が犯罪者であったと分かっている」

　この文では、関係代名詞 whom が後ろに I saw on the street と節を取り、前の The man を修飾していることが分かります。この際に==文法的に注意すべきことは、whom の後ろの節です==。I saw on the street では saw の目的語が欠けており不完全な状態です。本来、saw の目的語は先行詞である The man です（"I saw the man on the street" が元の文であったと考えると分かりやすいと思います）。
　このように、==関係代名詞節は常に不完全な状態でその欠けている部分に先行詞が入る==、と考えてください。

ex. 2) <u>The house</u> **whose** roof has been blown off is going to be destroyed.
「屋根が吹き飛ばされたその家は取り壊される予定だ」

　関係代名詞 whose の場合は、直後の名詞の限定詞が欠けます。元は <u>The house's</u> roof has been blown off であったと考えることができます。

POINT27　関係代名詞(2)「what」　RANK ★★★　正解（A）

27 ------- as the South-Downs in Sussex is a range of hills of a general height of seven hundred feet.
(A) What is known　　(B) It is known
(C) Which is known　　(D) Was known

訳　サセックスの南部丘陵地帯として知られる場所は概して 700 フィートの高さの丘の並びである。
解説　まずは空所の後の文の構造を把握しましょう。直後のasが接続詞（S = the South-Downs in Sussex、V = is）と考えることもできますし、asが前置詞でSussexまでで前置詞句と考えることもできます。前者であれば空所には主節が必要で、後者であればisに対応する主語が必要になります。前者と仮定し、主節になる選択肢を探すと(B)が見つかりますが、Itが指示で

きる内容が空所以後にないため不正解です。（形式主語itの真主語の表現についてはPOINT 4を見直してください。35ページ）では、後者と仮定して主語になる名詞句を探すと先行詞を含む関係代名詞whatを持つ(A)が正解だと分かります。WhatからSussexまでがWhat節で主語となります。(C)はwhichの先行詞がないため関係代名詞節として機能しません。

CHECK! **覚えよう**　関係代名詞の中でも特殊なものが what です。解説にも書いているように、**関係代名詞の what は先行詞を含んでいます。**"**what ＝ the thing which**" と考えるとよいです。例文を見てみましょう。

ex. 1) **What** he had in his pocket was not mentioned in the conversation.
「彼がポケットの中に持っていたものはその会話では触れられなかった」

例題もそうですが、このように文頭に関係代名詞が置かれていることからも「what には先行詞が必要ない」ということが分かります。この例文に "what ＝ the thing which" を当てはめると、

　＝ The thing **which** he had in his pocket was not mentioned in the conversation.

となり、先行詞が The thing で which の後に had の目的語を欠いた不完全な節があることが分かります。よって、関係代名詞の「**what は先行詞が不要！**」でそれ以外は他の関係代名詞と同じだと考えてください。

また、関係代名詞の what に関してよく問われる形が、"what S is" の形です。

ex. 2) My brother is now different from **what he was** ten years ago.
　　　「今の兄は 10 年前とは別人だ」

このように、what の後に「主語＋ be 動詞」が来た場合は、be 動詞の時制に合わせて、現在形なら「現在の〜（主語）」、過去形なら「過去の〜（主語）」と意味を取るとよいです。

POINT 28 関係代名詞（3）「関係代名詞の省略」

RANK ★★★
正解（D）

28 Whenever the Swiss glaciers retreat a little, the rocks in the bed of the valley ------- are found to be rounded, grooved, and striated.
(A) have passed over them
(B) and they have passed over
(C) have passed over them which
(D) they have passed over

訳 スイスにある氷河が少し後退するたびに、氷河が通った谷底にある岩石が丸められ、彫られ、溝がつけられているのが分かる。

解説 Whenever で始まる副詞節の後に主節が始まりますが、S は the rocks でこれに対応する動詞が必要です。空所に求める可能性もありますが、空所後の are found が対応している可能性もあります。前者と仮定して選択肢に動詞を探すと (A) と (C) が見つかります。(A) では「S-V V」の形になってしまい不当、(C) は関係代名詞 which が付きますが先行詞として指示代名詞である them を取ることはできないため不適当です。次に、空所の前後で主節の S (= the rocks)、V (= are found) が揃っていると仮定すると、(B) では and が接続するものが名詞（the rocks）と節（they have passed over）となり等位ではありません。よって、正解は残る (D) となります。(D) は they の前に関係代名詞 which を補って、the bed of the valley を修飾しています。

CHECK! 覚えよう 関係代名詞は省略できるものもありますが、全てがそうとは限りません。省略できるパターンを知り、英文中の省略に気づけるようになりましょう。

ex.) The baggage **which** the porter brought to the entrance looked very suspicious.
→ **which は省略可能**
「ポーターが玄関まで持ってきた荷物はとても怪しかった」

この例文のように**関係代名詞が省略できるのは、目的格の関係代名詞の場合**です。言い換えると、**関係代名詞節の欠けている要素が目的語の場合**です（今回はbroughtの目的語が欠けています）。

cf. 1) The employee **who** was dismissed last week has decided to sue the company.
→ 主格のため省略不可
「先週解雇されたその従業員は会社を告訴することを決心した」

cf. 2) The professor **whose** career is excellent is to be awarded a special prize.
→ 所有格のため省略不可
「素晴らしい経歴を持つその教授は特別賞を授与される予定である」

POINT29　関係代名詞（4）「前置詞＋関係代名詞のあとには」　RANK ★★★　正解（C）

29 The Basques do not belong to the great division of the human family known as Aryans, ------- the English-speaking races belong.
(A) who　　　(B) which
(C) to which　(D) that

訳　バスク人は、英語話者が属すアーリア人として知られる人類の大きな区分には属していない。

解説　まず空所の前まででS = The Basques、V = do not belongと主節が完成していることを確認します。選択肢から明らかに関係詞に関連することが問われていると考えられるので、先行詞とその後に続く節をチェックします。後続の節に注目するとSがthe English-speaking racesでVがbelongとなり、belongは自動詞なので目的語を取る必要がなく（belong to Aの形で「Aに属する」です）特に欠けている要素のない節であることが分かります。よって、単なる関係代名詞である(A)と(B)は不正解となり、thatに関しても空所直前にコンマが置かれていることからも不適当と考えられます。よって正解は(C)となります。

CHECK! 覚えよう 関係代名詞には直前に前置詞が置かれる場合があります。この場合、後ろに続く節が、関係代名詞だけの場合と異なり少し変化するので、仕組みを理解しましょう。

ex.) That is the diner **in which** I had lunch with my friends.
「あれが友人と昼食をとった食堂です」

in which 以下の節に注目すると、S = I、V = had、O = lunch となり with my friends も副詞句になっているため、何も欠けている要素が見当たりません。このように、**「前置詞＋関係代名詞」は後ろに何も欠けていない完全な節を従える**、ということができます。

またこの文は前置詞 in の語順を入れ替えて、
= That is the diner **which** I had lunch with my friends **in**.
と書くこともできます。この場合、in の目的語が欠けていますが、前には関係代名詞 which しか置かれていないのでこれまでの理屈に合います（I had lunch with my friends in the diner が本来の英文です）。

どちらでも文法的には正しい文ですが、「前置詞＋関係代名詞」で書いた英文の方がフォーマルであるとされています。また、**関係代名詞 that は前に前置詞を取ることはできません。**

POINT30　関係副詞「関係副詞を補う」

RANK ★★★
正解 （C）

30 In a country ------- Latin was a spoken tongue no great strictness in excluding barbarous phrases was either practicable or expedient.

(A) which　　　　　(B) to which
(C) where　　　　　(D) in that

訳 ラテン語が話されていた国では、非文法的な語句を厳格に排除することは実践的でも、的を得たものでもなかった。

解説 この問題も選択肢が関係詞に絡んでいることが分かるので、空所の前後で先行詞と後続の節をしっかりと確認しましょう。空所後には S = Latin、

V = was、C = a spoken tongue と何も欠けている要素のない完全な文が見つかります。このことから単なる関係代名詞である (A) は不適当と分かります。次に「前置詞＋関係代名詞」である (B) ですが、前置詞の位置を後続の節内に移動させて Latin was a spoken tongue to the country としても意味的にも語法的にも文として成立しません。(D) は関係代名詞の that の前に前置詞を置くことができないので不適当です（in that で従属接続詞として「～する点で」の意味で用いることはできますが、今回は意味が合いません）。したがって正解は (C) の関係副詞 where となります。

CHECK! 覚えよう 関係副詞には where, when, why, how の 4 つがあります。それぞれは先行詞に決まった意味合いの名詞しか取りません。しかし、「先行詞が the time だから when ！」という早合点をしてしまうと英文を書く際に間違いの要因となるので詳しい仕組みを見てみましょう。

ex.）That is the diner **where** I had lunch with my friends.

　注目したいのは where に後続する節が完全な状態であることです。本来の英文にもどして考えると、関係副詞はその名前の通り「副詞」であるため先行詞の名詞がそのまま後続する節に取り込まれるのではなく、副詞化して I had lunch with my friends there（あるいは in the diner）となります。よって、**関係副詞には何も欠けていない完全な節が後続する**と言えます。

cf.）＊ That is the restaurant **where** he showed me the other day.
　→ **where ではなく which が正しい**。

　入るべき関係詞の後の節は show の目的語が欠けています（show は SVOO の第 4 文型を取る動詞です）。よって、この場合は which が適切な関係詞となります。

POINT31 複合関係代名詞

RANK ★★★

正解 (A)

31 ------- obstructs the free circulation of labor from one employment to another obstructs that of stock likewise.

(A) Whatever
(B) Which
(C) Whenever
(D) However

訳 ある仕事から別の仕事へと労働の自由な循環を妨げるものは何でも同様に株式の循環をも阻害する。

解説 まず選択肢から関係詞に絡む問題であることが分かります。空所以下で文の構造を確認すると、直後のobstructsからanotherまでが一つの固まりとなり、また動詞のobstructs、目的語にthat of stockが見つかります。このことから空所からanotherまでが2つ目のobstructsの主語となる名詞節を作っていると推測することができます。(B)のwhichは関係代名詞なので、先行詞となる名詞が直前に必要なため、不正解です。(C)と(D)は複合関係副詞で関係副詞の場合は後ろに完全な節が必要なため、今回はobstructsの主語が欠けており不十分です。よって、正解は複合関係代名詞である(A)となります。

CHECK! 覚えよう

今回の例題のように複合関係代名詞がそのまま答えになるような問題は TOEFL では少ないです。しかし、正解にはならなくても選択肢の一つ、Written Expression の下線部の一つになっていたりはするので、消去法に活かすためにも仕組みを確認しておきましょう。

ex. 1) My father likes **whoever** has a dynamic personality.
「私の父は活発な人なら誰でも好きである」
(= My father likes **anyone that (who)** has a dynamic personality.)

注目したいのは、whoever の前後です。まず後ろに関しては has a dynamic personality と節を従えていますが、has の主語が欠けているので、関係代名詞と同様に**不完全な節を従える**ことが分かります。前に関しては**先行詞を持たない**ことが分かります。この場合の whoever は名詞節を導いているので、anyone

94

that (who) に置き換えることができます。

ex. 2) **Whoever** may call me, I will not answer him.
「誰が電話をかけてきても、出るつもりはない」
(= **No matter who** may call me, I will not answer him.)
この場合は副詞節を導いているため、No matter who に置き換えることができます。

複合関係代名詞には whoever, whomever, whichever, whatever があり、全て名詞節と副詞節の両方を導くことができますが、「先行詞を持たず後ろに不完全な節を従える」、ということを頭に入れておきましょう。

POINT32　複合関係副詞　　RANK ★★★
正解 (B)

32 Crested titmouse inhabits nearly all Central and South Europe, ------- there are pine forests.

(A) however　　(B) wherever
(C) which　　　(D) that

訳 カンムリガラは松林があるところであれば、中央、南ヨーロッパのほぼどこにでも生息している。

解説 選択肢の種類から関係詞に関連することが問われていることが分かりますが、まずは空所の前後の文構造をチェックしましょう。空所まででS = Crested titmouse、V = inhabitsと主節が完成していることが分かり、空所後にもS = pine forests、V = areの節ができていることが確認できます。この空所後の節は完全な状態（名詞等の欠落がなく「松林がある」と節の意味が完全に理解できます）であることがポイントです。(C)と(D)は共に関係代名詞なので、以下に完全な節を従えることはできません。thatに関しては空所前のコンマでも不適当と判断できます。(A)と(B)は共に複合関係副詞ですが、howeverはこの場合ですと「どのように松林が存在していても」の意味になり文意が不明です。よって、正解は(B)で「どこに松林が存在していても」の意味に落ち着きます。

| CHECK! | 覚えよう |

複合関係副詞はその名前と見た目から複雑に感じられるかもしれませんが、実際には単純なもので**従属接続詞の一種**だと考えても文構造的には問題ありません。

ex.) **Whenever** I come here, I meet someone I know.
「ここに来るといつも知り合いに会う」

この文では関係副詞と同様に、whenever の後に S＝I、V＝come と節を完全に従えています。この文を従属接続詞を用いた文でできる限り意味が変わらないように書き換えると、以下のようになります。

＝ **Anytime** I come here, I meet someone I know.

however については後続する節の語順で意味が 2 通りに分かれます。

1) **However** you may come here, you have to get on time.
　「どんな方法で来るにせよ、時間厳守です」
※ **however** の直後に **S-V** を取る場合は、「どんな方法で～しても」の意味になります。

2) **However** late you may be, I will wait for you.
　「どれだけあなたが遅れても、私は待っています」
※ **however** の直後に形容詞あるいは副詞を置いて、**S-V** を取る場合は「どれほど～であっても」の意味です。

POINT

25 - 32　シャッフル問題

⏱ 5 minutes

1 The enormous pressures ------- on the sun must convert even gases into thick treacly fluids.
(A) which exist
(B) exist
(C) they exist
(D) are existing

2 The so-called habitable zone of Alpha Centauri B, ------- temperatures would be moderate enough for water and creatures like humans, is about 65 million miles from the star.
(A) which
(B) that
(C) which has
(D) where

3 The Inquisition was abolished in Spain by Napoleon in 1808, ------- after the Spaniards had reassumed their government.
(A) reestablishing
(B) had reestablished
(C) reestablished
(D) reestablishment

4 Writing in 1752, Bishop Spangenburg says of a colony ------- he was seeking lands in North Carolina.
(A) which
(B) whose
(C) whatever
(D) for which

5 The amount of sleep ------- and should take can only be determined by the individual.
 (A) requires each individual
 (B) requires each individual who
 (C) each individual requires
 (D) and each individual requires

6 ------- rapport develops between persons, as in the love of mother and son, the affection of lovers, the comradeship of intimate friends, there also arises the mechanism of the reciprocal influence of suggestion.
 (A) Wherever
 (B) That is
 (C) It is that
 (D) That which

7 The advent of the electron theory has thrown a flood of light on ------- or only dimly guessed at.
 (A) before was hidden what
 (B) what before was hidden
 (C) it was hidden before
 (D) hidden before what was

8 ------- form or stability may be, the Navaho house is called *hogán*.
 (A) Whatever its
 (B) Its
 (C) What
 (D) As its

解答と解説［重要ＰＯＩＮＴ２５－３２ シャッフル問題］

正解一覧
1. (A)　2. (D)　3. (C)　4. (D)　5. (C)　6. (A)　7. (B)　8. (A)

1　正解 (A)　　　　　　　　　　　　　　　　　　　　重要ＰＯＩＮＴ２６

The enormous pressures which exist on the sun must convert even gases into thick treacly fluids.　　　　　　　　（※英文中の下線 ＝ S-V関係）

訳　太陽にかかった巨大な圧力が気体をも分厚い粘液状の液体に変えているに違いない。

> 空所の前後から主節の S ＝ The enormous pressures、V ＝ must convert が分かる。よって空所には修飾語を入れる必要があるので、正解は (A) となる。which から sun までが関係代名詞節を作り先行詞である The enormous pressures を修飾している。(B) は動詞の現在形であるが、挿入すると S (＝ The enormous pressures)、V (＝ exist)、V (＝ must convert) となるため不適当、(D) も現在進行形の動詞であるため同様の理由で不適当。(C) はそれ自体で完成された節を作るが接続詞がないためつながらない。

2　正解 (D)　　　　　　　　　　　　　　　　　　　　重要ＰＯＩＮＴ３０

The so-called habitable zone of Alpha Centauri B, where temperatures would be moderate enough for water and creatures like humans, is about 65 million miles from the star.

訳　いわゆるアルファセンタウリＢ居住区は、水や人間のような生き物にとって穏やかな温度で、その星からおよそ６千５百万マイル離れている。

> 空所直前のコンマと humans の後のコンマに注目すると、空所から humans までが挿入になっており、主節の主語が The so-called habitable zone、動詞が is であると分かる。選択肢から見ても、挿入部分には関係詞節を置くと分かるので、空所後の文構造を考えると S ＝ temperatures、V ＝ would be、C ＝ moderate で enough 以下が moderate を修飾していることが分かる。このように空所後には先行詞である The so-called habitable zone of Alpha Centauri B が入り込む隙間がない完全な文が置かれているため、空所には関係代名詞である (A) which や (C) which has は不適当で

あることが分かる。(B) that は関係副詞の代用として用いることができるが、今回の文は空所直前にコンマを置いた非制限用法であるため不適当。従って、正解は (D) の関係副詞 where となる。

3 正解 (C) 重要POINT25

The Inquisition was abolished in Spain by Napoleon in 1808, reestablished after the Spaniards had reassumed their government.

訳 1808 年に宗教裁判はスペインでナポレオンによって廃止され、スペイン人が政権を再び手中に収めた後に再開された。

空所前の段階で主節（S = The Inquisition、V = was abolished）が完成していることを確認すると、空所に (B) の動詞や (D) の名詞が置けないことが分かる。(A) と (C) はそれぞれ現在分詞と過去分詞による分詞構文を作ると考えられるが、主語が The Inquisition「宗教裁判」であることから受動の意味を持つ必要があり、さらに空所後に目的語がないことからも (C) の reestablished が正解であると分かる。出来上がった分詞構文を接続詞を使った節に書き換えると、and it was reestablished after ... となる。

4 正解 (D) 重要POINT29

Writing in 1752, Bishop Spangenburg says of a colony for which he was seeking lands in North Carolina.

訳 1752 年に執筆を行った、ビショップ・スパンゲンバーグはノースカロライナの土地で探していた植民地について述べている。

選択肢に注目すると関係詞に関して問われていることが分かるので、空所の前後を確認する。空所前には先行詞であろう名詞（a colony）が置かれていることから、(C) の whatever は先行詞を含む複合関係代名詞であるため不適当。次に空所の後を見て、S = he、V = was seeking、O = lands、そして in North Carolina が前置詞句となり、先行詞である a colony を補う部分がないことに注目する。(A) の場合、先行詞が入る隙間が関係代名詞節内に必要となるため不正解、(B) の whose も直後の名詞である he とつながって、the colony's he となるべきだが、the colony と he は所有の関係にはないため不正解。よって、正解は (D) となり、関係代名詞節に先行詞を補って文を作り直すと、he was seeking lands for a colony in North Carolina となり、意味も成立する。

5　正解（C）　　　重要POINT28

The amount of sleep each individual requires and should take can only be determined by the individual.

訳　個々人が必要とし取るべき睡眠量はその個人によってのみ決定されうる。

空所前に置かれたThe amount of sleepが主節の主語であることは明らかであるが、対応する主動詞を見つけるのが本問のポイント。空所後にandが置かれていることから並列関係を考えると、andの後ろにshould takeという動詞が置かれているので、動詞を含む選択肢である(A)を考える。(A)を選んだ場合、S = The amount of sleep、V = requiresとshould takeでここまでは正しいが、その直後にさらに助動詞canを取るため［S-V and V-V］となり不適当であると分かる。よって、この文の大きな構造はS = The amount of sleep、V = can be determinedであり、空所からshould takeまではSであるThe amount of sleepを修飾していることになり、空所には(A)や(B)のような動詞を直接置くことはできない。また、(D)の場合andを置くと主語であるThe amount of sleepとeach individualが並列され主語が複数になるため対応する動詞がrequiresでは不適切となる。したがって、正解は(C)で空所直後には関係代名詞whichあるいはthatが省略されており、The amount of sleep (which/that) each individual requires and should take … となる。

6　正解（A）　　　重要POINT32

Wherever rapport develops between persons, as in the love of mother and son, the affection of lovers, the comradeship of intimate friends, there also arises the mechanism of the reciprocal influence of suggestion.

訳　母親と息子の間の愛情、愛する者たちの間の愛情、親友間の友情などのように、人間関係が人と人との間で発展すると状況ではどこでも、提案という相互作用的な仕組みも生じる。

空所の後ろに注目すると、S = rapport、V = developsと節が続いており、さらにas in … intimate friendsの挿入を挟んで、V = arises、S = the mechanismと節が続いていることが分かる。「空所＋S'-V', S-V」の形を大きく取っているので、空所には2つの節を接続する働きを持つ言葉が必要。(B)の場合、さらにもう1つ節（S = That、V = is）を付け加えることになり不適切で、(C)もItが指示する内容が不明であり、さらに2つの節を接続することができない。(D)のThat whichは関係代名詞のwhatと同じ意味と役割を持つが、後続する節（rapport develops … intimate friends）に名詞要素の欠落がないため先行詞であるthatが本来置かれていた位置が不明である。したがって、正解は(A) Whereverとなり、Whereverからfriendsまでで複合関係副詞節を作っている。

7 正解 (B)　　重要POINT27

<u>The advent</u> of the electron theory <u>has thrown</u> a flood of light on what before was hidden or only dimly guessed at.

訳　電子理論の出現によって以前には隠されていた、あるいはかすかにしか推測できなかったものがかなり明らかとなった。

> 選択肢を見る限り複雑に感じるが、取りあえず空所直前のonと空所後のorの並列関係に注目する。onは前置詞であるため名詞を従える必要があり、(A)はbeforeが置かれているため不適当で、(C)はS = it, V = was hiddenと節ができているため不適当である。(D)についてもhiddenはhideの過去分詞形であり名詞ではないので不適切である。したがって、正解は(B)となり関係代名詞whatによる名詞節が作られているためonの後ろに置くことができる。また、空所後のorの並列関係についても、(B)であればhiddenとguessedが並列されていると考えることができる。

8 正解 (A)　　重要POINT31

Whatever its form or stability may be, <u>the Navaho house</u> <u>is called</u> *hogán*.

訳　その形や安定性がどうであれ、ナバホ族の家はホーガンと呼ばれる。

> 英文全体を大きく見ると、「空所 S' (= form or stability) V' (= may be) , S (= the Navaho house) V (= is called)」という形が分かる。主節は the Navaho ... called *hogán* なので空所には空所以下の節と主節をつなげる語句が必要であると考えられる。選択肢の (B) Its と (C) What は節と節をつなげる働きはないので不適切。(D) As its を入れた場合、may be の補語にあたる部分が欠落するので不十分である。正解は (A) となり whatever は複合関係代名詞であり、この場合は副詞節を導くため No matter what its に置き換えることができる。

POINT 33-40 例題

33 Thales, ------- regarded as the first of the Greek philosophers, was the founder of Greek geometry and astronomy.
(A) who usually
(B) who is usually
(C) had usually
(D) is usually

34 Heat goes from a body at higher temperature to a body at lower temperature because the state of equal temperature distribution ------- a state of unequal temperature distribution.
(A) more probable than is
(B) is probable more than
(C) is more than probable
(D) is more probable than

35 Rootless plants called lichens often cover and corrode -------.
(A) rocks bare soil of
(B) of bare rocks soil
(C) rocks bare of soil
(D) soil rocks of bare

36 The accumulation of commodities requisite for production must inevitably be ------- necessaries.
(A) enough large to cover
(B) large enough to cover
(C) to cover enough large
(D) enough to large cover

37 ------- scarcely a country in Europe that does not contain examples of lake villages.
(A) There is
(B) Being
(C) Having
(D) When

38 Among the flesh-eating animals ------- foxes, wolverines, and hyenas.
(A) were creatures resembling
(B) creatures resembling were
(C) creatures were resembling
(D) creatures resembling

39 Not until the Renaissance ------- to question the infallibility of the medical pope.
(A) daring spirits did begin
(B) daring spirits began
(C) did begin daring spirits
(D) did daring spirits begin

40 ------- large proportion of the sun's heat carried away by air and water, the tropics would become uninhabitable furnaces.
(A) It were not for the
(B) Were it not for the
(C) If were not for the
(D) If were it not for the

解答と解説［重要POINT33－40］

POINT33 関係詞の非制限用法

RANK ★★★
正解 （B）

33 Thales, ------- regarded as the first of the Greek philosophers, was the founder of Greek geometry and astronomy.
(A) who usually (B) who is usually
(C) had usually (D) is usually

訳 タレスは、しばしばギリシャ人哲学者の第一人者として見なされているが、ギリシャ幾何学と天文学の祖であった。

解説 文頭に名詞があり、コンマによる挿入が空所からphilosophersまで続き、直後にwasがあるので、主節はS＝Thales、V＝wasで完成していると考えられます。よって、接続する語句を持たない選択肢(C)と(D)は不正解です。(A)と(B)は共に関係代名詞節を導きますが、(A)の場合はregardedが動詞になりその目的語がないため成立しません。よって正解は(B)となりis regardedで受動態を形成しています。

CHECK! 覚えよう

先行詞と関係詞節間にコンマを挟むことで関係詞節を非制限的に用いることができます。非制限用法で用いると**先行詞の内容を補足的に説明する**ことができます。

ex.) My only son / **, who** lives in Tokyo, / is coming back home soon.
「一人息子が、東京で暮らしており、近く戻ってくる予定である」

日本語訳の通り、「東京で暮らしている一人息子」のように先行詞を修飾・限定しているのではありません。「一人息子」なのでその人物は一人しかおらず修飾しなくても非常に限定的な意味を持つ先行詞ですから、補足説明として、「東京で暮らしている」ことが添えられている感じです。

この例文のように、**先行詞が一つあるいは一人しかいない事物・人の場合や固有名詞である場合は非制限用法を用いるのが一般的**です。

また、**関係代名詞の that は非制限用法で用いることはできません**。この間違いの選択肢は TOEFL ITP のテスト問題でも頻出しています。

cf.) * The government announced that it would raise consumption tax /, **that** caused much controversy.
→ **which** が適切。
「政府は消費税を引き上げると宣言したが、そのことが大きな物議を醸した」

| POINT34 | よく問われる語順（1）
「比較級＋than ～」 | RANK ★★★
正解（D） |

34 Heat goes from a body at higher temperature to a body at lower temperature because the state of equal temperature distribution ------- a state of unequal temperature distribution.

(A) more probable than is
(B) is probable more than
(C) is more than probable
(D) is more probable than

訳 熱分布が不均等な状態より均等状態である可能性が高いので、熱は温度が高い物体から低い物体へと伝導する。

解説 選択肢を見てみると明らかに比較に関する語順が問われていることが分かります。正しい比較級の語順はもちろん「more ＋形容詞／副詞＋ than」ですから、(B) と (C) は不正解だと分かります。残るは is の位置ですが、これに関してはいつもと同じように空所の前後の構造を把握しましょう。空所前では because 節が始まっており、S が the state of equal temperature distribution であることは確定します。空所後に対応する動詞はないので、選択肢の is が動詞になると考えられるので、正解は (D) となります。more probable が is の補語になります。

CHECK! 覚えよう TOEFL ITP の Structure の問題は今回の例題のように選択肢を見れば問われていることが読み取れるものが多くあります。中でも「比較級とその周辺」に関しては than が絡むことが多いので、

問題のポイントが「than があるから比較だ！」と気付きやすいはずです。Written Expression の問題でも比較に関する間違いを選ぶパターンは多く出題されていますので、比較級の基本を確認しておきましょう。

> ex.) The teacher told me that I had to study **harder** than anyone else in the class.
> 「先生は私にクラスの誰よりも一生懸命に勉強しなければならないと言った」

<mark>比較級の基本となる語順は「比較級＋ than ～」です。</mark>比較級の部分には「語尾に er を加える」ものと more を付けるものがありますが、語順に変化を与えることはありません。

> cf.) The castle was much **larger** than any other castle at the time.
> 「その城は当時のいかなる城よりもはるかに大きかった」

larger の前にある much は比較級を強調する副詞です。<mark>語順は比較級の前</mark>に置き、後ろの語順にも全く影響を与えません。<mark>比較級の前に何が加わっても「比較級＋ than」は不動です。</mark>比較級を強調する副詞には、much 以外に **still, even, far, by far** などが挙げられます。

POINT35　よく問われる語順（2）「形容詞句の位置」　　RANK ★★★　正解 （C）

35. Rootless plants called lichens often cover and corrode -------.
(A) rocks bare soil of　　(B) of bare rocks soil
(C) rocks bare of soil　　(D) soil rocks of bare

訳　地衣と呼ばれる根を持たない植物はしばしば土のついていない岩石を覆い蝕む。

解説　この問題も選択肢から何らかの語順が問われていることが分かります。語順を問う問題については、選択肢内に意味や品詞が分からない単語があったとしても、一つずつ丁寧に選択肢を消去していくことが重要です。選択肢を構成している4つの単語の中で怪しい単語とすれば bare だと思います。し

かしそれ以外は、rocksが名詞、soilが名詞でofが前置詞であると確認できます。この時点で少なくとも「前置詞＋名詞」は固まりになるわけですから、(A)のように前置詞ofで終わるものは不適当と分かります。次に空所の前にヒントを探しましょう。文の構造はS = Rootless plants called lichensでV = cover and corrodeです。corrodeの意味が分からなくてもandによってcoverと並列されているので他動詞であると推測できます。よって空所には目的語となる名詞が必要なので、(B)は不適切です。残る選択肢ですが、(D)はsoil（「土」）とrocks（「岩石」）の2つの名詞が並列されていますが、意味的に同一物ではないため同格関係にあるとは考えられません。よって、不正解となり、正解は(C)であると分かります。bareは形容詞で、(be) bare of Aで「Aを持たない」の意味です。

CHECK! 覚えよう 解説ではbareの意味と品詞が分からないことを前提に話を進めましたが、実際のTOEFL ITPの問題を解いている中でこのような状況に何回も出くわすことになります。解説にも書いたように**語順の問題については丁寧に消去法を使って選択肢を削っていくことが非常に大切**です。「見たことがない単語があるからあきらめる」のではなく、他の選択肢や空所の前後のヒントを使って最善の推測をすることが不可欠です。

Structure の問題で語順に関してよく問われるのが、**形容詞句の後置修飾**です。こう言うと難しく聞こえるので、次の例文を見てみましょう。

ex.) I saw a man who had <u>several bottles</u> **full of wine**.
※ full of wine が several bottles を修飾している。
「私はワインでいっぱいのボトルを数本持った人に会った」

(be) full of A で「A でいっぱい」という意味になりますが、このように**形容詞句（2語以上の形容詞の固まり）は修飾する名詞の後ろに置かれます**（これを後置修飾と呼びます）。

POINT 36　語順が問われる表現

RANK ★★★
正解（B）

36 The accumulation of commodities requisite for production must inevitably be ------- necessaries.

(A) enough large to cover　　(B) large enough to cover
(C) to cover enough large　　(D) enough to large cover

訳　製造に必要な商品の備蓄量は必ず必需品をまかなえるくらいでなければいけない。

解説　この問題も選択肢からやはり語順が問われていることが一目瞭然です。ここでの語順の鍵は enough です。enough は形容詞、副詞の両方で用いることができますが、いずれにせよ基本的に**後ろに不定詞**を従えます。これに当てはまらないものが (C) です。選択肢を見てみると、(D) は to の直後に形容詞である large を置いているため不適当です。(A) と (B) は enough と large の順番が異なりますが、enough が large を修飾する、つまりこの場合の enough は副詞であると推測できます。**副詞の enough は修飾する形容詞、副詞の後に置く**のが適切なので、正解は (B) となります。

CHECK! 覚えよう　ここでは TOEFL ITP でよく問われる語順に関する表現例を確認しましょう。

(1) enough
〈品詞にかかわらず、「**enough の後ろに不定詞**」を忘れずに！〉

ex. 1) She did not have **enough** money to buy the ticket.
〈形容詞の **enough** は名詞の前！〉
「彼女にはチケットを買えるだけのお金がなかった」
※ enough は形容詞で money を修飾している。

ex. 2) She was not rich **enough** to buy the car.
〈副詞の **enough** は形容詞・副詞の後ろ！〉
「彼女はその車を買えるほど豊かではなかった」
※ enough は副詞で rich を修飾している。

(2) such A as B = A such as B
〈この表現は、**A** の具体例を **as** 以下に示す働きをします。〉

ex.) My mother is particular about **such** kitchen tools **as** a knife and chopping board.
　= My mother is particular about kitchen tools, **such as** a knife and chopping board.
「母は包丁やまな板のような台所用品にうるさい」
※この場合、kitchen tools の具体例として a knife and chopping board が並列されている。

POINT37　　倒置(1)「There is/are A」　　RANK ★★★
　　　　　　　　　　　　　　　　　　　　　　正解（A）

37 ------- scarcely a country in Europe that does not contain examples of lake villages.
(A) There is　　　(B) Being
(C) Having　　　 (D) When

訳 ヨーロッパには湖村の例を持たない国はほとんど存在しない。

解説 空所の後ろの構造を確認すると、関係代名詞thatイ以下が前のa country in Europeを修飾しているだけの名詞句が置かれていることが分かります。**英文で動詞がない文は存在しえない**ので、選択肢に動詞を探すと(A)のみが動詞isを持っているため正解だと分かります。(B)や(C)はingだけでは動詞になれず、be動詞と共に用いて初めて進行形として動詞になれます。
（POINT 6を参照してください。38ページ）

CHECK!　覚えよう　　この例題を解くだけなら上の解説通りに考えることで正解できると思います。しかし、ここでは完成した英文、いわゆる「There is/are 構文」を用いた文の構造をもう少し詳しく見てみましょう。

ex. 1) **There was** a car accident on the road last night.

「昨夜道路で自動車事故があった」

　ここで考えたいのは、「この文の主語が一体何なのか？」ということです。was が動詞であることは間違いないので、その前にある名詞を見つけたいのですが、There は「そこに」という意味の副詞です。正解は a car accident です。つまり、There is/are 構文では主語と動詞の語順が逆転しています（これを「**倒置**」と呼びます）。構文的なものなので理由は気にしなくても構いませんので、「**There is/are（V）主語（S）**」の語順を確実に覚えてください。

　ex. 2) **There were** a large number of students in the auditorium.
「講堂には非常に多くの学生がいた」

　したがって、この例文では S が a large number of students となるので、V には be 動詞の複数形の were が適切であるということが分かります。

POINT38　倒置(2)　「文頭に前置詞句＋V-S」　　RANK ★★★　正解（A）

38 Among the flesh-eating animals ------- foxes, wolverines, and hyenas.
　(A) were creatures resembling
　(B) creatures resembling were
　(C) creatures were resembling
　(D) creatures resembling

　訳　肉食動物の中にはキツネやクズリ、ハイエナに似た生き物が存在した。
　解説　空所の前後を確認すると、まず文頭に前置詞句（Among the flesh-eating animals）がありますが、これは文の「**主語にはなっていない**」**ということを確認**します（POINT 11 を参照してください。52 ページ）。空所後には名詞が並列されていることから、少なくとも空所には主節の動詞が必要であることが分かります。選択肢から語順が問われていることが分かるので細かく一つずつ確認すると、(D) は ing 形（resembling）があるだけで be 動詞がないため動詞にはなっていません。次に注目すべきはこの resembling という語で、この語は元は resemble という他動詞で「〜に似

112

ている」の意味です。他動詞なので後ろに目的語、すなわち名詞が必要ですが、(B) は were が来ているため不適切です。語順としては (C) が creatures が主語で were resembling で進行形を取っており、適切に思えますが、実は不正解です。resemble は状態動詞であるため、進行形を取りません。よって、正解は (A) となります。

CHECK! **覚えよう** ここでも例題で完成した英文の文構造を確認してみましょう。

〈Among the flesh-eating animals〉 **were creatures**《resembling foxes, wolverines, and hyenas.》

やはりこの英文でもポイントになるのは were に対応する主語が一体何か？ということです。Among the flesh-eating animals は前置詞句なので絶対に主語になれないことを考えると、主語になれる名詞は were の後の creatures であるとしか考えられません。resembling 以後は現在分詞で creatures を修飾しています。つまりこの文でも S と V の倒置が起こっています。

前の項の there is/are 構文と同様に倒置が起こっているわけですが、ポイントになるのは文頭の前置詞句です。この英文を倒置させないで書くと、下記のようになります。

= **Creatures** resembling foxes, wolverines, and hyenas **were** 〈among the flesh-eating animals〉.

このように本来の英文の一部を主語よりも文頭に出した場合、主語と動詞が倒置します。中でも TOEFL の試験で出題されたことがあるパターンは今回の「前置詞句＋V-S」の語順を取るものです。

POINT39 倒置（3）「文頭に否定表現＋疑問文の語順」

RANK ★★★
正解 (D)

39 Not until the Renaissance ------- to question the infallibility of the medical pope.

(A) daring spirits did begin (B) daring spirits began
(C) did begin daring spirits (D) did daring spirits begin

訳 ルネッサンスを迎えてようやく勇敢な人々が絶対権威的な医学の無謬（むびゅう）性に疑問を呈し始めた。

解説 選択肢から語順を問う問題であることが分かりますが、この問題を正解するためには文頭の Not until を見た瞬間に「あっ！」とある事に気付かなければいけません。「**Not until 〜 倒置（疑問文の語順）**」で「〜になってようやく…」の意味を取る構文が問われています。よって、空所には倒置した S-V、この場合は疑問文の語順を取る S-V が必要なので、正解は (D) となります。

CHECK! 覚えよう

解説にも書いたように、この問題はある事を知っている人は 2、3 秒で正解できますが知らない人はどれだけ時間をかけても正解できない問題です。ポイントとなる知識を以下にまとめましょう。

例題の「Not until 〜 疑問文の語順」というのは構文化された表現になっていますが、もう少し大きな規模で語順に関するルールを挙げると、「**文頭に否定表現＋倒置（疑問文の語順）**」と言うことができます。

ex. 1) **Little** did I dream that I would be elected chairman of the conference.
「自分が会議の議長に選出されるなんて全く夢にも思っていなかった」

重要な点は、この場合の倒置はただ S-V を逆転させるのではなく「**疑問文の語順**」を取る点です。そして、否定表現といえども、Not until のように分かりやすいものから、例文の **little**「全く〜ない」や **never**「決して〜ない」、さらに **seldom**「めったに〜ない」、**rarely**「めった〜ない」、**hardly**「ほとんど〜ない」、

scarcely「ほとんど〜ない」といった準否定語も含まれます。

ex. 2) **Under no circumstances** will I support your plan.
「いかなる状況であれ私はあなたの計画を支持するつもりはない」

このように、**否定語を含む前置詞句**が文頭に来た場合も倒置が起こります。**under no circumstances**「いかなる状況でも〜ない」以外に、**on no account**「決して〜ない」、**by no means**「決して〜ない」も否定の副詞で文頭に置かれます。

POINT40　倒置（4）「仮定法でのif省略」

RANK ★★★
正解（B）

40 ------- large proportion of the sun's heat carried away by air and water, the tropics would become uninhabitable furnaces.

(A) It were not for the
(B) Were it not for the
(C) If were not for the
(D) If were it not for the

訳　太陽熱の大部分が大気や水によって押し流されなければ、熱帯地方は居住に適さない炎暑の地となるであろう。

解説　空所の後で主節がS = the tropics、V = would become、C = uninhabitable furnacesと完成していることが分かります。よって空所を含むwaterまでの固まりで副詞的な働きをするものを作ると推測できるので、副詞節を導く接続詞を持つ選択肢(C)と(D)を見てみましょう。POINT 15（57ページ）で見たように従属接続詞は主節と主語が一致する場合、主語とbe動詞をセットで省略することはできますが、(C)は主語だけしか省略されていないため文法的に不正確です。次に(D)ですが特に倒置を起こすような語句が文頭にあるわけでもないので、wereとitが倒置しているため不適切です。(A)は節は出来ていますが、接続詞がないため「S-V, S-V」になってしまうため不正解です。よって、正解は残る(B)となります。完成した英文は書き換えると、If it were not for the large proportion of ... となり、仮定法過去を含む構文になります。

| CHECK! 覚えよう | 今回の例題も解説のような考える力が必要ですが、同時に語順に関する重要な知識も問われています。

ex.) **Were it** not for water, all animals and plants could not survive on the earth.
「もし水がなければ、全ての動植物は地球上で生きながらえることはできないであろう」

下線部に倒置が起こっていますが、文頭に何かが置かれているわけでもありません。これまでには述べていない新しいパターンの倒置ですが、この例文を倒置前の姿にもどしてみると、

= **If it were** not for water, all animals and plants could not survive on the earth.

となり、仮定法過去の構文 if it were not for A:「もし A がなければ」であることが分かります。このように、**仮定法の条件節では if を省略することで S-V が倒置します**。以下に他の例を挙げておきます。

▸ if it had not been for A → had it not been for A「もし A がなかったなら」
▸ if S should do → should S do「万が一 S が do するなら」
▸ if S were to do → were S to do「仮に S が do するなら」

POINT 33 - 40 シャッフル問題

⏱ 5 minutes

1 Professor Marangoni, of Pavia, has invented an aspirator for measuring gases which ------- many now use in laboratories.
(A) is simpler than much
(B) much simpler than is
(C) is much simpler than
(D) is simpler much than

2 The present-day theories of the atom and the constitution of matter are the outcome of the comparatively recent discovery ------- radium and the X-rays.
(A) as of such things
(B) of such things as
(C) things as of such
(D) such things as of

3 Medicine, ------- almost certain to develop in the early history of a people in response to their urgent needs, has been justly called the foster-mother of many sciences.
(A) which is   (B) whose
(C) is when   (D) which

4 ------- many astronomers who believe that, like Mercury, Venus always presents the same face to the sun.
(A) If   (B) Having
(C) There are   (D) The

5. Not only -------, however small, often possess peculiar species, but sometimes single mountains or valleys, or even a particular mountain side, possess species or varieties found nowhere else upon the globe.
   (A) single islands
   (B) do islands single
   (C) single islands do
   (D) do single islands

6. Monkeys, apes, and man (comprised in the order *Primates*) have a ------- complexity and in length to the herbivora and carnivora.
   (A) digestive canal intermediate in
   (B) intermediate digestive canal in
   (C) canal digestive in intermediate
   (D) digestive in canal intermediate

7. The meteorite that falls upon the earth today gives, on its impact, the same amount of energy it would have given ------- earth ten thousand years ago.
   (A) had it struck the
   (B) it had struck the
   (C) which it had struck the
   (D) which had struck the

8. About five or six hundred years after the founding of Rome ------- which killed off a great majority of her sturdy fighters.
   (A) wars came several disastrous
   (B) several disastrous wars came
   (C) came several disastrous wars
   (D) several came disastrous wars

解答と解説［重要POINT33−40 シャッフル問題］

正解一覧
1. (C) 2. (B) 3. (A) 4. (C) 5. (D) 6. (A) 7. (A) 8. (C)

1　正解（C）　　　　　　　　　　　　　　　　　　　重要POINT34

Professor Marangoni, of Pavia, has invented an aspirator for measuring gases which is much simpler than many now use in laboratories.

（※英文中の下線 = S-V関係）

訳　パビアのマランゴーニ教授は、気体を測定するための、現在多くの人々が実験室で用いているよりもはるかに単純なアスピレーターを発明した。

> 選択肢から比較の語順を問う問題であることに注目する。比較の語順に関しては「比較級 + than」を基本の形とし、さらに選択肢中の much は比較級を強調する副詞なので比較級の前に置く。この時点で (B) と (C) が残り、動詞である is は空所前の関係代名詞 which の節内の動詞になるので、正解は (C) となる。

2　正解（B）　　　　　　　　　　　　　　　　　　　重要POINT36

The present-day theories of the atom and the constitution of matter are the outcome of the comparatively recent discovery of such things as radium and the X-rays.

訳　原子と物質の構成に関する今日の理論はラジウムやX線などの比較的最近の発見の結果である。

> 選択肢から「such A as B、または A such as B」の語順が問われていることに気が付ければ容易な問題。基本となるこれらの語順に合わない (A) と (C) は不適切であると分かる。次に、空所の直前には名詞句 the comparatively recent discovery が置かれていることから、(D) ではその名詞句の直後に such things という名詞句をさらに並べることになるため不適当。(B) であれば［名詞句 of 名詞句］となり、of があることで前置詞句を作り前に置かれた名詞句を修飾することができる。

3 正解（A）　　　　　　　　　　　　　　　　　　重要POINT33

<u>Medicine</u>, which is almost certain to develop in the early history of a people in response to their urgent needs, <u>has been justly called</u> the foster-mother of many sciences.

> **訳**　医学は緊急の必要に応えてある民族の歴史の初期の段階で発展を遂げたのはほぼ間違いなく、多くの科学の生みの親と呼ばれてしかるべきである。

> この問題でも空所直前のコンマと needs の直後のコンマに注目すると［S, 挿入, V］の形が分かり、選択肢より空所から needs までで Medicine を先行詞とする関係詞節を作ることが分かる。この段階で (C) の is when では is が不要であるため不適切であると分かる。空所後の関係詞節の構造を確認すると直後に almost certain という形容詞句が置かれているが動詞がないことが分かる。よって、動詞を含んだ選択肢である (A) が正解となる。関係詞節はあくまで「節」であるため、動詞は必ず存在することに注意。

4 正解（C）　　　　　　　　　　　　　　　　　　重要POINT37

There <u>are</u> <u>many astronomers</u> who believe that, like Mercury, Venus always presents the same face to the sun.

> **訳**　水星と同様に、金星は常に太陽に同じ面を向けていると考える天文学者が多くいる。

> 空所以下には名詞句 many astronomers があり、それを修飾する関係代名詞節が who から sun まで続いていることを確認する（who の後ろは believe の目的語として that 節が置かれている）。このことから空所には主節を作る主語と動詞が必要であると分かるが、動詞を含む選択肢は (C) There are しかなく、There is/are の構文であれば主語は be 動詞の後の名詞、すなわちこの文であれば many astronomers であるため、正解は (C) となる。

5　正解（D）　　　重要POINT39

Not only do single islands, however small, often possess peculiar species, but sometimes single mountains or valleys, or even a particular mountain side, possess species or varieties found nowhere else upon the globe.

訳　どれほど小さいものでも単一の島々にのみ独特の種がしばしば存在しているのではなく、時に単一の山々あるいは渓谷、さらには特定の山腹にも地球上の他では見つからない種や亜種が存在している。

> 文頭の Not only に注目。英文では文頭に否定の副詞が置かれると倒置構造（＝疑問文の語順）を取る。疑問文の語順になっている選択肢を探すと (B) か (D) となるが、(B) の場合は single が islands を修飾するにもかかわらず語順が逆転しているため不正解。したがって、正解は (D) で倒置前の語順にもどすと Single islands, however small, do not only often possess peculiar species, … となる。

6　正解（A）　　　重要POINT35

Monkeys, apes, and man (comprised in the order *Primates*) have a digestive canal intermediate in complexity and in length to the herbivora and carnivora.

訳　（霊長類目に分類される）サルと類人猿、人間は複雑性と長さの点で草食動物と肉食動物の中間となる消化管を有している。

> 空所前の a から空所には少なくとも名詞が必要であることが分かる。さらに、空所後には complexity という名詞、そして and in length と and による並列構造が置かれていることを先に確認しておく。空所前の a に続く名詞について考えると、(D) は digestive「消化の」という形容詞が置かれているため不適当であるが、(A)、(B)、(C) はそれぞれに形容詞を伴いながら canal「管」という名詞が置かれている。次に、空所後の and の並列構造を考えると、(C) の場合は in intermediate complexity と in length が並列されることとなり等位の並列とは言い難い。(A) と (B) の場合、in complexity と in length が並列されるので等位で並列されていると言えるが、(B) を入れると a intermediate digestive canal in complexity … となり、冠詞の用法が不適切であると分かる。よって、正解は (A) で形容詞である intermediate が carnivora までで句を作り直前にある a digestive canal を修飾している。

7 正解（A） 重要POINT40

The meteorite that falls upon the earth today gives, on its impact, the same amount of energy it would have given had it struck the earth ten thousand years ago.

訳 今日地球に落ちてくる隕石は衝突すると1万年前に地球に衝突した場合に放出していたであろう量と同じ量のエネルギーを生み出す。

> 主節の仕組みを捉え（S = The meteorite、V = gives、O = the same amount of energy）、it would 以下は the same amount of energy を修飾する関係代名詞節であることを確認する（この場合、energy の直後に関係代名詞 that が省略されている）。この関係代名詞節内の主節が S = it、V = would have given で目的語に先行詞である the same amount of energy があったと考えられるので、空所以下で副詞要素を作る必要があることが分かる。(B) の場合、節（S = it、V = had struck、O = the earth ...）を作るだけで S-V S-V の形を取ってしまい正しくない。(C) と (D) は関係代名詞節を作るが先行詞となる名詞が前に見当たらないため不適当。よって正解は (A) となり、本来は if it had struck the (earth ...) の形を取る仮定法過去完了の文であり、if を省略したことで倒置が生じている。

8 正解（C） 重要POINT38

About five or six hundred years after the founding of Rome came several disastrous wars which killed off a great majority of her sturdy fighters.

訳 ローマ帝国の創立のおよそ500年または600年後に帝国の屈強な戦士たちの大多数が戦没したいくつかの壊滅的な戦争が起こった。

> まず空所の前を見てみると前置詞句が3つ（About five or six hundred years / after the founding / of Rome）あり、これらは文の主要素にはなっていないことが分かる。次に空所の後ろに注目すると、関係代名詞節が続いている。これらから空所には主節となるS-V構造と空所前にはwhichの先行詞となる名詞が置かれるはずだと推測ができる。(A)はseveral disastrous「いくつかの壊滅的な」が形容詞句にもかかわらず名詞（この場合であればwars）の前に置かれておらず、(D)の場合も同じくseveralとdisastrousの位置が不適当。残る2つの選択肢については、(B)がS（= several disastrous wars）-V（= came）で(C)がV-Sの語順になっているが、今回は文頭に前置詞句が置かれていることから倒置している(C)が正解。空所直後に関係代名詞節があることからも主語であるseveral disastrous warsが先行詞になって収まりがよい。

Written Expression
重要POINT60

STEP 3

学習の進め方

❗ 重要POINT60

　Written Expression で大事なのは、「着眼点」をいくつ自分の中に持っているか、ということであると STEP 1 で述べました。ここでは、過去に出題されたパターンから 60 項目の重要ポイントをピックアップし、さらにそれらを 20 個の Focus に簡潔にまとめて示しています。

◆ 学習の流れ

　重要ポイントを順に 7〜8 項目ずつ学習していきます。

1. 重要 POINT の学習
　STEP 2 と同様に、まず「例題」を解いてから、「解答と解説」で解答のプロセスを確認し、「CHECK! 覚えよう」でその文法項目の理解を深めてください。「例題」の問題英文は比較的やさしいレベルです。各 POINT の「RANK」の黒星マークの数（★0〜3 個）は、TOEFL テストでの出題頻度に基づく重要度合いを示していますので参考にしてください。「Focus」では、注意するべきポイントを再度確認しましょう。

2. シャッフル問題
　続いて、「シャッフル問題」を解きましょう。学んだ項目に関する演習問題が本試験レベルで用意されています。解答には、巻末の「解答用マークシート」を利用できます。不正解だった問題については、該当するポイント項目を復習し、解法の定着を目指しましょう。
　[学習方法について] STEP 2 と同様に、文法セクションである程度点数が取れている場合は「シャッフル問題」を先に解いて、不正解だった問題の項目を中心に学習する方法でもよいでしょう。「間違い探し問題はサッパリだ」という場合は、例題を解いて「重要 POINT」を順に確認しながら学習を進めてください。
　繰り返しますが、「着眼点」さえ持つことができれば、解ける問題は確実に増えます。数は多いですが、それぞれのポイントを着実に押さえながら練習しましょう。

POINT 41-48　p. 130

- [ ] 41 主語と動詞の不一致（1）「動詞に下線」
- [ ] 42 主語と動詞の不一致（2）「主部に下線」
- [ ] 43 主動詞の欠落（1）「主部の直後の関係詞節に注意！」
- [ ] 44 主動詞の欠落（2）「主部の直後の doing に注意！」
- [ ] 45 主動詞の欠落（3）「主部の直後の done に注意！」
- [ ] 46 余分な動詞に注意！
- [ ] 47 よく問われる時制
- [ ] 48 進行形を取る動詞・取らない動詞

　シャッフル問題　　　　　　　p. 144

POINT 49-55　p. 150

- [ ] 49 動詞のコロケーション
- [ ] 50 仮定法の動詞の時制のズレ（1）「仮定法過去」
- [ ] 51 仮定法の動詞の時制のズレ（2）「仮定法過去完了」
- [ ] 52 仮定法の動詞の時制のズレ（3）「仮定法現在 ①」
- [ ] 53 仮定法の動詞の時制のズレ（4）「仮定法現在 ②」
- [ ] 54 不完全な受動態（1）「be 動詞の欠落」
- [ ] 55 不完全な受動態（2）「過去分詞の代わりに…」

　シャッフル問題　　　　　　　p. 164

POINT 56-63　p. 170

- [ ] 56 助動詞のあとは…
- [ ] 57 自動詞か他動詞か（1）「他動詞には前置詞が不要！」
- [ ] 58 自動詞か他動詞か（2）「紛らわしい他動詞」
- [ ] 59 不定詞か動名詞か（1）「目的語に不定詞を取る動詞」
- [ ] 60 不定詞か動名詞か（2）「目的語に動名詞を取る動詞」
- [ ] 61 "to doing" を含む表現
- [ ] 62 現在分詞か過去分詞か
- [ ] 63 関係詞に絡んで（1）「適切な関係代名詞を選ぶ」

　シャッフル問題　　　　　　　p. 186

POINT 64-70　p. 192

- [ ] 64 関係詞に絡んで（2）「関係代名詞のあとの不要な語句」
- [ ] 65 前置詞に絡んで（1）「前置詞のあとは（動）名詞」
- [ ] 66 前置詞に絡んで（2）「正しい前置詞を使う」
- [ ] 67 前置詞に絡んで（3）「前置詞を含むイディオム」
- [ ] 68 比較表現（1）「正しい比較級」
- [ ] 69 比較表現（2）「比較対象を揃える」
- [ ] 70 比較表現（3）「正しい最上級」

　シャッフル問題　　　　　　　p. 206

STEP3 HOW TO PROCEED WITH LEARNING

POINT 71–78　　p. 212

- ☐ 71 名詞の単数形か複数形か（1）
  「単数形 → 複数形」
- ☐ 72 名詞の単数形か複数形か（2）
  「複数形 → 単数形」
- ☐ 73 不可算名詞
- ☐ 74 「意味」が問われる名詞
- ☐ 75 冠詞（1）「不定冠詞 a/an」
- ☐ 76 冠詞（2）「定冠詞 the」
- ☐ 77 冠詞（3）「無冠詞」
- ☐ 78 よく問われる名詞表現（1）
  「most と almost」
  シャッフル問題　　p. 226

POINT 79–85　　p. 232

- ☐ 79 よく問われる名詞表現（2）
  「some」
- ☐ 80 よく問われる名詞表現（3）
  「one of 限定された複数名詞」
- ☐ 81 代名詞の指示内容「単数と複数の一致」
- ☐ 82 代名詞の適切な格
- ☐ 83 よく問われる形容詞（1）
  「many と much」
- ☐ 84 よく問われる形容詞（2）
  「another と other」
- ☐ 85 紛らわしい前置詞と従属接続詞
  シャッフル問題　　p. 246

POINT 86–93　　p. 252

- ☐ 86 品詞に関する注目語
- ☐ 87 並列法
- ☐ 88 品詞の間違い（1）「名詞 ⇔ 形容詞」
- ☐ 89 品詞の間違い（2）「形容詞 ⇔ 副詞」
- ☐ 90 品詞の間違い（3）「名詞 ⇔ 動詞」
- ☐ 91 品詞の間違い（4）「名詞 ⇔ 副詞」
- ☐ 92 語順に関する間違い
- ☐ 93 冗語（1）「不要な接続詞に注意！」
  シャッフル問題　　p. 268

POINT 94–100　　p. 274

- ☐ 94 冗語（2）「不要な修飾語に注意！」
- ☐ 95 冗語（3）「主語が重複」
- ☐ 96 相関関係の崩れ
- ☐ 97 よく問われる重要表現（1）
  「so ... that S-V／too ... to do」
- ☐ 98 よく問われる重要表現（2）
  「between A and B と among A／by と until」
- ☐ 99 よく問われる重要表現（3）
  「The 比較級 S'-V', the 比較級 S-V」
- ☐ 100 よく問われる重要表現（4）
  「数字に絡んで」
  シャッフル問題　　p. 288

Focus 1–20

☐ 1	「主語と動詞が一致しているか？」		p. 134
☐ 2	「動詞が適切に用いられているか？(1)」		p. 140
☐ 3	「動詞は適切に用いられているか？(2)」		p. 153
☐ 4	「仮定法は適切に用いられているか？」		p. 159
☐ 5	「正しい受動態になっているか？」		p. 162
☐ 6	「助動詞の後ろの形は必ずチェック！」		p. 173
☐ 7	「自動詞か他動詞かをチェック！」		p. 176
☐ 8	「to do / doing / to doingは必ずチェック！」		p. 181
☐ 9	「現在分詞（-ing）か過去分詞（-ed）かをチェック！」		p. 183
☐ 10	「正しく関係代名詞が用いられているかをチェック！」		p. 195
☐ 11	「正しく前置詞が用いられているかをチェック！」		p. 200
☐ 12	「正しく比較表現が用いられているか？」		p. 204
☐ 13	「正しく名詞が用いられているか？」		p. 219
☐ 14	「正しく冠詞が用いられているか？」		p. 224
☐ 15	「正しく名詞、代名詞が用いられているか？」		p. 239
☐ 16	「正しく形容詞が用いられているか？」		p. 242
☐ 17	「答えが見つからない場合は品詞をチェック！」		p. 262
☐ 18	「語順は正しいか？」		p. 264
☐ 19	「冗語をチェック！」		p. 278
☐ 20	「相関関係と重要表現に反応しよう！」		p. 286

POINT

41-48 例題

41 A very large portion of Asia, <u>inhabited by</u> the earliest nations, <u>whose</u>
                                                A   B
traditions have come down to us, <u>have been</u> always <u>subject to</u> tremendous
                                             C   D
earthquakes.

42 The <u>successive layer</u> of the rock suggest that <u>they were</u> built one after
               A   B
<u>another</u> from the <u>bottom upward</u>.
    C   D

43 Birds <u>which</u> made <u>their</u> first appearance <u>during</u> the Mesozoic <u>time</u>.
          A   B   C   D

44 The earth <u>revolving</u> around <u>the</u> sun in an orbit <u>called</u> an ellipse.
     A   B   C   D

45 The influence of immigration to the United States from European countries, in lessening the tension in the relation between food and
  　　　　　　　　　　　　　　　　　A　　　　　　　　　　　　B
numbers, been one of the most marked events in the 19th century.
　　　　　C　　　　　　　　　　　　　　　　　　　　　　　D

46 There is an antagonist hypothesis does not propose to honor the
　　　　　　A　　　　　　　　　　　B　　　　　　　　C
unknown power manifested in the Universe.
　　　　　　　　　　　D

47 The United States receives about one fourth of its total population in 1880
　　　　　　　　　　　A　　　　　　　B　　　　　　C　　　　　　　　　　D
from abroad since the foundation of the republic.

48 Of all the bird-like dinosaurs which have been discovered, none
　　　　A　　　　　　　　　　　　　B
is possessing greater similitude to the birds than *Ornitholestes*, or the
　　C
"bird-catching dinosaur."
　　　　D

解答と解説［重要POINT41-48］

POINT41　主語と動詞の不一致(1)「動詞に下線」

正解　(C) has been　　　　　　　　　　　　　　　　　RANK ★★★

41　A very large portion of Asia, inhabited by the earliest nations, whose
　　　　　　　　　　　　　　　　　　A　　　　　　　　　　　　　　B
traditions have come down to us, have been always subject to
　　　　　　　　　　　　　　　　　　　C　　　　　　　　D
tremendous earthquakes.

訳　アジアの大部分は、最古の民族が居住しており、彼らの伝統は我々に伝わっているが、常に巨大な地震の影響を受けやすい。

解説　Written Expression のパートはこの問題パターンに慣れていないと、どこに目を付けてよいのかが分かりません。慣れるまでは Structure のパートと同様に、まずは文の大きな主部と述部の関係を捉えましょう。主部は文頭の名詞である A very large portion of Asia だと考えて、対応する動詞を探します。(A)の inhabited から nations まではコンマに挟まれた挿入句なので動詞ではありません。次に(B)の whose から始まる関係代名詞節が挿入されていることが分かり、(C)の have been が動詞であると分かります。ここで主語と動詞の一致について考えると、主部は A very large portion of Asia で、主部の中心は portion ですので単数形です。よって、(C)の have been は単数形である主語に合わせて has been であるべきだと分かります。

CHECK!　覚えよう

Written Expression では皆さんが英語でエッセーや論文を書く際に、文法・語法の点で犯しやすい間違いが項目として出題されます。数ある項目の中でも、Structure でも問われていた**「主語と動詞の一致」**は Written Expression のパートでも**頻出**の項目です。

　TOEFLで問われる「主語と動詞の一致」は、**主語が非常に長い文**であったり、今回の例題のような**主語と動詞の間に挿入句**が置かれていたりと、S-V の関係が見つかりにくい文から出題されることが大半です。それに加えて、一つの文中に4つの下線が施されているため、慣れるまでは見ただけで混乱してしまうかもし

れません。

　しかし、その際に役立つのが**「下線が引かれていない部分」にも注目**してみることです。**「下線が引かれていない」ということは、「その部分は必ず正しい」**ということですから、その正しい部分を軸にして考えることができます。今回の例題でも動詞には下線が施されていますが、主部には施されていません。となると、主部を軸とすることが間違っている要素を見つけるヒントになります。正解にはたどり着かなくても消去法で選択肢を少なくすることは可能です。

POINT42　主語と動詞の不一致 (2)「主部に下線」

正解　(A) The successive layers　　　　　　　　　　　RANK ★★★

42 The successive layer of the rock suggest that they were built one after
　　　　　　A　　　　　　　　　　　　　　　　B
another from the bottom upward.
　　　　　C　　　D

訳　連続した岩石層からそれらの層が次々とさかさまに形成されたことが示されている。

解説　Written Expression の問題に慣れてくると、選択肢だけを見て、「(B) の they were は怪しい！」と感じられるようになります（この項目について詳しくは POINT 81 を参照してください。236 ページ）。ただし、慣れていない段階では、POINT 41 と同様にまずは文の「主語と動詞の一致」を考えましょう。この例題では文頭の名詞である The successive layer に下線 (A) が引かれているため、動詞に目を向けると suggest が見つかります。suggest には下線が引かれていないため、この動詞を基準に S-V の一致をチェックしてみると、主語には一人称あるいは複数形の名詞が必要であると分かります。そこで (A) を再度確認すると単数名詞 (The successive layer) が主部の中心になっていることが分かり、正解が見つかります。動詞である suggest に合わせて、The successive layers が正しい形です。

CHECK!　覚えよう　解説でも少し触れましたが、(B) の they were に着目できることは非常に重要です。しかし、「代名詞 they が使われるということは、前に複数名詞が必ず必要。前を見てみると単数名詞の (A)

と the rock しかないからオカシイ！でも、(A) と (B) の両方に下線が引かれているから…」となってしまい、どちらかが正解なのかは分かりますが、どちらが正解かは分からないままで終わってしまいます。このような状況に陥ってしまう原因は、「軸」が定まっていないことです。下線部を中心にして考えるだけでは、結局答えにはたどり着けなくなってしまう場合があります。正解に近づくための近道は **「軸」を決めてから消去法を用いて選択肢を減らす** ことです。「軸」は下線が引かれていない部分に定めます。

🔍 FOCUS1

主語と動詞が一致しているか？

1. **まずは選択肢に目を通し、主語あるいは動詞に下線が引かれているかを確認**

2. **次に、主語に下線がある場合は対応する動詞を、動詞に下線がある場合は対応する主語を探す**

3. **それぞれに対応する部分に下線がない場合、「S-V の一致」を確認する**
   主語と動詞の両方に下線が施されている場合は TOEFL ではほとんど出題されませんので、「S-V の一致」を考えることで間違いなく選択肢を減らすことはできます。

POINT43　主動詞の欠落（1）「主部の直後の関係詞節に注意！」

正解（A）不要　　　　　　　　　　　　　　　　　　　　RANK ★★★

43　Birds which made their first appearance during the Mesozoic time.
　　　 A　　　　B　　　　　　　　　　　　　　　C　　　　　D

訳　鳥類は中生代に初めて姿を現した。

解説　下線部だけを見る限りでは怪しく見える選択肢が多いですが、慌てずに文の主語と動詞の関係を捉えましょう。文頭の名詞は Birds なのでこれを

主語と考えて、動詞を探します。すると (A) に関係代名詞 which があるため、which から (D) の time までが関係代名詞節を作り、文の主語である Birds を修飾していることが分かります。これではただの名詞節ができているだけで、正しい文になっていないことが分かります。文には基本的に必ず主語と動詞が必要なので、動詞を持つためには (A) の関係代名詞が不要であることが分かります。

CHECK! 覚えよう　Written Expression の頻出パターンが、今回の例題のような「動詞を持たない文」を作っているケースです。基本的に**全ての英文には「主語と動詞」が存在します**。命令文や省略されている場合には主語あるいは動詞が欠けるケースもありえますが、TOEFL の文法セクションでは必ず主語と動詞の関係が存在する文を基に問われていると考えて構いません。

「動詞を持たない文」を作る典型的なパターンは、「主語の直後に動詞に似た修飾語を取る」ケースです。簡単な例を見てみましょう。

ex.) * The bag ［**which** was made in France］．

(* ＝ 誤りのある英文)

この例は which から France までが関係代名詞節を作り The bag を修飾し「フランスで作られたカバン」という意味の名詞句になっており、文として成立していません（つまり、主語と動詞の関係がありません）。正しい文にするためには、

→ The bag was made in France.
「そのカバンはフランスで作られた」

のように which を取ります。

cf.) The bag ［**which** was made in France］ is mine.
「そのフランスで作られたカバンは私の物です」

このように関係代名詞節のあとに動詞を付け足しても文が成立します。

POINT 44　主動詞の欠落（2）
「主部の直後のdoingに注意！」

正解　(B) revolves　　　　　　　　　　　　　　　　　　　　| RANK ★★★

44 The earth revolving around the sun in an orbit called an ellipse.
　　　　A　　　　B　　　　　　　　　　　　　　　　　　D

訳　地球は楕円と呼ばれる軌道に乗って太陽の周りを公転している。

解説　この問題も同じく、まずは文の主語と動詞を探しましょう。主語は文頭にある名詞句 The earth と考えて、対応する動詞を探します。選択肢だけを目で追いかけると (D) の called が見つかりますが、対応する正しい動詞かを確認しましょう。この called は動詞であれば call の過去形と考えられますが、その場合 called an ellipse となると「楕円と呼んだ」の意味になり、「何」を「楕円と呼んだ」のかが不明です（called の間接目的語がありません）。よって、この called は過去分詞で an orbit を修飾していると考えられます。次に動詞と考えうるものは (B) の revolving ですが、このように ing 形だけでは主動詞にはなれません。他に動詞と考えられる要素がないことからも、(B) revolving を動詞の現在形 revolves に変えると正解となります。

CHECK!　覚えよう

POINT 43 の「主部の直後の関係詞節に注意！」に続いて、主部の直後に動詞の ing 形を置くことで主動詞がなくなってしまっている文が Written Expression で過去に出題されています。これまでにも見てきたように、基本的に英文には必ず「主語と動詞」が必要です。動詞の ing 形は一見すると動詞に見えますが、動詞を動詞以外の品詞として用いるために形を変形させた準動詞と呼ばれるものです（ing の場合は動名詞と現在分詞のいずれかにあたります）。よって、**動詞の ing 形だけでは、英文の動詞になることはできません**。

ex.）＊ The gentleman [smoking in the cafeteria at that time].

この例文では smoking in the cafeteria at that time が現在分詞の固まりになって、前の The gentleman を修飾してしまい、主語である The gentleman

に対応する動詞がありません。よって、非文です。

この英文を文法的に正しい形に直すのであれば、

→ The gentleman **was smoking** in the cafeteria at that time.
「その紳士はその時食堂でタバコを吸っていた」

のように、was smoking として過去進行形の形を取るとよいです。

cf.) The gentleman [smoking in the cafeteria at that time] was actually our principal.
「その時食堂でタバコを吸っていた紳士は、実のところ私たちの学校の校長であった」

このように、ing そのものは現在分詞として置き、後に主動詞 (was) を補うこともできます。

POINT45 主動詞の欠落 (3) 「主部の直後のdoneに注意!」

正解 (C) has been　　　　　　　　　　　　　　　　RANK ★★★

45 The influence of immigration to the United States from European countries, in lessening the tension in the relation between food and
　　　　　　　　　　　　A　　　　　　　　　　　　B
numbers, been one of the most marked events in the 19th century.
　　　　　C　　　　　　　　　　　　　　　　　　　D

訳 ヨーロッパの国々からのアメリカへの移民の影響は、食糧と人数の間の緊張関係を和らげている点で、19世紀で最も顕著な出来事の一つである。

解説 まずは英文全体の主語と動詞の関係を探しましょう。主語を文頭の名詞句 The influence から European countries までと考えて、対応する動詞を探しましょう。S-V 関係を考える際に、今回のように (A) の直前のコンマと (C) の直前のコンマによって挿入されている部分を初めは無視してみると大きな文の骨組みが考えやすい場合があります。すると (C) の been が「動詞らしきもの」として目に入ってきますが、been は be 動詞の過去分詞

形であるため、単独では主動詞にはなれません。したがって、(C) に has を加えて has been とすれば be 動詞の現在完了形となり文の動詞と考えることができます。

CHECK!　覚えよう　動詞の過去分詞形を単独で主動詞として用いているパターンの問題です。例題の been は容易に過去分詞形だと判断できますが、英語の動詞には過去形と過去分詞形が同じ形を持つものが多く存在します。

　　ex.) The workman **repaired** the road in front of my house.
　　「その職人は私の家の前の道を修理した」

　この文中の repaired は repair の過去形で主語である The workman に対応する主動詞です。

　　cf.) * The computer repaired by the engineers.

　一方で、この場合の repaired は repair の過去形と考えることはできません。主語が The computer であるため、「そのコンピューターが修理した」と意味の点でも成り立ちません。また、過去分詞形であると考えても、repaired by the engineers が The computer を修飾し「エンジニアたちに修理されたコンピューター」となりますが、対応する主動詞がないため非文です。この英文を文法的に正しくすると、

　　→ The computer **was repaired** by the engineers.
　　「そのコンピューターはエンジニアたちに修理された」

と、be 動詞を補って受動態とするか、

　　→ The computer [**repaired** by the engineers] might break again.
　　「エンジニアたちによって修理されたコンピューターはまた壊れるかもしれない」

のように、主動詞（might break）を加えるかのいずれかの形が考えられます。

いずれにせよ、「==動詞の過去分詞形だけでは主動詞になれない==」ということを確認しておきましょう！

POINT46　余分な動詞に注意！

正解　(B) which does　　　　　　　　　　　　　　RANK ★★★

46 There is <u>an</u> antagonist hypothesis <u>does</u> not propose <u>to honor</u> the
　　　　　Ａ　　　　　　　　　　　　　　Ｂ　　　　　　　　Ｃ
unknown power <u>manifested in</u> the Universe.
　　　　　　　　　　　Ｄ

訳　宇宙に存在する未知なる力に敬意を表そうとしない敵対的な仮説が存在する。

解説　選択肢にも怪しいものがたくさんありますが、慣れるまではまず初めに文の S-V 関係の確認です。文頭にいきなり There is が置かれていることから、動詞は is で主語は an antagonist hypothesis であると考えられます。この部分には下線が施されていないことから確実に主文の S-V 関係であると分かります。そうすると、主語の直後にある does がおかしいと分かります。主節の S-V が見つかっているにもかかわらず、接続詞もなく 2 つ目の動詞を置くことはできません。したがって、正解は (B) で意味の面から考えて関係代名詞 which を補えば正しい英文となります。

CHECK!　覚えよう　ここまでの項目では主節の S-V 関係が正しく成立していないパターンを見てきましたが、今回の例題では==**S-V 関係が成立しているのに余分な動詞が加えられているパターン**==が出題されています。

　　ex.)　* The evidence proved that he was innocent, <u>released</u> him from the police.

この英文では主語が The evidence、動詞が proved で目的語に that 節を取

ることで主節が成立しています。しかし、主節の後にreleaseの過去形であるreleasedが置かれているため、英文構造として、[S-V-O, V]の形を取ってしまっています。一つの節内に2つの動詞を取る場合、動詞と動詞の間に接続詞を置く必要があるので、

→ The evidence proved that he was innocent **and released** him from the police.
「その証拠は彼が無実であることを証明しており、彼を警察から解放した」

とすれば正しい英文になります。あるいは、2つ目の動詞を準動詞化して

→ The evidence proved that he was innocent, **releasing** him from the police.

と分詞構文を用いた文に変えることもできます。

どちらのパターンに訂正するにせよ、原則として「接続詞がない限り一つの節内に動詞は一つ！」ということを常に念頭に置いてください。

🔍 FOCUS2

動詞が適切に用いられているか？（1）

1. まずは常にS-V関係を見つけ出す

2. 現在分詞（**doing**）と過去分詞（**done**）だけで動詞になっていないかをチェック！

3. 接続詞なしで動詞が2つ以上になっていないかをチェック！

POINT47　よく問われる時制

正解 (A) has received　　　　　　　　　　　　　　RANK ★★★

47　The United States <u>receives</u> about <u>one fourth</u> of <u>its</u> total population
　　　　　　　　　　　A　　　　　　B　　　　　　C
　　in 1880 from abroad since the foundation of the republic.
　　―D―

訳　共和国家の設立以来、アメリカは 1880 年の全人口のおよそ 4 分の 1 を外国から受け入れている。

解説　この問題は Written expression に限定せず、英文法の問題を解きなれている方でなければ 30 秒という短い時間内に正解を見つけることは難しいかもしれません。この例題では正誤チェックの「軸」となる下線が引かれていない箇所にキーワードが存在します。(D) の後にある since に注目しましょう。since は後ろに名詞要素を取り前置詞「〜以来」として、後ろに節を取り従属接続詞「S が V して以来」として、そして単独で副詞「その時以来」として用いられます。今回は前置詞として用いられていますが、どの品詞で用いられたとしても、**主節の動詞が完了形**で用いられる必要があります。従って、正解は (A) で現在完了形である has received に直します。

CHECK! 覚えよう　英文法の中でも「時制」は日本人学習者にとってはとっつきにくい単元であると思います。しかし、TOEFL のテスト問題に限って言えば、難解な時制に関してはほとんど問われません。ここでは Written Expression で頻出の「時制」に関係する事項を 2 つ紹介します。

(1) since と共に用いられる現在完了形
　　ex.) I **have been** sick in bed **since** I met him last week.
　　「先週彼に会ってから、私はずっと病床にいる」

　例題でも解説した通り、**since を用いる場合主節に完了形を用いる**必要があります。注意すべきは、since に後続する節の動詞（met）ではなく、主節の動詞（have been）を現在完了形にするという点です。

(2) 一般的な「時制の一致」

ex.) He **believed** that he **would pass** the interview with ease.
「彼は簡単に面接に合格すると信じていた」

　主節と従属節の動詞の時制を一致させるパターンです。この例文では主節の動詞（believed）が過去形なので、従属節の動詞（would pass）も過去形に合わせる必要があります。

▶「時間を設定する語句」に注目して時制をチェックする！

cf.) **Twenty years ago** there **was** a huge garbage dump in front of the mountain.
「20 年前、その山の前に大きなゴミ処理場があった」

　文頭の Twenty years ago によって時制が「20 年前」、つまり「**過去形**」に設定されます。

POINT48　進行形を取る動詞・取らない動詞

正解 (C) possesses　　　　　　　　　　　　　　　RANK ★★★

48　Of all the bird-like dinosaurs which have been discovered, none
　　　A　　　　　　　　　　　　　　　　B
　　is possessing greater similitude to the birds than *Ornitholestes*, or the
　　　　C
　　"bird-catching dinosaur."
　　　　　D

訳　これまでに発見されている全ての鳥のような恐竜の中で、「鳥を捕まえる恐竜」であるオルニトレステスほど鳥類との類似点を持つものはない。

解説　この問題は選択肢だけを見て「あっ！」と反応できる方もいると思います。しかし、選択肢を見てひらめかない場合は、主語と動詞の関係を探しましょう。文頭の (A) の Of から discovered までが前置詞句ですので、主語はコンマの後の none で動詞が is possessing となります。S-V の一致に関しては、none は単数形扱いですので動詞は is で問題ありません。時制については残りの文中に時間を設定する語句もありませんので、現在形の is

で構いません。動詞に関してチェックしていると、この動詞が現在進行形（is possessing）になっていることに気づくと思います。possess は「所有している」という「状態」を表す動詞であるため、進行形を取ることはできません。したがって、正解は (C) で現在形である possesses に直す必要があると分かります。

CHECK! 覚えよう　これまでの項目でも見てきたように、Written Expression の問題では「動詞」に関する様々な事柄を問うものが非常に多く出題されています。今回の例題では「その動詞が進行形を取れるか、取れないか」が問われています。以下で進行形を取ることができる場合と、できない場合を確認しましょう（TOEFL の試験では例外的と言える細かいケースは出題されず、基本的に「その動詞が進行形を取れるか、取れないか」が問われるのみです）。

ex. 1) * The landlord was having large property.
（→ The landlord had large property. が適当。）

この英文では進行形を用いることができません。動詞である have はこの文中では「持っている、所有している」の意味で用いられており、**主語の状態を表す動詞**です。このように、その**動詞が主語の性質や状態を表す場合は進行形を取ることはできません**。

※頻出する進行形にできない状態動詞：
know「知っている」、believe「信じる」、understand「理解する」、possess「所有している」、love「愛する」

ex. 2) The office lady was having breakfast in the café.
「その女性会社員はカフェで朝食をとっていた」

この英文でも動詞に have が用いられています。しかし、この文中での have は「食べる」の意味で用いられており、**動作を伴う動詞**です。こういった、**主語が体を動かしてある動作を行っている動詞であれば進行形を取ることができます**。

POINT 41-48 シャッフル問題

⏱ 5 minutes

1 Every chemical <u>element</u> known <u>having</u> a distinctive spectrum of <u>its own</u>
　　　　　　　　　A　　　　　B　　　　　　　　　　　　　　　C
when <u>it</u> is raised to incandescence.
　　　D

2 Conscience and the <u>feelings</u> of guilt <u>and of duty</u> is the peculiar <u>possessions</u>
　　　　　　　　　　　A　　　　　　B　　　C　　　　　　　　　D
of the gregarious animal.

3 Travelers of <u>the eighteenth</u> century <u>finding</u> the "cowpens" <u>among the</u>
　　　　　　　　A　　　　　　　　B　　　　　　　　　　　C
canebrakes and peavine pastures of <u>the South</u>.
　　　　　　　　　　　　　　　　　　D

4 There is <u>considerable variations in</u> <u>the same kind of food</u>, <u>according to</u>
　　　　　　A　　　　　　　　　　　　B　　　　　　　　　　C
the variety of seed and <u>conditions</u> of growth.
　　　　　　　　　　　D

144

5 Pampas is a word, Peruvian <u>in</u> origin, <u>designated</u> the prairies of South
　　　　　　　　　　　　　　　　　A　　　　　　**B**
America, <u>while prairie</u> is a French word, <u>meaning meadow</u>.
　　　　　　C　　　　　　　　　　　　　　　　**D**

6 The treaty of 1763 <u>which gave</u> England only French acquisitions
　　　　　　　　　　　　A
east of the Mississippi and north of <u>the Great Lakes</u>, but
B　　　　　　　　　　　　　　　　　　**C**
<u>left French America</u>.
D

7 The <u>nature</u> philosophers of the Ionian days did not contribute <u>much</u> to
　　　　A　　　　　　　　　　　　　　　　　　　　　　　　　　**B**
medicine proper, but <u>their</u> spirit and their outlook upon nature <u>influence</u>
　　　　　　　　　　　　C　　　　　　　　　　　　　　　　　　　**D**
its students profoundly.

8 <u>The study</u> of the anatomy of mummies <u>thrown</u> a very interesting light
　　　A　　　　　　　　　　　　　　　　　**B**
<u>upon</u> the diseases of the ancient Egyptians, one of the most prevalent of
C
which <u>appears</u> to have been osteo-arthritis.
　　　　D

解答と解説［重要ＰＯＩＮＴ４１−４８ シャッフル問題］

正解一覧
1. (B)　2. (C)　3. (B)　4. (A)　5. (B)　6. (A)　7. (D)　8. (B)

1　正解 (B) has　　　　　　　　　　　　　　　重要ＰＯＩＮＴ４８

Every chemical element known has a distinctive spectrum of its own when it is raised to incandescence.　　　　　　　　　（※英文中の下線 = S-V関係）

訳　全ての周知の化学元素は白熱するまで熱されるとそれら独特の電磁波を持つ。

> まず選択肢で目を付けたいものは (C) its と (D) it の代名詞である。本文中には Every chemical element known「全ての周知の化学元素」があるため単数形の its, it のままで正しいことが分かる（ちなみに、文頭の Every の後ろには単数名詞を取るので、(A) の element も正しい）。代名詞の格についても (C) は直後に spectrum が省略されており、本来は of its own spectrum となり所有格で問題なく、(D) に関しても is に対応する主語なので主格で正しい。選択肢からは判断がつかないので、S-V の一致を確認すると、主語は Every chemical element known でそれに対応する動詞がないことが分かる。(B) の having は動詞の ing 形であり単独で文の主動詞にはなれない。したがって、正解は (B) で正しくは動詞の現在形 has にする。

2　正解 (C) are　　　　　　　　　　　　　　　重要ＰＯＩＮＴ４１

Conscience and the feelings of guilt and of duty are the peculiar possessions of the gregarious animal.

訳　良心と罪の気持ちや義務感というのは群居する動物が特有に持ち合わせている。

> まず注目したい選択肢としては (B) の and of で、and などの等位接続詞に下線が施された場合は並列関係と相関表現のチェックを必ずすること。この場合、of guilt と of duty が並列されていることが分かるので誤りはない。次に (C) の動詞 is に対応する主語を探すと、主語は Conscience and the feelings「良心と罪の気持ち」であると分かり複数形であるため、is では不適当。よって、複数形主語に合わせて、are にすれば正しい英文となる。

3 正解 (B) found　　　　　　　　　重要POINT44

<u>Travelers</u> of the eighteenth century <u>found</u> the "cowpens" among the canebrakes and peavine pastures of the South.

訳 18世紀の旅人たちは南部のトウの茂みやピーバインの牧草地の中に「牛房」を発見した。

> まずは選択肢から(B)の finding に注目する。主部(Travelers of the eighteenth century)の直後に ing 形が置かれているが、以後に主部に対応する主動詞がないため、このままでは非文であることが分かる。finding だけでは主動詞になれないことと、of the eighteenth century「18世紀の」とあることから過去形にして found とすると正しい英文となる。

4 正解 (A) considerable variation in　　　重要POINT42

There <u>is</u> <u>considerable variation</u> in the same kind of food, according to the variety of seed and conditions of growth.

訳 同じ種類の食べ物にも、種子の種類や生育条件に応じて、大きな違いがある。

> 選択肢から注目したいものとしては、(A)の variations と(D)の conditions のそれぞれの名詞に注目する。(D)の場合、condition「条件」は可算名詞であり、下線部前に冠詞や限定詞が置かれていないことからも複数形にしておく必要があるので conditions で正しい。しかし、(A)は There is/are 構文の主語に対応するものであるため、主動詞である is に合わせて単数形にしておく必要がある。よって、正解は(A)で variation と単数形にしておく。この場合の variation は不可算名詞扱いで「相違」の意味。

5　正解　(B) designating　　　重要POINT46

Pampas is a word, Peruvian in origin, designating the prairies of South America, while prairie is a French word, meaning meadow.

訳　pampas はペルー文化を起源に持つ南米の大草原を示す語であるが、prairie はフランス語の語で牧草地を意味する。

> 注目したい選択肢としては (C) の while で、during との用法の違いが問われるが while は従属接続詞であり本文でも以後に節 (S = prairie、V = is) が従えられているため正しい。次に (B) と (D) を見てみると、共に動詞の ed 形と ing 形が含まれている。(D) の場合、現在分詞による分詞構文で while 節の主語である prairie が意味上の主語となり能動の関係で正しい。しかし (B) designated の場合は、直前の挿入句 (Peruvian in origin) を無視すると a word を修飾する過去分詞であると分かるが、「a word が designate された」の受動関係ではなく (尚、後続する名詞句 the prairies of South America ともつながらない)、「a word が the prairies of South America を designate した」の能動関係が正しい。よって、正解は (B) で現在分詞 designating にすると正しい英文となる。

6　正解　(A) gave　　　重要POINT43

The treaty of 1763 gave England only French acquisitions east of the Mississippi and north of the Great Lakes, but left French America.

訳　1763 年の条約はミシシッピ川の東部と五大湖の北部のフランスが持つ領地のみを英国にもたらしたが、フランス人にはアメリカをもたらした。

> まずチェックしたい選択肢は (D) で、left が含まれているが直前の but による並列関係と共に考える。並列関係を考えると (A) の which gave が見つかるが、この文のままだと (A) の which から (D) の America までが関係代名詞節となり、主語である The treaty of 1763 に対応する主動詞が欠落する。よって、(A) の which を取り除くことで主動詞となり、正しい英文になる。

| 7 | 正解 (D) influenced | 重要POINT47 |

The nature philosophers of the Ionian days did not contribute much to medicine proper, but their spirit and their outlook upon nature influenced its students profoundly.

訳 イオニア人たちの時代の自然哲学者たちは医学に対して全く大きくは貢献していなかったが、彼らの精神性と自然に対する見地は医学生たちに深く影響を与えていた。

目につく選択肢である (C) の their をチェックすると直後に名詞である spirit「精神性」が来るので所有格で正しく、指示内容についても The nature philosophers「自然哲学者たち」を指しており問題ない。(A) は名詞と名詞が並列しているが前の名詞である nature が形容詞的に philosophers を修飾しており正しく、(B) much も contribute の目的語として「多くのもの」の意味を表している。(D) については一つ目の節の動詞である did not contribute と時制が正しく一致しておらず不適切。

| 8 | 正解 (B) has thrown | 重要POINT45 |

The study of the anatomy of mummies has thrown a very interesting light upon the diseases of the ancient Egyptians, one of the most prevalent of which appears to have been osteo-arthritis.

訳 ミイラの構造を研究することで古代エジプトの様々な病気が興味深く解明されてきており、それらの病気の中で最も流行していたものの一つが骨関節炎であったようである。

チェックしたい選択肢としては (B) と (D) が挙げられる。(D) に対応する主語は one であるので正しく一致している。(B) は動詞 throw の過去分詞形を取っている。過去分詞は単独で用いると形容詞としての働きをするが、この場合直前にある mummies「ミイラ」を修飾すると「投げられたミイラ」となり意味を成さない。さらに文全体の構造として、主語である The study に対応する動詞がこのままでは存在しないため、(B) の thrown を has thrown として現在完了形の動詞にする必要がある。

POINT
49-55 例題

49 Though first on the soil of the Western Hemisphere, the Spaniard
　　　 ─A──
has done no acknowledged and valuable contribution to American
─B─　　　　　　　　　　　 ─C─　　　　　　　　　　 ─D─
history.

50 If vertebra were a straight column, standing perpendicularly, the slightest
　　　　　　　　　 ─A─　　　　　　 ───B───
jar, in walking, will cause it to recoil with a sudden jerk.
　　　　　　　 ─C─　　　　 ─D─

51 At the cataracts of the great rivers Orinoco, Nile, and Congo, the syenitic
　　　 ──A──
rocks are coated by a black substance, appearing as if they are polished
　　　 ───B───　　　　　　　　　　　　 ───C───　　　　　　 ─D─
with plumbago.

52 The preservation of the teeth requires that they are frequently examined.
　　　　　 ─────A─────　　　 ──B──　　　　　　 ─C─ ─D─

150

53 It is essential in <u>so</u> <u>complicated a</u> structure as the body that some
　　　　　　　　　　　 A　　　　B
apparatus <u>exists</u> to provide <u>for</u> the interchange of material.
　　　　　　 C　　　　　　　　　D

54 Mica may <u>recognized</u> by <u>its</u> glittering plates, <u>which</u> split <u>into</u> thin elastic
　　　　　　　　 A　　　　　 B　　　　　　　　　　 C　　　　　 D
scales.

55 The <u>interior</u> of Greenland today is <u>cover</u> by <u>one</u> vast sea <u>of</u> ice.
　　　　　 A　　　　　　　　　　　　　　 B　　　 C　　　　　　　 D

解答と解説［重要POINT49−55］

POINT49 動詞のコロケーション

正解（B） has made　　　　　　　　　　　　　　　　RANK ★★★

49 Though first on the soil of the Western Hemisphere, the Spaniard
　　　　A
has done no acknowledged and valuable contribution to American
　B　　　　　　　　　　C　　　　　　　　　　　　　　D
history.

訳　南北アメリカ大陸の地に初めて足を踏み入れたのだが、そのスペイン人はアメリカの歴史に顕著で価値ある貢献はしてこなかった。

解説　この問題もある程度の知識がなければ正解することが難しいです。まず目につく選択肢をチェックすると、(A) Though は従属接続詞なので以下に節（S-V）を従えます。この問題では Though の後ろには S-V が見つかりませんが、副詞節の場合主節と主語が一致していれば「主語と be 動詞」を省略することができる（POINT 15 を参照。57 ページ）ので、今回は Though the Spaniard was first on the soil of the Western Hemisphere となり、本来は though の後に適切な節があったと考えることができます。次に (D) to ですが前置詞なので後ろに名詞（American history）を取っている点は正しいですが、前を見ると contribution「貢献」が見つかります。make contribution to A で「A に貢献する」の意味になりますので、(B) has done が間違いであると分かります。

CHECK!　覚えよう　この項のタイトルになっている「コロケーション」というのは、簡単に言えば単語と単語の相性だと考えて下さい。例えば、日本語では「スープを飲む」と言いますが、「スープを食べる」というと違和感を覚えると思います。つまり、日本語では「スープ」と「食べる」という動詞は相性が悪いということです。

　TOEFL の文法で時に出題されるのが、動詞と目的語のコロケーションに関する問題です。中でも**動詞 make と対応する目的語とのコロケーションを問う問題が多い**です。

ex.) * Means of transportation has done（→ **made**）great progress with technological developments.
「交通手段は科学技術の発展に伴い大きく進歩してきた」

　この例文では動詞が do になっていますが、目的語である progress「進歩」に合う動詞は make です。make progress「進歩する」の形で覚えておけば問題ありません。このようにコロケーションはある程度知識を必要とする項目であり、他に make を含んだ表現として一般的なものは **make a contribution to A**「Aに貢献する」、**make a difference**「重要である」、**make sense of A**「Aを理解する」などが挙げられます。

🔍 FOCUS3
動詞は適切に用いられているか？（2）

1. 時制が正しいかをチェック！
　時間を決定する表現（since など）や他の節内の時制に注意。

2. 進行形が取れる動詞か取れない動詞かをチェック！

3. 動詞のコロケーションをチェック！
　最頻出は make と do を混同させる問題なので、下線部を施された make と do には注意を。

POINT50　仮定法の動詞の時制のズレ（1）「仮定法過去」

正解　(C) would　　　　　　　　　　　　　　　　　　　　　RANK ★★★

50　If vertebra were a straight column, standing perpendicularly, the
　　　　　　　　　　　A　　　　　　　　　B
　　slightest jar, in walking, will cause it to recoil with a sudden jerk.
　　　　　　　　　　　　　　　C　　　　D

　訳　脊椎が真っ直ぐな円柱状で、垂直に立った状態であれば、歩行の際に

ほんのわずかな揺れによって脊椎が突然の動きで反動を受けてしまうであろう。

解説 選択肢だけを見ている限りでは (A) の冠詞、(B) の ing 形、(D) の代名詞と答えになりそうな怪しいものばかりです。しかし、**基準になるのは下線がない部分**です。文頭から見ていくと、If vertebra were とあり動詞の時制が過去形であることが分かります。POINT 47（141 ページ）で見た「時制の一致」を確認するため主節を探すと、(B) から perpendicularly までは挿入なので次の the slightest jar が主節の主語で、また in walking の挿入を挟んで (C) の will 以下が述部であると分かります。ここで時制の一致を考えると If 節は were を用いた仮定法過去の文なので、主節もそれに合わせて will の過去形である would が適切であると分かります。

CHECK! 覚えよう　POINT 47 でも見たように、TOEFL の文法セクションでは複雑な時制を問う問題はめったに問われません。今回の例題も時制というよりも「**仮定法過去**」の文を正しく理解できているかが問われています。以下で例を見てみましょう。

ex.) **If** I **were** in your position, I **could** not do such a silly thing.
「もし私があなたの立場なら、そんな馬鹿なことはできません」

仮定法過去の文は原則として、**If 節内の動詞が過去形で、主節に助動詞の過去形（could, would, might）**を用います。仮定法過去では意味内容として**現在の事実に反する内容を仮定し表現**します。この例文であれば、「実際にはあなたの立場にいないけれども、もし私があなたの立場なら…」という意味合いが内包されています。

また、If 節と主節の書かれる順番は逆転することもあります。今回の例文であれば、
= I **could** not do such a silly thing **if** I **were** in your position.
となります。

尚、**仮定法過去の英文で If 節内の be 動詞は主語に関わらず were を用いるのが一般的**です。話し言葉であれば was を用いても問題はありませんが、書き言葉、

とりわけ試験やエッセーなどを書く際には必ず were を用いるようにしましょう。

POINT51　仮定法の動詞の時制のズレ（2）「仮定法過去完了」

正解（D）had been　　　　　　　　　　　　　　　　　　　　RANK ★★★

51 At the cataracts of the great rivers Orinoco, Nile, and Congo, the
　　 A
syenitic rocks are coated by a black substance, appearing as if they
　　　　　　　　 B　　　　　　　　　　　　　　　　C
are polished with plumbago.
D

訳　オリノコ川やナイル川、コンゴ川の瀑布では、閃長岩が黒い物質に覆われており、あたかも黒鉛で磨かれたかのように見える。

解説　この問題も軸となる下線が施されていない部分から選択肢を確認してみましょう。例えば、(B) の直前には the syenitic rocks「閃長岩」があり、また直後には前置詞 by があるので (B) は are coated で S-V の一致と態に関して問題ないと分かります。この段階で主節の S-V は判明したので、続いて (C) appearing も主節に続く分詞構文であると分かります。次に注目すべきは (C) の直後の as if です。as if は従属接続詞で「あたかも〜であるように」という意味を表します。この表現を用いる上でのポイントは、as if の節内には基本的に仮定法を用いることが多いという点です。この問題でも意味から考えて「閃長岩が黒鉛で磨かれる」ことは現実的に起こりえないと考えられるため、(D) を had been にして仮定法過去完了を用いれば正しい英文となります。

CHECK!　覚えよう　仮定法過去に続いて、仮定法過去の時制について確認しましょう。例題の as if のように部分的に仮定法を従える表現もありますが、ここでは一番基本となる仮定法過去完了の文を用いて正しい形を押さえてください。

ex.) If he **had paid** more attention to his health, he **could have lived** longer.
「彼がもっと健康に注意していたなら、もっと長生きできただろうに」

仮定法過去完了の文は原則として、**If 節内の動詞が過去完了形で、主節に助動詞の過去形完了（could have done, would have done, might have done）**を用います。仮定法過去完了では意味内容として**過去の事実に反する内容を仮定し表現**します。この例文であれば、「実際には健康に気を遣っていなかったけれども、もし彼がもっと健康に注意していたなら…」という意味合いが内包されています。

また、仮定法過去の場合と同様に、if 節と主節の順番が逆転して、
= He **could have lived** longer if he **had paid** more attention to his health.
ともなります。

cf.) He **would** be happier now **if** he **had listened** to the advice from his parents.
「彼が両親の助言を聞き入れていたなら、彼は今もっと幸せだろうに」

尚、仮定法過去・過去完了を用いた文では常に主節と if 節の時制が一致するというわけではありません。この例文のように、主節は仮定法過去で if 節が仮定法過去完了を取る場合もあります。

POINT52　仮定法の動詞の時制のズレ（3）「仮定法現在 ①」

正解（D）be / should be　　　　　　　　　　　| RANK ★★★

52 The preservation of the teeth requires that they are frequently
　　　　A　　　　　　　　　B　　　　　　　　C　D
examined.

訳 歯の状態を維持するためには頻繁に歯を検査することが求められる。
解説 まず、この問題を解くためにはある程度の背景となる知識が必要です。正解のための軸となる下線が施されていない部分の中でも今回注目したいのが主節の動詞になっている requires「要求する」です。「提案」、「要求」、「命令」の意味を表す動詞の後に that 節が続く場合、その that 節内には「仮定

法現在」の用法が適応され、that 節内の動詞を原形で用いなくてはなりません。したがって、requires に後続する that 節の動詞である (D) の are を原形にして be とすれば正しい英文になります。

CHECK! 覚えよう アメリカ英語で用いられる「**仮定法現在**」とは、**動詞の原形を用いて**現在または未来の不確実な事柄を仮定します。

ex.) The director **demanded that** we **gather** in the conference room at once.
「所長は私たちにすぐに会議室に集まるよう求めた」

主節の動詞（demanded）と that 節の動詞（gather）を見比べると、「時制が正しく一致していない！」と考えるかもしれません。しかし、この例文では仮定法現在が適応されているため that 節内の動詞は原形の gather で正しく用いられています。尚、イギリス英語で仮定法現在が用いられる場合、that 節内の動詞に should を加えます。

cf.) The director **demanded that** we **should gather** in the conference room at once.

仮定法現在が適応されるケースに気付くためには**動詞に注目**する必要があります。後続する that 節内に仮定法現在を導く動詞の中で、TOEFL 試験で頻出する語は以下の通りです。

▶「提案する」の意味を持つ動詞：**suggest**, **propose**, **recommend**, **advise**
▶「要求する」の意味を持つ動詞：**ask**, **demand**, **require**, **request**, **insist**, **urge**
▶「命令する」の意味を持つ動詞：**order**, **command**

POINT53 　仮定法の動詞の時制のズレ(4)「仮定法現在 ②」

正解 （C） exist / should exist　　　　　　　　　　　RANK ★★★

53 It is essential in <u>so</u> <u>complicated a</u> structure as the body that some
　　　　　　　　　　　 A　　　B
apparatus <u>exists</u> to provide <u>for</u> the interchange of material.
　　　　　　　C　　　　　　　　 D

訳　体のような複雑な構造においては物質の交換を支えるために特定の組織が存在する必要がある。

解説　この問題もある程度の知識を持っていないと正解にはたどり着けません。注目できるようになりたい部分は文頭の It is essential です。It is の後に「重要」、「必要」の意味を持つ形容詞が置かれた場合、後続する that 節内に仮定法現在が適応されます。したがって、that 節内の動詞である exists はアメリカ英語では動詞の原形、あるいはイギリス英語では should を用いる必要があります。よって、正解は (C) となります。

CHECK! 覚えよう　POINT 52 に続いて、もう一つ仮定法現在が適応されるケースが今回の例題です。

ex.) **It is important that** you **be** always punctual.
「常に時間を守ることは重要である」

「仮定法現在」というものを知らなければ、you be と見た瞬間に「間違っている！」と思うかもしれませんが、これは英文として適切です。イギリス英語では should を入れるので、that 節内が you should be always punctual となっていても正しい英文です。

このパターンの仮定法現在を自分で見つけ出すためには、**It is の後ろの形容詞に注目する**必要があります。that 節内に仮定法現在を導く形容詞を以下に挙げておきます。

▶「重要な」の意味を持つ形容詞：**important, significant, crucial, vital**

- ▶「必要な」の意味を持つ形容詞：**necessary, essential, indispensable, urgent**
- ▶「望ましい」の意味を持つ形容詞：**advisable, desirable**

FOCUS 4

仮定法は適切に用いられているか？

1. 仮定法過去・仮定法過去完了の「主節」と「従属節」の時制のズレがないかをチェック！
「従属節」が仮定法過去完了、「主節」が仮定法過去の場合も有り。

2. 仮定法現在を導く「動詞」・「形容詞」をチェック！
- ▶ 仮定法現在を導く動詞
  S 〈V〉 that S' do / should do
  → 〈V〉の部分 ＝「提案、要求、命令」を意味する動詞
- ▶ 仮定法現在を導く形容詞
  It is 〈形容詞〉 that S' do / should do
  → 〈形容詞〉の部分 ＝「必要、重要、望ましい」を意味する形容詞

POINT 54　不完全な受動態（1）「be動詞の欠落」

正解 (A) be recognized　　　　　　　　　　RANK ★★★

54　Mica may <u>recognized</u> by <u>its</u> glittering plates, <u>which</u> split <u>into</u> thin
　　　　　　　A　　　　　　B　　　　　　　　　　C　　　　　D
elastic scales.

訳　雲母はきらめく層によって認めることができ、薄く弾性を持つ程度まで割れる。

解説　下線が施されていない部分を基準に訂正箇所を探すため、(A) の直前にある may に注目します。may は助動詞なので後に動詞の原形を置く必要があります。(A) の recognized は見た目だけで判断しても ed がついていることから動詞の原形であるとは考えられません。よって、正解は (A) となり

ます。正しく訂正する際には、以下に by its glittering plates とあることから受動態を取ると考えられるので、be recognized と直すことができます。

CHECK! 覚えよう　TOEFLの文法セクションでは「**正しい受動態の形**」を問う問題がよく出題されます。これはStructureでもWritten Expressionでも同様です。「**正しい受動態**」というのは、「**be動詞＋動詞の過去分詞形**」のことを指します。Written Expressionでは「**be動詞**」か「**動詞の過去分詞形**」**のいずれかが欠落した文が出題されます**。以下で正しい受動態を用いた文を見てみましょう。

ex.) These vases **were smashed** by the boy.
「これらの花瓶はその少年によって粉々にされた」

このように be 動詞（were）と動詞の過去分詞形（smashed）が両方揃って受動態が正しく形成されます。また、この例文のように TOEFL の問題では**直後に「by ＋名詞」**を従えて動作主が書かれている場合が多いので、比較的容易に「受動態を問う問題だ！」と気付くことができると思います。
　気を付けたい不完全な受動態を問う問題は以下のような場合です。

ex.) * Whether the man committed the crime has questioned for a long time.

この文の下線を施した部分に注目すると、has ＋ questioned なので現在完了形が正しく出来ていることが分かります。しかし、意味の面を考えてみると主語が Whether the man committed the crime「その男性が罪を犯したかどうか」で対応する動詞が has questioned「疑問を抱いてきた」なので、能動・受動の関係がおかしいと分かります。よって、この英文を正しくすると、

→ Whether the man committed the crime **has been questioned** for a long time.
「その男性が罪を犯したのかどうかが長い間疑問に思われている」
となります。

完了形は「have あるいは had ＋過去分詞」で成り立ちますが、態には影響を持たず能動態のままです。よって、時制が完了形になっても、あくまで**「be 動詞＋動詞の過去分詞形」**の形を持たない限り受動態にはなりません。

POINT55　不完全な受動態（2）「過去分詞の代わりに…」

正解 （B）covered　　　　　　　　　　　　　　　　　　RANK ★★★

55　The interior of Greenland today is cover by one vast sea of ice.
　　　　　　A　　　　　　　　　　　　B　C　　　D

訳　今日のグリーンランドの内陸地は一つの広大な氷海によって覆われている。

解説　下線部の４つに目をやる、あるいは下線が施されていない部分を基準として考えてもどちらでも構いませんが、この問題で注目したいのが (B) の前後で is cover by となっている部分です。与えられた形は「be 動詞＋動詞＋ by」ですから、非常に「受動態」が問われている感じがします。しかし、正しい受動態は「be 動詞＋動詞の過去分詞形」なので (B) が誤りであると分かります。正しくは (B) を covered に直します。このように「感じ」をもとにして解いてしまうのは危険な場合もありますが、TOEFL の文法問題は Structure にせよ Written Expression にせよ、「正しい形」を問う問題が多いので、一見した時の見た目で「受動態かな？」と反応できることは速く問題を解く上では大いに役に立ちます。

CHECK! 覚えよう　この例題でも「正しい受動態の形」が問われています。これまでにも何度も述べてきたので耳が痛くなるかもしれませんが、**正しい受動態は「be 動詞＋動詞の過去分詞形」**です。受動態の文であれば、どちらの要素も欠落することはできません。

cf.) * All the students of the class were involving in the terrible car accident.

この文は一見して、be 動詞（were）＋現在分詞（involving）で進行形が出

来ているので、正しい文に思えます。しかし、involve は他動詞で「～を巻き込む」の意味なので、主語である All the students of the class「クラスの全学生」に対応する動詞として were involving「巻き込んでいた」では意味が成り立ちません（動詞である were involving に対応する目的語がないという点でも非文です）。やはり、この場合も受動態にして、

→ All the students of the class **were involved** in the terrible car accident.
「そのクラスの全学生が酷い自動車事故に巻き込まれた」

となると、正しい英文になります。

　この例文の場合、過去分詞の後に「by ＋名詞」がないので「受動態だ！」とすぐに反応できないかもしれませんが、be involved in A で「A に巻き込まれている」という受動態の成句表現として反応できる方もいるかもしれません。こういった知識を問題に反映できることも Written Expression では重要です。

🔍 FOCUS5

正しい受動態になっているか？

受動態は必ず、be 動詞＋過去分詞（＋ by ～）の形になっていることをチェック！

POINT

49-55　シャッフル問題

⏱ 4 minutes 30 seconds

1. In the spring and summer of 1689, several settlements and forts in New
   　　A　　　　　　　　　　　　B　　　　　　　　　　C
   Hampshire and Maine successfully attacked by the Indians.
   　　　　　　　　　　　　　　　D

2. If the earth is spherical, a degree of arc would have the same length
   　　　　　　A
   everywhere on its surface, and its circumference would be 360 times the
   　　B　　　　　　　　　　　　C　　　　　　　　　　　　　　　D
   length of one degree.

3. The early years of Galileo were, like those of almost all great experimental
   　　　A　　　　　　　　　　　　B
   philosophers, spend in the construction of instruments and pieces of
   　　　　　　　　C
   machinery, which were calculated chiefly to amuse himself and his
   　　　　　　　　D
   schoolfellows.

4. One of Martin Luther's valuable services was that, when the reverse was
   　　　　　　　　　　　　A　　　　　　B
   prevalent, he insisted that the vernacular of his country was taught in the
   　　　　　　　　　　　　　C　　　　　　　　　　　　　　　D
   schools.

5 If the earth <u>was retarded</u> by <u>its</u> friction in the ether the length of the year
                      A   **B**
would have been <u>changed</u>, and <u>astronomers</u> would have discovered it.
               C   **D**

6 The task Vesalius set <u>himself</u> <u>to accomplish</u> was to <u>do</u> an accurate
                   A   **B**   **C**
description of all the parts of the human body, <u>with proper</u> illustrations.
                                             D

7 In <u>order that</u> the phenomenon <u>can be</u> produced it is necessary that the
     A   **B**
remaining waves <u>are</u> <u>previously</u> polarized.
                 C   **D**

解答と解説［重要ＰＯＩＮＴ４９－５５　シャッフル問題］

正解一覧
1.（D）2.（A）3.（C）4.（D）5.（A）6.（C）7.（C）

1　正解（D）were successfully attacked　　重要ＰＯＩＮＴ５４

In the spring and summer of 1689, <u>several settlements and forts</u> in New Hampshire and Maine <u>were</u> successfully <u>attacked</u> by the Indians.

（※英文中の下線 ＝ S-V 関係）

訳　1689年の春と夏に、ニューハンプシャー州とメーン州のいくつかの集落と要塞が先住民によって首尾よく攻撃を受けた。

一目で正解だと分かりそうな選択肢はないが、(D) には attacked という動詞、あるいは準動詞が含まれているため注目してみる。下線部の後ろに by が置かれていることから、この場合の attacked は過去分詞形であると分かる。さらに、主節の S-V 構造を探してみると、主語は several settlements and forts「いくつかの集落と要塞」であると分かるが、この英文であれば対応する主動詞が attacked になってしまう。attacked は過去分詞であるため単独では主動詞になれないため、be 動詞 were を補えば受動態を作り主動詞となる。一見選択肢からヒントが見つからない場合は、文の S-V 関係を探すことで何らかのヒントが得られるケースは TOEFL の問題に多く見受けられる。

2 正解 (A) were spherical　　　　　　　　　　重要POINT50

If the earth were spherical, a degree of arc would have the same length everywhere on its surface, and its circumference would be 360 times the length of one degree.

> **訳**　地球が球体であれば弧の1度分の幅は地表上のどこでも同じ長さであろうし、円周は1度分の長さの360倍となるであろう。

> まずチェックすべきは選択肢の (C) its で、指示する語は the earth「地球」なので単数形で問題なく、格についても直後に circumference「円周」という名詞が置かれているため所有格で正しい。次に (A) の動詞に着目すると、対応する主語は the earth「地球」であるため三人称単数形の動詞 is で問題ないが、この S-V 関係は if 節を作っていることを確認する。主節 (S = a degree、V = would have) の動詞に助動詞の過去形 would が用いられていることから仮定法であることを疑う。そうすると、If 節の動詞は is では不適切となる。したがって、正解は (A) で仮定法過去に合わせて were spherical とすると正しい英文となる。

3 正解 (C) spent　　　　　　　　　　重要POINT55

The early years of Galileo were, like those of almost all great experimental philosophers, spent in the construction of instruments and pieces of machinery, which were calculated chiefly to amuse himself and his schoolfellows.

> **訳**　ほぼ全ての偉大な経験主義の哲学者たちのように、ガリレオは若い頃に主に自分が楽しむのと学校の仲間を楽しませることを意図して道具や機械の部品を造っていた。

> 下線部 (C) の spend から S-V の一致を確認すると、主語は文頭の The early years of Galileo「ガリレオの若い頃」であり、さらに直後に were があることが分かる。were の後に挿入 (, like … philosophers) が続き (C) の spend が来るので、were spend では非文であると分かる。be 動詞に続く形なので原形ではなく過去分詞 spent に直すと正しい英文となる。(B) の like は前置詞であり、後ろに名詞句 (those … philosophers) を従えるため正しく、(D) の関係代名詞 which も主語が欠落した節を従え、先行詞も instruments and pieces of machinery「道具や機械の部品」であるため which で正しい。

4　正解　(D) be taught / should be taught　　重要POINT52

One of Martin Luther's valuable services was that, when the reverse was prevalent, he insisted that the vernacular of his country be taught in the schools.

訳　マーティン・ルーサーの価値ある貢献の一つは、逆の主張が広く認められていた時代に、彼が自分の国の言語は学校で教わるべきだと求めたことであった。

> まずは選択肢の (B) と (D) に関して S-V の一致を確認する。(B) の場合、主語は One であり単数形の was で正しい。(D) についても対応する主語は (C) の the vernacular「言語」であるため単数形の was で一見正しく思われる。しかし、(C) と (D) を含む that 節の前に注目。insisted が動詞として用いられているため that 節には仮定法現在が用いられなければならない。よって、(D) は動詞の原形で be taught にするか、should be taught が正しい。

5　正解　(A) had been retarded　　重要POINT51

If the earth had been retarded by its friction in the ether the length of the year would have been changed, and astronomers would have discovered it.

訳　地球がエーテル中の摩擦によって動きが妨げられていたとすれば、一年の長さも変化していただろうし、天文学者たちもそのことに気付いていただろう。

> (B) の指示内容は the earth「地球」で名詞である friction「摩擦」の前に置かれているので所有格を表す its で問題ない。次に (A) の動詞に注目すると、後ろに by its friction「摩擦によって」が続くことから受動態を取ることは適切だが、時制について考える。英文の主節 (S = the length、V = would have been changed) では助動詞 will の過去完了形にあたる would have been が用いられており、If 節と時制が一致しない。したがって、(A) を had been retarded とすれば仮定法過去完了の英文が正しく完成する。

6　正解（C）give　　　　　　　　　　　　重要POINT49

The task Vesalius set himself to accomplish was to give an accurate description of all the parts of the human body, with proper illustrations.

訳　ヴェサリウスが成し遂げようとしていたことは人体の全ての部位を適切な挿絵を使って正確に描写することであった。

> (A) は主語である Vesalius「ヴェサリウス」を指しており正しく、(B) の不定詞も set oneself to do で「do しようと取り掛かる」の意味を表し問題ない。(C) は後ろに続く目的語である an accurate description に注目する必要があり、give a description で「描写する」の意味を表すため、do では不適切。

7　正解（C）should be / be　　　　　　　重要POINT53

In order that the phenomenon can be produced it is necessary that the remaining waves should be previously polarized.

訳　その現象が起きるためには、残る電波を前もって分極しておく必要がある。

> この問題のポイントは下線が施されていない部分の it is necessary that にある。この箇所を見た時に仮定法現在のパターンを思い出し、(C) を should be あるいは be とすれば正しい英文となる。尚、(A) は in order that で従属接続詞となり、in order that S can do で「S が V できるように」の意味を表す。

POINT

56 - 63 例題

56 Paleolithic implements have also be found in Palestine and in India.
        A   B   C   D

57 The diminishing value of silver began to affect on the coinage of the
                A   B
United States as early as 1811, and by 1820 the disappearance of gold
               C
was everywhere commented upon.
 D

58 The mainland of Luzon resembles to Illinois more than it does any other
                           A   B
state in that its length runs north and south.
  C   D

59 Man is the only animal which seeks protecting his body from the summer's
                         A   B   C
heat or the cold of winter by the use of clothing.
                         D

60 It is $\underline{\text{still easier}}$ to conceive that $\underline{\text{an edifice}}$ may escape $\underline{\text{to fall}}$ $\underline{\text{during}}$ the
  $\phantom{\text{It is }}$ A $\phantom{\text{ to conceive that }}$ B $\phantom{\text{ may escape }}$ C $\phantom{\text{ }}$ D
upheaval or subsidence of land.

61 Anybody accustomed $\underline{\text{to read}}$ passes at once to $\underline{\text{what}}$ the letters mean,
  $\phantom{\text{Anybody accustomed }}$ A $\phantom{\text{ passes at once to }}$ B
and is not aware that $\underline{\text{he}}$ has derived this knowledge from the sense-data
  $\phantom{\text{and is not aware that }}$ C
$\underline{\text{called seeing}}$ the printed letters.
  D

62 Many reindeer horns $\underline{\text{finding}}$ in France are cut and hacked at the base in
  $\phantom{\text{Many reindeer horns }}$ A
such $\underline{\text{a way}}$ as to indicate that $\underline{\text{it}}$ was done when $\underline{\text{removing}}$ the skins.
  $\phantom{\text{such }}$ B $\phantom{\text{ as to indicate that }}$ C $\phantom{\text{ was done when }}$ D

63 The Arawacks $\underline{\text{are}}$ a tribe of Indians $\underline{\text{which}}$ at $\underline{\text{present}}$ dwell in British and
  $\phantom{\text{The Arawacks }}$ A $\phantom{\text{ a tribe of Indians }}$ B $\phantom{\text{ at }}$ C
Dutch Guiana, between the Corentyn $\underline{\text{and}}$ Pomeroon rivers.
  $\phantom{\text{Dutch Guiana, between the Corentyn }}$ D

解答と解説［重要POINT56−63］

POINT56　助動詞のあとは…

正解　(C) been found　　　　　　　　　　　RANK ★★★

56　Paleolithic implements have also be found in Palestine and in India.
　　　　　A　　　　　　B　　　　　　　C　　　　　　　　　D

訳　旧石器時代の道具はパレスチナやインドでも発見されている。

解説　下線部が英文の大部分を占めているので、下線がない部分を軸としてまずは考えましょう。(B) の直後に have があるので前後を確認すると、対応する主語に関しては (B) で implements と複数形になっているため問題がないと判断できます。次に、have の後に続くものを確認すると (C) の be found が見つかります。have は一般動詞とも助動詞とも考えることができますが、どちらの場合にせよ後ろに動詞の原形（be）を取ることはできないので、(C) が間違いであると分かります。been found とすれば have been found で現在完了形の受動態となり意味の面でも成立します。

CHECK!　覚えよう　英語の「助動詞」といえば、will や can などを思い浮かべると思いますが、実はそれら以外にもいくつか別の種類の助動詞が存在します。以下でそれらの助動詞の種類と正しい用法を確認しましょう。

(1) 法助動詞
　will や can、may といったいわゆる「助動詞」のことです。**後ろに必ず動詞の原形**（原形不定詞）を取ります。

　　ex.) I'm afraid I **must go** now.
　　「申し訳ありませんがそろそろ行かなくては」

(2) 完了形を作る have/had
　後ろに動詞の過去分詞形を取り、have であれば現在完了形、had であれば過

去完了形を作ります。

　ex.) My grandfather **has lived** in this city for more than 60 years.
　　　「私の祖父はこの町で暮らして60年以上になる」

(3) 否定文・疑問文を作る、または動詞を強調する do
　疑問文の場合は主語を直後に取りますが、**否定文・疑問文共に後ろには動詞の原形**を取ります。**動詞を強調する do も助動詞で、直後に動詞の原形**を取ります。

　ex.)
　否定文：He **does** not **eat** out so often.
　　　　　「彼はそんなによく外食しない」
　疑問文：**Did** you **get** what I said?
　　　　　「私が言ったことは分かりました？」
　強調：She **did mention** what we had to do.
　　　　「彼女は私たちがすべきことを実際に言っていた」

> **FOCUS 6**
>
> **助動詞の後ろの形は必ずチェック！**
>
> 1. **will** や **can** などの法助動詞の後ろには動詞の原形が来る。
>
> 2. **have** や **had** などの完了形を作る助動詞の後ろには動詞の過去分詞形が来る。
>
> 3. 否定文や疑問文を作る助動詞 **do** の後ろには動詞の原形が来る。

POINT57　自動詞か他動詞か（1）「他動詞には前置詞が不要!」

正解　(B) affect　　　　　　　　　　　　　　　　　　RANK ★★★

57　The diminishing value of silver began to affect on the coinage of the
　　　　　　A　　　　　　　　　　　　　　　　B
United States as early as 1811, and by 1820 the disappearance of
　　　　　　　　　　C
gold was everywhere commented upon.
　　　D

訳　銀の価値が下落したことが1811年の段階で早くもアメリカの硬貨鋳造に影響を与え始め、1820年までに金が姿を消したことが至る所で述べられていた。

解説　この問題に正答するためにはある程度の知識を持って、選択肢を見た瞬間に「これだ！」と反応できる必要があります。反応したい選択肢は (B) の affect on です。affect は他動詞で「〜に影響を与える」という意味を持ちます。他動詞は後に目的語となる名詞を取るので、今回の選択肢のように前置詞 on を置く必要はありません。したがって、正解は (B) で affect となります。

CHECK!　覚えよう　Structure の POINT 7（39ページ）で見たのと同様に、Written Expression でも「**動詞が自動詞なのか他動詞なのか**」が問われます。ここでもう一度、自動詞と他動詞について確認しましょう。

(1)「自動詞」を用いた文
　ex. 1) The doctor made every effort, but the patient **died**.
　「その医師はあらゆる手を尽くしたが、その患者は亡くなった」
　ex. 2) His dieting plan **resulted in** failure.
　「彼のダイエット計画は失敗に終わった」

自動詞は原則として「その動詞だけでその動作が成り立つ」動詞だと考えるとよいです。1) の die が典型的で「死ぬ」という動詞だけで動作は成立します。2) の result も自動詞で「結果生じる」という意味ですが、この動詞は前置詞 in と

共に用いて result in A で「A という結果になる」の意味で用いるのが一般的です。

(2) 「他動詞」を用いた文
　ex.) The office worker **attached a label** to the package.
　「その事務員は荷札を小包につけた」

　他動詞は自動詞とは異なり、その動詞だけでは動作が成立しません。上の例文の attach は「くっつける」の意味ですが、主語（The office worker）と動詞（attached）だけでは「その事務員はくっつけた」となり文意が十分に理解できません。この場合、「何を？」という疑問が浮かびます。この「何を？」の部分が基本的には動詞の目的語となる部分で、**他動詞は後ろに目的語となる名詞が必ず必要**です（この例文では a label が目的語になっています）。よって、自動詞の場合とは異なり、**他動詞は目的語の前に前置詞を置く必要はありません**。

POINT58　自動詞か他動詞か(2)「紛らわしい他動詞」

正解 (A) resembles　　　　　　　　　　　　　　　　　RANK ★★★

58　The mainland of Luzon resembles to Illinois more than it does any
　　　　　　　　　　　　　　A　　　　　　　　　　　　　B
　　other state in that its length runs north and south.
　　　　　　C　　　　　　　　　　D

訳　ルソン島の本島は全長が南北に広がっている点で他のいかなる州以上にイリノイ州に似ている。

解説　POINT 57 の例題に続いて、この問題もある程度の語法上の知識を求めている問題です。(B) の it は The mainland of Luzon を指すので単数形のままで OK、(C) も any other の後ろは単数名詞を取るのでクリア、(D) の runs も主語が its length なので三人称単数形で OK です。ここまで確認できた上で消去法的に (A) を正解としても構いません。(A) の resemble は他動詞であるため、直後に前置詞を取る必要はありません。したがって、正解は (A) で resembles に訂正することができます。

| CHECK! 覚えよう | POINT 57 でも見たように、他動詞は原則として後ろに「何を？」にあたる目的語を必要とする動詞であると考えられます。しかし、英語の他動詞の中には意味の点では他動詞なのか自動詞なのかが判断しにくいものがあります。ここではそういった厄介な他動詞を紹介します。ここに記したものはキチンと「**他動詞なので直後に前置詞は不要！**」と覚えてしまってください。|

ex.) ＊ We were discussing **about** the global warming in the class.
「私達は授業で地球温暖化について話し合った」

日本語と対照させると「〜について話し合った」なので about が必要であるように感じてしまいますが、**discuss は他動詞であるため目的語を直接取る**ことができます。よって、about は不要です。

discuss 以外に、**resemble**「〜に似ている」、**approach**「〜に近づく」、**marry**「〜と結婚する」、**attend**「〜に出席する」、**mention**「〜について言及する」、**reach**「〜に到着する」なども、日本語と対照させると前置詞が必要に感じてしまいますが、すべて他動詞なので直接目的語を取ることができます。

🔍 FOCUS7

自動詞か他動詞かをチェック！

1. 他動詞の後に前置詞が置かれていないかをチェック！

2.「前置詞を付けたくなる」他動詞ではないかをチェック！
POINT 58 の問われやすい他動詞をぜひ見直しておきましょう。

POINT59　不定詞か動名詞か（1）「目的語に不定詞を取る動詞」

正解 (B) to protect　　　　　　　　　　　　　　　　　　　| RANK ★★★

59 Man is the only animal which seeks protecting his body from the
　　　　　　　　　　　　　　A　　　　　B　　　　　　　　C
summer's heat or the cold of winter by the use of clothing.
　　　　　　　　　　　　　　　　　　D

訳　人間は自分の体を夏の暑さあるいは冬の寒さから衣服を用いることで守ろうとする唯一の動物である。

解説　ここで新たに Written Expression の問題を解く際に注目したい選択肢が (B) の protecting です。動詞に ing を加えた形は動名詞と現在分詞の2種類が存在しますが、この場合は seek「〜を求める」の後ろにあるので動名詞であると考えられます。この動名詞が正しく用いられているかどうかは、直前の動詞 seek の語法に従って判断します。seek は seek to do の形で「〜しようと努める」の意味を表すため、後ろに動名詞ではなく不定詞を従える必要があります。したがって、正解は (B) で to protect に直すと正しい英文となります。

CHECK!　覚えよう　英語の他動詞には目的語に不定詞（to do）を取るものと、動名詞（doing）を取るもの、あるいはその両方を取るものがあります。TOEFL の試験では頻繁に問われるわけではありませんが、出題された時に予め知識がなければ正解できない事項です。ここではどのような動詞が不定詞を目的語に取るのかを確認しましょう。

ex. 1) The executives **decided to cut** down labor costs of their company.
「重役たちは会社の人件費を削減することに決定した」

この例文の動詞は **decide**「決定する」です。decide 以外にも **determine**「決定する」、**intend**「意図する」などの意図や決心を表す動詞は不定詞を目的語に取る傾向があります。

ex. 2) He **refused to get** out of his room.
「彼は自分の部屋を出たがらなかった」

refuse は「〜を拒む」の意味です。refuse とは対照的な意味を持つ **promise**「〜を約束する」や **ask**「〜を頼む」などの、==約束や拒絶、依頼を表す動詞も目的語に不定詞を取る==傾向があります。

上の例以外にも不定詞を目的語に取る他動詞としては、**begin**「〜を始める」、**start**「〜を始める」、**cease**「〜を終える」などの==動作の終始を表す動詞==や **manage**「何とかして〜できる」や **attempt**「〜しようと試みる」などが挙げられます。

基本的には各動詞の語法として後ろに不定詞を従えるものであると覚えてしまう必要がありますが、傾向としてはその時点では未遂状態である==「未来志向の動詞」は不定詞を目的語に取りやすい==と言えます。decide であれば「==これから==何をするのか」を「決定する」のであり、promise であれば「==これから==すること」を「約束する」ということです。

POINT60　不定詞か動名詞か(2)「目的語に動名詞を取る動詞」

正解 (C) falling　　　　　　　　　　　　　　　　　RANK ★★★

60 It is still easier to conceive that an edifice may escape to fall during
　　　　　　　A　　　　　　　　　　　　　　B　　　　　　　　　C　　　　　　D
the upheaval or subsidence of land.

訳 地面の隆起あるいは沈下の間に建物は崩壊することを免れることがあると考えるほうがはるかに簡単である。

解説 POINT 59 に続いて皆さんに注目できるようになって欲しい選択肢が (C) の to fall、つまり不定詞です。Structure でも不定詞に絡んだ問題が出題されますが、Written Expression では不定詞そのものの細かい用法が問われるわけではなく、「不定詞を使うべきかどうか」が問われます。正しい判断の軸になるのは直前の動詞 escape です。escape は原則として目的語

の動名詞（doing）を取る動詞ですので、to fall を falling にすれば正しい英文となります。

CHECK!　覚えよう　POINT 59 で確認した不定詞を目的語に取る動詞に続いて、動名詞を目的語に取る動詞を確認しましょう。

ex. 1) The woman **denied committing** any crime.
「その女性は何も罪は犯していないと言った」

この例文の動詞は **deny**「〜でないと言う、〜を否定する」です。deny の他に、**admit**「〜を認める」も目的語に動名詞を取る動詞です。この 2 つの動詞から、意味の面で「過去に行ったこと」を目的語に取る動詞に関しては動名詞を目的語に取る傾向があると言えます。deny であれば「過去に自分が行った行為」を「否定」し、admit であれば「過去に自分があることを行った」と「認める」ということです。

ex. 2) My brother **finished writing** his essay in an hour.
「兄は一時間でエッセーを書き終えた」

finish も「〜を終える」の意味で目的語に動名詞を取ります。finish 以外にも、**avoid**「〜を避ける」、**mind**「〜を嫌がる」、**enjoy**「〜を楽しむ」、**escape**「〜を逃れる」などが動名詞を目的語に取る動詞として挙げられます。これらの動詞の共通点としては、「現在、あるいはその時に行っている行為」を目的語に取るという点です。enjoy であれば「今、あるいはその時に行っていたこと」を「楽しむ」ということです。

上記の 2 つのパターンにあてはまらない動詞としては、**suggest**「〜を提案する」、**resist**「〜に抵抗する」が動名詞を目的語に取る動詞として挙げられます。

POINT61　"to doing"を含む表現

正解　(A) to reading　　　　　　　　　　　　　　　　RANK ★★★

61 Anybody accustomed <u>to read</u> passes at once to <u>what</u> the letters
　　　　　　　　　　　　A　　　　　　　　　　　　　　B
mean, and is not aware that <u>he</u> has derived this knowledge from the
　　　　　　　　　　　　　　　C
sense-data <u>called seeing</u> the printed letters.
　　　　　　　　D

訳　読むことに慣れている人であれば誰でもすぐに文字が意味していることへと移り、この文字の意味を知ることが印刷された文字を読むという感覚単位から得たものだということに気づいていない。

解説　ここまで Written Expression の頻出パターンを見てきた中で、「怪しいな？」と思うようになっていて欲しい選択肢が (A) の to read です。不定詞になっていますが、正しいか正しくないかの判断は前に置かれている部分から判断します。直前に見つかるのは accustomed でこの語は形容詞で「慣れている」の意味です。語法としては (be) accustomed to の形を取りますが、この場合の to は不定詞ではなく前置詞です。したがって、(A) を to reading と動名詞に変えることができれば正しい英文となります。

CHECK!　覚えよう　POINT 59 と 60 で見てきた他動詞の目的語に不定詞 (to do) を取るか動名詞 (doing) を取るかという点に加えて、やっかいなのが "to doing" を取る場合です。この場合の to は前置詞ですので、直後には動詞の原形 (do) ではなく動名詞 (doing) が置かれます。例題で扱った (be) accustomed to doing「～することに慣れている」のように後ろに to doing を取る形容詞の語法と言えますが、英文中でよく見かけるものを確認しましょう。

ex.) I have **been used to living** alone since I was young.
「私は若い頃から一人暮らしに慣れている」

この場合も be used to doing：「～することに慣れている」の形で覚えてしまえば問題ありませんが、分解すると used が「慣れている」の意味の形容詞で、

to は前置詞です。したがって、必ずしも used の前には be 動詞が置かれるわけでもありませんし、to の後ろに動名詞（doing）が置かれるわけでもありません。

cf.) He finally **got used to the way his boss talked**.
「やっと彼は上司の話し方に慣れた」

このように be 動詞の代わりに get「〜な状態になる」のような一般動詞を置くこともでき、さらに to は前置詞なので名詞句（the way his boss talked）を置くことも可能です。

FOCUS 8

to do / doing / to doing は必ずチェック！

1. **to do** あるいは **doing** に下線が施されている場合は、前の動詞をチェック！

2. "**to doing**" の形を持つ場合、前の語句から **to** が前置詞なのか不定詞なのかをチェック！
   look forward to「〜を楽しみにする」や be used to、be accustomed to の場合、to の後ろに動名詞（doing）を従えても問題ありません。

POINT 62　現在分詞か過去分詞か

正解（A）found　　　　　　　　　　　　　　　　　RANK ★★★

62　Many reindeer horns <u>finding</u> in France are cut and hacked at the base
　　　　　　　　　　　　 A
in <u>such a way</u> as to indicate that <u>it</u> was done when <u>removing</u> the
　　 B　　　　　　　　　　　　　　　 C　　　　　　　　 D
skins.

訳　フランスで見つかる多くのトナカイの角は皮を剥ぐ際に行ったことを示すように底面が掘り抜かれたり切り刻まれたりしている。

> **解説** ここで新しくWritten Expressionの問題で目をつけるようになりたい選択肢が(A)と(D)に共通する動詞のing形です。(A)を確認すると、主語であるMany reindeer hornsの直後にあり対応する主動詞はare cut and hackedと後続していることから、(A)のfindingは現在分詞で前のMany reindeer hornsを修飾していると考えることができます。ここで意味の面を考えるために、Many reindeer horns which are finding in Franceと関係代名詞とbe動詞を補うと、「フランスで発見している多くのトナカイの角」となり、能動態では意味が通らないことが分かります。したがって、正解は(A)で受動の意味を持つ過去分詞形foundにすると正しい意味になります。

CHECK! 覚えよう 解説にも書いたように、現在分詞と過去分詞形はWritten Expression の問題では頻繁に下線が施される部分です。どちらかに下線が引かれている場合、必ず正しい用いられ方がされているかを確認しましょう。

ex.) **The man** [**holding** a book in his arm] is my neighbor.
「本を腕に抱えているその男性は私の隣人です」

この例文のように名詞の直後に分詞が置かれている場合、**名詞と分詞の間に対応する関係代名詞と be 動詞を補ってみます。**

→ The man [**who is** holding a book in his arm] is my neighbor.

関係代名詞 who の先行詞は The man ですから、本来的な意味は The man is holding a book in his arm 「その男性が腕に本を抱えている」となり、能動の関係で正しいと分かります。

cf.) * **The book** [**writing** by the world-famous writer] is selling very well.
同様に、The book と writing の間に関係代名詞と be 動詞を補うと、

→ * The book [**which is** writing by the world-famous writer] is selling very well.

となり、関係代名詞を除いて本来的な意味を考えると * The book is writing by the world-famous writer で能動の関係では意味が正しくないと分かります。正しくは、

→ The book [**written** by the world-famous writer] is selling very well.
「その世界的に有名な作家によって書かれた書物はとてもよく売れている」と受動の関係にします。

> **FOCUS9**
>
> ### 現在分詞（-ing）か過去分詞（-ed）かをチェック！
>
> 下線を施された ing と ed は必ず「能動受動」の関係をチェック！
> 　「能動受動」関係をチェックする場合に、修飾している名詞との間に「関係代名詞＋ be 動詞」を補うとその関係性が分かりやすくなります。

POINT63　関係詞に絡んで（1）
「適切な関係代名詞を選ぶ」

正解（B）who　　　　　　　　　　　　　　　　　RANK ★★★

63 The Arawacks are a tribe of Indians which at present dwell in British
　　　　　　A　　　　　　　　　　　　　　B　　　　　C
and Dutch Guiana, between the Corentyn and Pomeroon rivers.
　　　　　　　　　　　　　　　　　　　　　D

訳　アラワク族はイギリス領ギアナとオランダ領ギアナのコレンティン川とポメローン川の間に現在住んでいるインディアンの部族である。

解説　ここでも新たに Written Expression で目を付けたい選択肢があります。それは (B) の which です。which に注目する、というよりも**関係詞に下線が施されている場合は要注意**です。**関係詞に関するチェック項目は「先行詞」と以下に続く「関係詞節の構造」の2点です**。今回は関係代名詞 which が用いられているので、先行詞には「人間以外の名詞」が来るはずです。しかし、今回の先行詞は a tribe of Indians「インディアンの部族」なので「人間」です。したがって、正解は (B) で who に正す必要があります。

CHECK! 覚えよう

Structure でも Written Expression でも関係詞は頻出単元です。解説でも述べたように、**関係詞に関するチェック項目は「先行詞」と「関係詞節の構造」の2点**です。難しく聞こえてしまうかもしれませんが、実際の Written Expression の問題ではそこまで複雑な事項は問われません。この項目では「先行詞」に関するチェックの仕方を確認しましょう。

▶ 「先行詞」による適切な関係代名詞の判断

	主格	目的格	所有格
先行詞が「人間」	who	whom	whose
先行詞が「人間以外」	which	which	whose

皆さんにとっては見慣れた表であるかもしれませんが、この表のポイントは左端の「先行詞」の項目です。まずは、**関係代名詞の先行詞が「人間」であるか「人間でないか」をチェック**しましょう。先行詞が「人間」であれば上の段の関係代名詞 who、whom、whose を、先行詞が「人間以外」であれば下の段の which か whose を用いる必要があります。

POINT 56-63 シャッフル問題

⏱ 5 minutes

1 Herbivora <u>possess of</u> capacious <u>stomachs</u>, and the intestines <u>are</u> <u>very</u> long.
　　　　　　A　　　　　　　　B　　　　　　　　　　　　　C　　D

2 The dimensions of the earth <u>have been</u> computed with <u>great accuracy</u> by John. F. Hayford, <u>which</u> found for the <u>equatorial diameter</u> 7926.57 miles.
　　　　　　　　　　　　　　　A　　　　　　　　　　B
　　　　　　　　　　　　　C　　　　　　　　　D

3 Degeneration, <u>decay</u> and parasitism only become disease <u>factors</u> when the conditions <u>producing</u> by them <u>interfere with</u> the life which is the normal or usual for the individual concerned.
　　　　　　A　　　　　　　　　　　　　　　　　　B
　　　　　　　　　　C　　　　　　　　D

4 The battle of Almanza, in Spain, <u>having induced</u> the British cabinet to direct an armament <u>intended for</u> New England to European objects, Dudley determined <u>making</u> an attempt on Acadié.
　　　　　　　　　　　　　　　　　A
　　　B　　　　　　　　　　　C
　　　　　　　　　　　D

5 Mary Baker G. Eddy and her followers deny <u>to have anything</u> in common
                                                              A
with the other schools, <u>holding</u> that the latter are <u>concerned with</u> "mortal
                         B   **C**
mind" while "Christian Science" is based <u>upon</u> Divine Mind, or Truth.
                                          D

6 Smallpox, though not one of the great <u>scourges</u> like plague or cholera,
                                              A
<u>was</u> a prevalent and <u>much dreaded</u> disease, and in civilized countries
B   **C**
few <u>reached at</u> adult life without an attack.
     D

7 It is very desirable that the 'mean' elevation of the Thibetian plateau <u>be</u>
                                                                              A
investigated <u>by</u> travelers <u>who are</u> accustomed <u>to judge</u> of the general
              B   **C**   **D**
conformation of the land.

8 Religious and racial hatreds <u>have having</u> a great deal to <u>do with</u> making
                                   A   **B**
the Balkan peninsula <u>a</u> hotbed of political <u>trouble</u>.
                     C   **D**

解答と解説［重要POINT56−63　シャッフル問題］

正解一覧
1. (A)　2. (C)　3. (C)　4. (D)　5. (A)　6. (D)　7. (D)　8. (A)

1　正解　(A) possess　　　重要POINT57

Herbivora possess capacious stomachs, and the intestines are very long.
　　　　　　　　　　　　　　　　　　　　（※英文中の下線 = S-V 関係）

訳　草食動物は大きな胃を持ち、腸は非常に長い。

(C) は動詞に下線が引かれているため「S-V の一致」を確認すると、主語は the intestines と複数形になっており、誤りはない。(B) の stomachs「胃」は名詞の複数形になっているが、前には capacious「大きな」という形容詞のみが置かれており不定冠詞がないため複数形のままで問題はない。正解は (A) で possess は他動詞であるため前置詞を置かず直後に目的語を取る。

2　正解　(C) who　　　重要POINT63

The dimensions of the earth have been computed with great accuracy by John. F. Hayford, who found for the equatorial diameter 7926.57 miles.

訳　地球の寸法はジョン・F・ヘイフォードによって非常に正確に計算されており、彼は赤道面上の直径を 7926.57 マイルとした。

まず (A) の選択肢で S-V の一致を確認すると主語は The dimensions of the earth「地球の寸法」で複数形であるため、(A) の have been は正しいと分かる。次に注目したい選択肢は (C) の関係代名詞 which で先行詞と後続する節の構造をチェックする。すると、直前の名詞が John. F. Hayford であり人を先行詞に持つので、which では不適切であると分かる。よって、正解は (C) で人を先行詞に取る主格の関係代名詞 who であれば正しい英文となる。

3　正解 (C) produced　　　重要POINT62

Degeneration, decay and parasitism only become disease factors when the conditions produced by them interfere with the life which is the normal or usual for the individual concerned.

訳　退化や腐敗、寄生は、それらによって生み出される状態が関係している個々人にとって標準的あるいはいつもの生活の妨げとなる場合にのみ、病気となる。

> 選択肢で注目したいものに、(C) の producing が挙げられる。TOEFL の試験では現在分詞か過去分詞の正しい判断を問う問題はよく問われるが、この問題もそうで、選択肢の直後に by があることからも直前の名詞 the conditions を修飾するためには過去分詞にして the conditions produced by them で「それらによって生み出される状況」が正しい形であると分かる。こうしてできた名詞句が when 節の主語になっている。

4　正解 (D) to make　　　重要POINT59

The battle of Almanza, in Spain, having induced the British cabinet to direct an armament intended for New England to European objects, Dudley determined to make an attempt on Acadié.

訳　スペインのアルマンザの戦いによってイギリス内閣はニューイングランドを意図した軍備をヨーロッパにおける目標へと向けるようになり、ダッドリーはアカディエを奪おうと決心した。

> (A)、(C)、(D) の選択肢は動詞の ing の形や ed の形が含まれているため、正しい形になっているかを確認する必要がある。(A) の場合、分詞構文になっており意味上の主語は The battle of Almanza「アルマンザの戦い」であり、能動・受動の関係も問題はない。(C) は過去分詞で直前の名詞 an armament「軍備」を修飾しており、この選択肢も能動・受動の関係は正しい。(D) は主語が Dudley「ダッドリー」と人間であるため能動・受動の関係は正しいが、直前に determined「決心する」が置かれていることに注目する。determine は目的語に不定詞を取るため、正しくは to make である。尚、(B) の不定詞 to direct は下線部 (A) に含まれる induce の語法で induce A to do「A に do する気にさせる」の一部になっているため、正しく用いられている。

5　正解　(A) having anything　　　重要POINT60

Mary Baker G. Eddy and her followers deny having anything in common with the other schools, holding that the latter are concerned with "mortal mind" while "Christian Science" is based upon Divine Mind, or Truth.

訳　メアリー・ベイカー・G・エディと彼女の支持者たちは他の学派の人々とのいかなる共通点も否定しており、後者の人々は「死すべき心」と関係しており、一方で「クリスチャンサイエンス」は神の心、すなわち真実に基づくものであると考えている。

この問題も下線が施されていない部分にポイントがある。(A) の直前に置かれている deny「否定する」は目的語として不定詞を取らず動名詞を従える。よって、(A) を having anything とすれば正しい英文となる。(B) については、主節が（S = Mary Baker G. Eddy and her followers、V = deny、O = having ...）完成しているので分詞構文となっており、主語は Mary Baker G. Eddy and her followers なので現在分詞で正しい。(C) は be concerned with A で「A と関係している」、(D) は be based upon A で「A に基づいている」の意味を表す。

6　正解　(D) reached　　　重要POINT58

Smallpox, though not one of the great scourges like plague or cholera, was a prevalent and much dreaded disease, and in civilized countries few reached adult life without an attack.

訳　天然痘は、疫病あるいはコレラのような大きな災いの一つではないが、流行し非常に恐れられていた病気であり、文明化した国家においては発病せずに成人する人はほとんどいなかった。

注目ポイントから確認すると (B) の動詞は主語が Smallpox「天然痘」で (D) の reached at も過去形になっていることから時制の面でも問題ない。ここで (D) を見てみると reached at となっているが reach は他動詞で「～に到着する」の意味を表すので、前置詞の at は不要。(A) の scourges「災い」は前に one of the を取り適切に複数形になっており、また (C) の much dreaded も直後の disease「病気」を修飾しているので過去分詞形で「非常に恐れられた」の意味を表し問題ない。

7　正解 (D) to judging　　重要POINT61

<u>It is</u> very desirable that the 'mean' elevation of the Thibetian plateau be investigated by travelers who are accustomed to judging of the general conformation of the land.

訳　チベット高原の「いやらしい」隆起は土地の全体的な構造を正しく判断するのに慣れている旅人によって調査されるのが非常に望ましい。

> ポイントとなる選択肢を確認すると、(C) は先行詞が travelers「旅人」で後続する節の主語が欠落しているので主格の関係代名詞 who で適切。ここで (C) に続く部分を見てみると are accustomed to judge と (D) の部分に至るが、be accustomed to の to は前置詞であるため to judge のように不定詞では正しくない。したがって、(D) を to judging と to に動名詞を従えられれば正しい英文となる。尚、(A) の be は文頭の It is desirable that ... から判断して仮定法現在を取るべきなので、should be あるいは原形不定詞の be で適切。

8　正解 (A) have had　　重要POINT56

Religious and racial hatreds <u>have had</u> a great deal to do with making the Balkan peninsula a hotbed of political trouble.

訳　宗教的そして人種的嫌悪がバルカン半島を政治的混乱の温床としてきたことと大いに関係がある。

> これは (A) を見た瞬間に気付きたい問題で、have は助動詞で後ろに過去分詞を取って現在完了形を作るので、have had とする必要がある。(B) は have a great deal to do with A で「A と大いに関係がある」の意味を表し、(C) の不定冠詞 a も後ろに可算名詞の単数形である hotbed「温床」を従えており、(D) の trouble も不可算名詞で「混乱」の意味を表しており全て問題ない。

POINT

64-70 例題

64 The word Socialism, which it originated among the English Communists,
　　　　　　　　　　　　　　A　　　　　　　　　B
is now on the Continent, employed in a larger sense.
　　　　　　　　　　　　　C　　　　D

65 With establish of the mint, Hamilton agreed upon the use of both gold
　　　　　A　　　　　　　　　　　　　　　　　B
and silver in our money, at a ratio of 15 to 1.
　　　　　　　　　　　C　　　　D

66 Animals grow proportionally to all directions, while plants grow upwards
　　　　　　　　A　　　　B　　　　　　　　　C
and downwards from a collet only.
　　　　　　　D

67 The ordinary winter huts of the Laplander are very similar in shape and
　　　　　　A　　　　　　　　　　　　　　　B　　　　　　　C
size with the burial tumuli.
　　　D

68 The skull is convex <u>externally</u>, and <u>at</u> the base <u>more thicker</u> <u>than</u> at the
                           A   **B**   **C**   **D**
top or sides.

69 In the <u>settlements</u> of the bronze era the wooden piles <u>were</u> not so much
              A   **B**
<u>decayed</u> as <u>that</u> of the stone period.
  C   **D**

70 Experiments have <u>amply shown</u> that even <u>the most</u> hardest kind of flint
                          A   **B**
can <u>be drilled</u> <u>without</u> the aid of metals.
      C   **D**

解答と解説［重要POINT64-70］

POINT64　関係詞に絡んで(2)「関係代名詞のあとの不要な語句」

正解　(A) which　　　　　　　　　　　　　　　　　RANK ★★★

64. The word Socialism, which it originated among the English
　　　　　　　　　　　　　A　　　　B
Communists, is now on the Continent, employed in a larger sense.
　　　　　　　　　　　　　　　　　　　　　C　　　　D

訳　社会主義という言葉はイギリスの共産主義者の間で考案され、現在ではより大きな意味でヨーロッパ大陸において用いられている。

解説　ここでも関係代名詞を含んでいる下線が (A) に見つかるので、「先行詞」と「関係詞節の構造」をチェックしてみましょう。先行詞は The word Socialism「社会主義という言葉」なので、「人間以外」が先行詞になっていることを確認します。次に関係詞節の構造をチェックすると、which 以下で節が完成していることが分かります (S = it、V = originated)。Structure の POINT 26 (87 ページ) でも見たように、関係代名詞節は**名詞要素が欠落した不完全な状態で、その欠けている部分に先行詞が入る**はずなので、今回の文では先行詞である The word Socialism が入る余地がありません。したがって、(A) の it を取って which originated とすると主語が欠けるので関係代名詞節として適切な形となります。

CHECK!　覚えよう　POINT 63 (183 ページ) に続いて、ここでは「**関係詞節の構造**」を正しく自分でチェックできるように方法を身に付けましょう。とりわけ Written Expression で問われることが多いのは、「**関係代名詞**節の構造」です。

　　ex.) * The musical instrument [**which** we call it piccolo] is different in size from a flute.

　　which に後続する関係代名詞節の構造をチェックしたいのですが、この場合正しい関係代名詞節とは言えません。**関係代名詞の後には必ず「名詞要素が欠落**

した不完全な節」が置かれます。この例文では we call it piccolo「私たちはそれをピッコロと呼ぶ」と節が完結しており、先行詞である The musical instrument が入る余地がありません。正しくは、it を取り除いて The musical instrument [**which** we call piccolo] ... となる必要があります。

🔍 FOCUS10

正しく関係代名詞が用いられているかをチェック！

下線の有無にかかわらず、関係代名詞を文中に見つけた場合は以下の2点を必ず確認しましょう。

1. 先行詞が「人間」か「人間以外」かをチェック！

2. 関係代名詞に後続する節に「先行詞が入る場所」があるか（不完全な節であるかどうか）をチェック！

POINT65　前置詞に絡んで（1）「前置詞のあとは（動）名詞」

正解（A）With the establishment　　　　　　　　　　RANK ★★★

65　With establish of the mint, Hamilton agreed upon the use of both gold
　　　―――A―――　　　　　　　　　　　―B―
　　and silver in our money, at a ratio of 15 to 1.
　　　　　　―C―　　―――D―――

訳　造幣局の設立に伴って、ハミルトンは15対1の割合で金と銀を我々のお金に用いることに同意していた。

解説　選択肢に目を通すと、すべてに前置詞が絡んでいることが分かります。前置詞が正しく用いられているかの判断はその前置詞の前に来る語句との関係性と、後ろに来る語句との関係性が重要なポイントになりますが、まず確認すべきは後ろに来る語句の品詞です。**前置詞は原則として後ろに名詞（句あるいは節）を取って前置詞句を作ります**（Structure の POINT 10、11、12 を再度確認してください。51〜54 ページ）。それぞれの選択肢についてこの点を確認すると、(A) の with の後ろは動詞の原形である establish「〜

を設立する」が置かれているため、間違いであると分かります。establish を名詞化して the establishment とすれば正しい英文になります。

> **CHECK! 覚えよう**　Structure でも度々問題を解くカギとなる前置詞ですが、Written Expression でも正しい用法が頻繁に問われます。ここでは前置詞の後ろに続く名詞のパターンを確認しましょう。

(1)「前置詞＋名詞・名詞句」型
　ex.) His father was not satisfied **with the result of his tests**.
　「父親は彼の試験結果に満足していなかった」

　最も基本的と言ってもよい、前置詞（with）の後に名詞句（the result of his tests）を取るパターンです。

(2)「前置詞＋名詞節」型
　ex.) The twins are very similar **in that both of them do not have any particular interest in money**.
　「その双子はお金にとりわけ興味を持っていない点で非常に似ている」

　前置詞（in）の後に名詞節（that ... money）を従えるパターンです。中でも that 節を従える前置詞は少なく、**in that S-V：「S が V する点で」**と **except that S-V：「S が V することを除いて」**の 2 つを押さえておきましょう。

(3)「前置詞＋動名詞（doing）」型
　ex.) She has been very busy **in dealing with household chores**.
　「彼女は家事をこなすことですごく忙しい」

　前置詞の後に動詞由来の「〜すること」という意味の語句を置く場合は**動名詞（doing）**を置きます。**不定詞（to do）は前置詞の後には絶対に置くことはできない**ので注意してください。

POINT 66　前置詞に絡んで（2）「正しい前置詞を使う」

正解（B）in　　　　　　　　　　　　　　　　　　　　RANK ★★★

66　Animals grow proportionally to all directions, while plants grow upwards
　　　　　　　　　A　　　　　　B　　　　　　　　　　　C
and downwards from a collet only.
　　　　　　　　D

訳　動物は均等に全ての方向に成長するが、一方で植物はコレットから上下にのみ成長する。

解説　この問題でも前置詞が (B) to と (D) from で選択肢に挙げられています。前置詞に関して取りあえず確認したいのは、後ろに名詞要素を取るということでした。(B) は後ろに all directions「全ての方向」という名詞、(D) は a collet「コレット」という名詞が置かれているので、名詞要素を取るという点においては問題ありません。次に前置詞に関して確認したいのは、これらの前置詞が正しい前置詞であるかという点です。この点を確認するには前置詞の前に置かれている語句と、後ろに置かれる名詞要素との兼ね合いを確認します。この問題を解く上では (B) の to の後ろに注目して、directions は前置詞 in と共に用いるので、正解は (B) となります。

CHECK!　覚えよう　頻出というわけではありませんが、Written Expression でも「正しい前置詞」が用いられているかが時に問われます。前置詞に下線が施されているとどうしても怪しく見えてしまうこともあるかと思いますので、ここでは正しい前置詞が用いられているかどうかの確認方法を見てみましょう。

▶ **後ろに置かれる名詞要素との兼ね合いをチェック!**

　ex.）＊ The businessman achieved a great success **beside**（→ **beyond**）
　　　our expectations.
　「そのビジネスマンは私たちの期待を越える大きな成功をおさめた」

　この例文は beside の代わりに beyond を用いれば正しい英文となります。この場合、後ろの名詞 our expectations「私たちの期待」との意味上のつながり

から、beside「〜のそばで」では不適切であると考えるしかありません。beside と beyond の違いを問う問題は過去に TOEFL テストで実際に出題されていますが、このような**細かい前置詞の意味の違いを問うものは実際には多くありません。**

▶ **前置詞を含んだ相関表現をチェック!**
（詳しくは POINT 96 も参照ください。279 ページ）
ex.) * She always comes to the café **among** (→ **between**) 5 **and** 6 o'clock.
「彼女はいつも 5 時から 6 時の間にカフェにやってくる」

この例文の場合、among の代わりに between を用いれば正しい英文です。among は原則的に「3 者、3 つの物の間で」の意味を表し、今回の例文のように「2 者、2 つの物の間で」の意味を表す場合は between を用います。between については **between A and B で「A と B の間で」と対句的に用いられることが多い**です。

POINT 67　前置詞に絡んで（3）「前置詞を含むイディオム」

正解 (D) to　　　　　　　　　　　　　　　　　　　　　| RANK ★★★

67　The ordinary winter huts of the Laplander <u>are</u> very similar <u>in</u> shape
　　　　　　　　　A　　　　　　　　　　　　　　　B　　　　　　　　C
and size <u>with</u> the burial tumuli.
　　　　　D

訳　ラップランド人の一般的な冬の小屋は形と大きさの点で埋葬古墳ととても似ている。

解説　選択肢に注目すると (B) are は動詞に下線が施されているので、S-V 関係をチェックします。主語は The ordinary winter huts「一般的な冬の小屋」と複数形になっているので動詞は are で問題ありません。次に (C) と (D) の選択肢は共に前置詞なのでまずは「前置詞の後ろは名詞」をチェックします。(C) は後ろに shape and size「形と大きさ」、(D) は後ろに the burial tumuli「埋葬古墳」が置かれているので、共に問題ありません。次に前置詞が正しく用いられているかをチェックしますが、この際に軸にすべきは下

線を施されていない similar「似ている」です。similar は (be) similar to A in B の形で「A と B の点で似ている」の意味を取ります。したがって、(C) は問題ありませんが、(D) は with ではなく to が正しい前置詞となります。

CHECK! 覚えよう　POINT 66 に続いて、「正しい前置詞」が用いられているかの判断方法について確認しましょう。今回の例題では similar「似ている」という形容詞に絡んだ正しい前置詞の使い方が問われていました。先の POINT 66 でもそうでしたが、「正しい前置詞」を確認するためには、前置詞そのものではなく、その前後に来る語句に目をやる必要があります。

▶ **前置詞の前に置かれた語句との兼ね合いをチェック!**
（Structure の POINT 12 も参照ください。53 ページ）

ex.) Almost everyone in the world has benefited **from** the Internet.
「世界のほぼ誰もがインターネットの恩恵を受けている」

この場合の from は直前の動詞 benefit「利益を受ける」と共に用いて benefit from A で「A から恩恵を受ける」の意味を表すことが多いです。このように前置詞の前に置かれる動詞、形容詞等との関係から判断することができます。頻出表現については Structure の POINT 12 にまとめてありますので、見直してみてください。

過去に Written Expression で出題された前置詞を含むイディオムをさらに記しておきます。

▶ have effect **on** A：「A に影響を与える」
▶ instead **of** A：「A の代わりに」
▶ in spite **of** A：「A にもかかわらず」（= despite A）
　※同義語である despite に of を付けた間違いの選択肢も出題歴があります。

🔍 FOCUS 11

正しく前置詞が用いられているかをチェック！

1. 後ろに置かれる名詞要素との兼ね合いをチェック！

2. 前置詞を含んだ相関表現をチェック！
とりわけ頻出なのは "between A and B" と "from A to B" の2つです。

3. 前置詞の前に置かれた語句との兼ね合いをチェック！
具体的には Structure の POINT 12 と 67 を参照してください。

POINT 68　比較表現（1）「正しい比較級」

正解　(C) (much) thicker　　　　　　　　　　　RANK ★★★

68 The skull is convex externally, and at the base more thicker than at
　　　　　　　　　　　　A　　　　　　　　　　B　　　　　C　　　　　D
the top or sides.

訳　骸骨は外面を見ると凸型をしており、底の部分は頂点あるいは側面に比べてはるかに分厚い。

解説　ここまでに確認してきた項目に従って下線部を確認すると、(B) と (D) には前置詞が含まれているので、前後のチェックをしましょう。共に後ろには (B) は the base「底」と (D) には the top or sides「頂点あるいは側面」と名詞が来ているので問題ありません。(D) については than の後ろに前置詞句が来ていますが、than は接続詞で the skull is thick が than の直後に省略されていると考えます。ここで注目したいのは than があるからにはその前に比較級が置かれているはずで、(C) に比較級らしき形が見つかります。比較級は形容詞、副詞の語尾に er を加える形で完成しますが、(C) の選択肢には more まで加えられています。したがって、正解は (C) で thicker だけにするか、more の代わりに比較級を強調する副詞である much などを補えれば正しい英文となります。

CHECK! 覚えよう　Structureでも比較に関する語順が問われていましたが（POINT 34を参照。107ページ）、Written Expressionでは比較に関する表現はよく問われます。しかし、TOEFLの試験では複雑な比較の表現や成句表現はめったに問われることはありません。ここでは比較級を用いた比較表現の基本となる事項を確認しましょう。

▶「正しい比較級」の形
(1)「形容詞、副詞の語尾に er を加える」タイプ
　ex.) slow「遅い」→ **slower**「より遅い」

(2)「形容詞、副詞の前に more を加える」タイプ
　ex.) important「重要な」→ **more important**「より重要な」
　※原則として3音節以上を持つ形容詞、副詞には more を付けます。

　今回の例題のように「正しい比較級」がポイントになる場合は、==着眼点として than を見つけることが重要です==。尚、than を見た場合に探すべきは比較級だけでなく、**other** と **rather** を前に持つ場合もあります。

　ex. 1) He is **rather** a scholar **than** an educator.
　「彼は教育者というより学者である」
　rather A than B の形で「B というよりむしろ A」の意味です。

　ex. 2) I'd prefer some **other** colors **than** this.
　「これとは別の色がよいです」
　other と than を対句的に用いる場合、other は「(〜とは) 別の」の意味を表します。

POINT69　比較表現(2)「比較対象を揃える」

正解　(D) those of　　　　　　　　　　　　　　　　　RANK ★★★

69 In the settlements of the bronze era the wooden piles were not so
　　　　　　A　　　　　　　　　　　　　　　　　　　　B
much decayed as that of the stone period.
　　　C　　　　　D

訳　青銅器時代の集落では石器時代ほどに木製の柱が腐ってしまうことはなかった。

解説　まず目につく選択肢を確認すると、(B) were は対応する主語が the wooden piles「木製の柱」なので複数形扱いであるため were で問題ありません。(C) decayed は動詞 decay「〜を腐らせる」の過去分詞形ですが、(B) were と合わせて受動態を取るので問題ありません。ここで、(C) の前後で not so much decayed as と原級比較になっている点に注目しましょう（否定文（not）であるため so に変わっていますが、本来は as much decayed as の原級比較です）。比較の対象となっているのは (D)that of ですが that は「the ＋単数名詞」を指示する代名詞ですので、指示できる単数名詞が文中にありません。文意から考えても the wooden piles in the settlements of the bronze era「青銅器時代の集落の木製の柱」と the wooden piles of the stone period「石器時代の木製の柱」が比較されていることが分かるので、(D) を those of にすれば正しい英文となります。

CHECK!　覚えよう　原級比較と比較級を用いた比較に関しては、それぞれに「as 形容詞／副詞 as」と「比較級＋than」というように正しい形が TOEFL ITP でよく問われますが、もう一つ確認しておきたいのが「比較対象の形」についてです。

　　ex.）＊ **The population of China** is much larger than **Japan**.

この文は日本人英語学習者が意味を考える場合、全くの疑問なく「中国の人口は日本よりはるかに大きい」と読解できてしまいます。しかし、英文としては正しくありません。英文では比較の対象を揃える必要があるので、この例文のよう

に The population of China「中国の人口」と Japan「日本」では一方は「ある国の人口」でもう一方は「国そのもの」なので、比較することができません。よって、正しくは

→ **The population of China** is much larger than **the population of Japan**.

となりますが、the population の部分が重複するので、後半は代名詞を用いて、

→ **The population of China** is much larger than **that of Japan**.

となれば正しい英文です。

この例文のように比較の対象を揃えるとどうしても同じ語句（the population of）が重複してしまうので、その場合は代名詞を用います。比較表現と共によく用いられる代名詞は **that（＝ the ＋単数名詞）と those（＝ the ＋複数名詞）** があり、この2つは先に出てきた比較対象が単数名詞か複数名詞かによって使い分けます。

POINT70　比較表現(3)「正しい最上級」

正解 (B) the　　　　　　　　　　　　　　　　RANK ★★★

70 Experiments have amply shown that even the most hardest kind of
　　　　　　　　　　A　　　　　　　　　　B
flint can be drilled without the aid of metals.
　　　　　　C　　　　D

訳 最も堅い種類の火打石でさえ金属を用いずとも穴をあけることができるということが実験によって詳細に示されている。

解説 選択肢を中心に見ていくと、(A)は完了形を作る助動詞haveの後なのでshownで問題なく、(C)も法助動詞canの直後なので動詞の原形beで問題ありません。(D) withoutは前置詞で後ろに名詞句 (the aid of metals) が置かれている点については問題ありません。残る選択肢(B)ですが、直後にhardestと形容詞hard「堅い」の最上級が置かれていることが分かります。

最上級にmostを付ける場合、後ろに置かれる形容詞、副詞は原級のままにしておく必要があるので、正解は(B)でthe hardestとすれば正しい最上級になります。

CHECK! 覚えよう　比較級に続いて、最上級に関しても正しい形が問われます。the を取る場合、取らない場合など、最上級に関しても細かい内容はありますが、TOEFL ITP では「基本となる形」をしっかりと押さえておけば問題ありません。

▶「正しい最上級」の形
(1)「形容詞・副詞の前に the、語尾に est を加える」タイプ
　　ex.) heavy「重い」→ **the heaviest**「最も重い」

(2)「形容詞・副詞の前に the most を加える」タイプ
　　ex.) carefully「注意深く」→ **(the) most carefully**「最も注意深く」
　　※副詞の最上級の場合 the は省略可能。
　　※原則として 3 音節以上を持つ形容詞・副詞には the most を付ける。

FOCUS 12

正しく比較表現が用いられているか？

1. 原級比較と比較級、最上級が正しい形を取っているかをチェック！

2. 原級比較、比較級の比較対象が正しく書かれているかをチェック！
原級や比較級を用いた表現は目に留まりやすいので、正しい形と比較対象をチェックしやすいと思います。しかし、be similar to A「Aと似ている」や be the same as A「Aと同じ」、be different from A「Aと異なっている」などの「似ている、異なっている」の関係を示す表現でも比較されるものの形を揃える必要があります。

POINT

64-70 シャッフル問題

🕐 4 minutes 30 seconds

1 The thorax increases in dimensions toward all directions; it becomes
         A   B   C
deeper, broader and longer.
                      D

2 The revolution which placed the Prince and Princess of Orange on the
                      A   B
throne revived in Massachusetts, the hope of recover the ancient charter.
                 C   D

3 More higher plants in general and in particular flowering plants
      A   B
do not have a polystelic vascular arrangement but a specialized type of
     C   D
monostele.

4 There is perhaps no more fascinating story in the history of science than
               A   B
the discovery of so-called ductless glands.
    C   D

206

5 The second contribution of Babylonia and Assyria to medicine—one that
             　　　　　　　　　　　　　　　　　　　　　　　　 A
affected mankind profoundly—relates under the supposed influence of
                                      B   C
the heavenly bodies upon man's welfare.
                    D

6 Criminality in its most worst forms is similarly due to a lack of appreciation
                      A   B   C
of or receptivity to moral ideas.
                     D

7 An obscure tradition which it prevailed among the Indians to the north of
                               A   B
the Atlantic informs us that these very tribes formerly dwelt on the west
             C   D
side of the Mississippi.

解答と解説［重要POINT64-70 シャッフル問題］

正解一覧
1. (B) 2. (D) 3. (A) 4. (C) 5. (B) 6. (A) 7. (A)

1 正解 (B) in　　　　　　　　　　　　　　　　　　重要POINT66

The thorax <u>increases</u> in dimensions in all directions; it becomes deeper, broader and longer.　　　　　　　　　（※英文中の下線 = S-V関係）

訳 胸腔は全ての方向に向かって広がり、より深く、幅広く、長くなる。

> まずは (A) の選択肢から S-V の一致を確認すると主語は The thorax「胸腔」なので動詞も三人称単数形の increases で正しいと分かる。次に注目したい選択肢は (C) の it で、代名詞なので指示する語句と格が適切かどうかをチェックする。指示するのは The thorax であり単数形であるため問題なく、格についても becomes に対応する主語なので主格である it で正しい。残る (B) と (D) であるが、(D) の場合直前の and に注目したい。等位接続詞の並列関係を確認すると、deeper, broader, and longer と形容詞の比較級が 3 つ正しく並列されていることが分かるので、(D) も誤りはない。よって、正解は (B) で後続する名詞 direction は前置詞 in と共に用いる。in the direction of A (= in A's direction) で「A の方角へ」で覚えておきたい。

2 正解 (D) of recovering　　　　　　　　　　　　　重要POINT65

The revolution which placed the Prince and Princess of Orange on the throne <u>revived</u> in Massachusetts, the hope of recovering the ancient charter.

訳 オレンジ家の王子と王女を王座に就かせた革命は、古代の特権を回復させるという希望をマサチューセッツで復活させた。

> 関係詞を含む選択肢 (A) which placed に目が行くが、先行詞は The revolution「革命」で placed に対応する主語が欠落しているので、この選択肢は誤りがない。(B) の on については place A on the throne で「A を王位に就かせる」の意味を持つイディオムであるためクリア。正解は (D) で of は前置詞であるため名詞を従えなければいけない。recover は動詞の原形であるため、動名詞の recovering にすると正しい形を取る。

3　正解 (A) Higher / Much higher　　重要POINT 68

<u>Much higher</u> plants in general and in particular flowering plants <u>do not have</u> a polystelic vascular arrangement but a specialized type of monostele.

訳　一般的により高次の植物ととりわけ顕花植物は多列性の配置を持つ維管束ではなく、特別な種類の原生中心柱を持つ。

> (C) の選択肢から S-V の一致に目を向けると、主語は More higher plants in general and in particular flowering plants「一般的により高次の植物ととりわけ顕花植物」で複数名詞であることが分かるので、(C) は do not have で正しい。ここで主部の一部になっている (A) に目をやると、More higher となっており、比較級が正しく用いられていないことが分かる。よって、(A) を Higher だけにするか、または More を比較級を強調する副詞である Much などに置き換えれば正しい英文となる。

4　正解 (C) that of the discovery　　重要POINT 69

There <u>is</u> perhaps <u>no more fascinating story</u> in the history of science than that of the discovery of so-called ductless glands.

訳　いわゆる内分泌腺の発見にまつわる話ほど科学の歴史上魅力的なものはひょっとすると存在しないかもしれない。

> 少し気付きにくい問題だが、取りあえず注目事項をチェックすると、(A) は主語が no more fascinating story と単数名詞を取っていることから正しいと考えられる。(B) と (C) の間にある than から no more A than B の比較の構造を取っていることが分かるが、ここで確認したいのは「比較の対象」である。than 以下は the discovery of so-called ductless glands「いわゆる内分泌腺の発見」となっているが、than 以前には「発見」に関する言及がない。than 以前では「(than 以下ほど) 科学の歴史上魅力的な話はない」と言っているので the story「話」について言及している。したがって、(C) に the story of を加えれば比較対象が一致し、the story の部分は重複するので that of に置き換えると正しい英文になる。

5　正解 (B) to　　　　　　　　　　　　　　　重要POINT67

The second contribution of Babylonia and Assyria to medicine—one that affected mankind profoundly—relates to the supposed influence of the heavenly bodies upon man's welfare.

訳　バビロニアとアッシリアによる医学に対する2つ目の貢献は、人類に大きな影響を与えたものであるが、天体が人間の幸福に影響を与えると考えたことと関係している。

> まず (C) の supposed については直後の名詞 influence「影響」を修飾する過去分詞なので、「想定される影響」となり意味を成す。残る選択肢は全て前置詞なので、前後の語句に注目する。(A) は少し離れているが主語である contribution「貢献」の語法で the contribution of A to B「A の B に対する貢献」という使い方をし、(D) も influence の語法で the influence of A upon B「A の B に対する影響」という使い方をする。残る (B) は、確かに under the influence of A で「A の影響下で」の意味で用いることができるが、今回は前後の文脈から意味を成さない。(B) は直前の relates の語法 relate to A で「A と関係している」の意味を表すので to に訂正すると正解。

6　正解 (A) worst　　　　　　　　　　　　　　重要POINT70

Criminality in its worst forms is similarly due to a lack of appreciation of or receptivity to moral ideas.

訳　最悪の形の犯罪行為とは同様に道徳的な考え方に対する正しい理解と受容性が欠落していることが原因である。

> 目につく項目からチェックすると (C) の前置詞 to は直前の due とくっついて be due to A で「A が原因である」の意味を表し正しく用いられている。(A) の worst はこの語だけで bad「悪い」の最上級であるため most は不要。

7　正解（A）prevailed　　重要POINT64

<u>An obscure tradition</u> which prevailed among the Indians to the north of the Atlantic <u>informs</u> us that these very tribes formerly dwelt on the west side of the Mississippi.

訳　大西洋の北部に位置していたインディアンたちの間で普及していたある不明瞭な伝統からまさにこれらの部族は以前ミシシッピー川の西側に居住していたということが分かる。

> (A) の it に着目すると prevailed「普及する」の主語なので主格を取る点は正しいが、指示内容を確認する必要がある。単純に単数名詞を探すと An obscure tradition「ある不明瞭な伝統」ということになるが、これは関係代名詞 which の先行詞であることから、it が指示する内容としては不適切。したがって、it を省略すると元の文が <u>an obscure tradition</u>（= S）<u>prevailed</u>（= V）among ... となり英文として意味を成す。尚、(D) の very は形容詞として機能しており these very tribes で「まさにこれらの部族」の意味を表している。

POINT

71 - 78 例題

71 Many rocks, such as granite, <u>are</u> made up of grains of various <u>mineral</u>
                                                     A   B
which differ <u>in</u> color and in <u>their</u> capacity to absorb heat.
              C   D

72 A lake <u>settlements</u> represents <u>an</u> immense amount of <u>work</u> for a people
               A   B   C
<u>destitute</u> of metallic tools.
   D

73 Protestantism was <u>in</u> justifiable revolt against Roman Catholicism, <u>a foe</u>
                          A   B
to <u>progresses</u> and liberty in <u>religion</u>.
     C   D

74 Daniel Heinsius, a Latin <u>poetry</u> of distinguished name, <u>was</u> also <u>among</u>
                                A   B   C
the first philologers of <u>his</u> age.
                        D

75 In the structure of the human body, there is an union of fluids and solids.
　　　　　A　　　　　　　　B　　　　　　C D

76 The action of the heat may produce definite coagulation of the fluid
　　　　　　　　　　　　　　A　　　　　　　　　　　　　B
within the cells in a same way that the white of an egg is coagulated.
　　　　　　　　　C　　　　　　　　　　　　　　　　　　D

77 The physiology treats of the functions or uses of the organs of
　　　　　A　　　　　B　　　　　　　　　C
animals and plants.
　　　D

78 In certain regions about Rome, in the Campania, malaria was so
　　　　　　　　　　　　　　　　　　　　　　　　　　　　　　　　A
prevalent that, in the autumn, most every person in the district
　　　　　　　　　　　　　　　B
was attacked, particularly if he was a newcomer.
　　C　　　　　　　　　　　D

解答と解説［重要POINT71−78］

POINT71 名詞の単数形か複数形か（1）「単数形 → 複数形」

正解 (B) minerals　　　　　　　　　　　　　　　　　　　RANK ★★★

71 Many rocks, such as granite, <u>are</u> made up of grains of various mineral
　　　　　　　　　　　　　　　　　A　　　　　　　　　　　　　　　　　　B
which differ <u>in</u> color and in <u>their</u> capacity to absorb heat.
　　　　　　　C　　　　　　　　　D

訳 花崗岩のような多くの岩石は色と熱の吸収力の点で異なる様々な鉱物の粒子によって構成されている。

解説 まず選択肢としては (A) の are から S-V 関係の一致を確認します。主語は Many rocks なので対応する動詞は are で問題ありません。次に、関係代名詞節の動詞である differ に対応する主語、すなわち先行詞である various mineral との一致を確認すると、正しく一致していないことが分かります。よって正解は (B) を minerals に訂正します。また、下線部 (B) の前に置かれている various「様々な」という形容詞は必ず後ろに複数形の名詞を取ることも押さえておきましょう。

CHECK! 覚えよう　TOEFL で頻出の項目として挙げられるのが「名詞の用法」についてです。とりわけ頻繁に出題される問題が「可算名詞の単数形・複数形」に関係する問題です。ここでは「可算名詞が複数形を取るべき場合」をチェックしてみましょう。

▶ **可算名詞が複数形を取るべき場合**
(1) 無冠詞
　　ex.) **Parents** tend to take too much care of their children.
　　「親は過保護になりがちだ」

　この場合の Parents のように、前に **a、an（不定冠詞）そして the（定冠詞）を持たない場合、可算名詞であれば必ず複数形**にする必要があります。

(2) 前に数量を表す表現を伴う場合
　ex.) I went to the botanical garden **many years** ago.
　「私は何年も前にその植物園に行った」

　many などの**数量詞が前に置かれた場合も可算名詞は複数形**にする必要があります。many 以外では、**a number of**「多くの」、**a few**「少数の」、**several**「いくつかの」、**数詞**（Three hundred employees「300人の従業員」）などが挙げられます。

(3) 前に数量詞に準ずる表現を伴う場合
　ex.) The rock was in the way of **a swarm of ants**.
　「その石がアリの群れの邪魔になっていた」

　a swarm of A で「**A の群れ**」の意味を表しますが、この他にも **a group of A**「A の一団」、**a herd of A**「A の群れ」、**masses of A**「多量の A」などの「集団、集合」を表して名詞の前に置かれる表現を用いると、**A には可算名詞であれば複数形を取る**必要があります。

POINT72　名詞の単数形か複数形か（2）
「複数形 → 単数形」

正解 **(A) settlement**　　　　　　　　　　　　　　　　RANK ★★★

72 A lake settlements represents an immense amount of work for a
　　　　　A　　　　　　　　B　　　　　　　　　　　C
people destitute of metallic tools.
　　　　D

訳　湖水集落は金属製の道具を持たない民族にとっての莫大な仕事量を示している。

解説　この問題でも POINT 71 でチェックした名詞の単数形と複数形について考えてみましょう。まず (B) の an に注目してみると、後ろは immense amount なので単数形が置かれており、その流れで (C) の work を確認してみると、work は不可算名詞で「仕事、作業」の意味なので (B) を含んだ表現である an immense amount of「大量の」と共に用いることができます

（不可算名詞については次の POINT 73 で詳しく確認しましょう）。次に (A) の settlements は複数形になっていることが確認できます。しかし、その前に A lake が置かれているため複数形ではなく単数形であるべきであると分かります。尚、この場合の lake は settlements「集落」の前に置かれているので形容詞的に settlements を修飾しているため、単数形のままで書かれます。

CHECK! 覚えよう POINT 71 に続いてここでは「可算名詞が単数形を取るべき場合」を確認しましょう。

▶ 可算名詞が単数形を取るべき場合
(1) 不定冠詞を伴う場合
　　ex.) I saw **a lady** entering the room in silence.
　　「私はある女性が黙ってその部屋に入っていくのを見た」

　最も基本的と言ってよいであろうパターンが**不定冠詞 (a、an)** を伴う場合です。不定冠詞は「どれだか定まっていない一つの」という意味を加えると考えることができるので、似た意味合いを持つ **one「一つの」** も後に可算名詞の単数形を伴います。

(2) 前に特定の形容詞を伴う場合
　　ex.) **Every author** has a particular purpose of writing his work.
　　「全ての著者には作品を書く特定の目的がある」

　この文の **every「全ての」** のように形容詞の中には可算名詞の単数形を後ろに従えるものがあります。every 以外には、**each**「それぞれの」、**either**「どちらかの、どちらの…も」、**another**「もう一つの、もう一人の」などが挙げられます。

POINT73　不可算名詞

正解 (C) progress　　　　　　　　　　　　　　　　　RANK ★★★

73 Protestantism was in justifiable revolt against Roman Catholicism,
　　　　　　　　　　　Ａ
　a foe to progresses and liberty in religion.
　　Ｂ　　　Ｃ　　　　　　　　Ｄ

訳　プロテスタント教会はローマカトリック教会、すなわち宗教の進歩と自由への障害に対して正当な反乱を起こしていた。

解説　引き続いて名詞の用法に注目してみましょう。(B)、(C)、(D) の選択肢は全て名詞になっていますが、(B) は foe「障害」で可算名詞なので不定冠詞 a で構いません。一方で、(C) progress「進歩」と (D) religion「宗教」は共に不可算名詞です。不可算名詞には不定冠詞を付けることも複数形を取ることもできないので、正解は (C) で単数形の progress が正しい形になります。

CHECK!　覚えよう

多くの日本人英語学習者にとってやっかいなのが「名詞の可算・不可算」という概念です。特に英語の不可算名詞（Uncountable Noun）にはinformation「情報」のように目に見えない抽象的なもの（抽象名詞）に加えて、water「水」のように具体的に目に見えていても数えられない名詞（物質名詞）もあります。これまでに出題された不可算名詞としては、**information**「情報」、**knowledge**「知識」、**advice**「助言」、**damage**「損害」、**fabric**「布地」、**machinery**「機械類」があります。

▶「不可算名詞」に関する注目ポイント

(1) 不定冠詞（a/an）を付けない・複数形にしない

　この点が最も重要なポイントになりますが、不可算名詞はその名前の通り「数えることができない」わけですから、「一つの」や「複数個の」と言えないわけです。よって、**不可算名詞には不定冠詞 a/an（これらは「一つの」の意味を持たせてしまいます）や複数形語尾（こちらは「複数個の」意味を暗示します）を付けることはできません**。もちろん、数えられなくても形容詞で修飾することは可能です（詳しくは POINT 83 で見てみましょう。239 ページ）。

(2) 可算名詞か不可算名詞か見極めにくい名詞

英語では **machinery** は「機械類」の意味で**不可算名詞扱いされますが、machine** は「機械」の意味で**可算名詞として扱われます**。不可算名詞の場合は集合体を表し、可算名詞の場合は個々を表します。このような関係は **scenery**「景色全体」/ **a scene**「ある場所の景色」、**poetry**「詩」/ **a poem**「一篇の詩」、**slavery**「奴隷制度」/ **a slave**「一人の奴隷」、**clothing**「衣類」/ **a clothes**「衣服」などにも見つかります。

POINT74 「意味」が問われる名詞

正解 (A) poet　　　　　　　　　　　　　　　　　　RANK ★★★

74 Daniel Heinsius, a Latin poetry of distinguished name, was also among
　　　　　　　　　　　　　A　　　　　　　　　　　　　　B　　　　C
the first philologers of his age.
　　　　　　　　　　　　D

訳 ダニエル・ハインシウスは著名なラテン語の詩人であり、彼の時代で初めての文献学者でもあった。

解説 前項の POINT 73 で見た poetry「詩」が (A) に見つかります。poetry は「詩というジャンル」を表す語であるため、不可算名詞扱いされます。(A) の前に a Latin とあることから (A) には可算名詞が必要であることが分かるので、正解は (A) ということになります。正しくは可算名詞である poet「詩人」で、同じく可算名詞である poem「詩」は意味的に不適当です。

CHECK! 覚えよう TOEFL の文法セクションでは文法・語法の力を問う問題が多く出題され、ここまで見てきたようにあまり意味を考えずとも、形を見抜くことで解答できる問題が大部分を占めています。しかし、例外的に「文法(品詞)的には正しくても意味が不適当なので間違い」という選択肢が Written Expression で出題されることがあります。中でも最も目につくのが、今回の「名詞の意味」を問う問題です。

例題のように「可算名詞か不可算名詞か」に注目すれば正解できる問題(過去

問では **a form**「形」/ **formation**「組成」、**an advisor**「助言者」/ **advice**「助言」が出題されています）もありますが、**a farm**「農場」/ **a farmer**「農家」、**a novel**「小説」/ **a novelist**「小説家」、**a poem**「詩」/ **a poet**「詩人」のように共に可算名詞ですが意味的に前者が「物」、後者が「人」を表すパターンも出題されています。

🔍 FOCUS 13

正しく名詞が用いられているか？

1. **可算名詞の単数形・複数形をチェック！**
   1) 無冠詞、あるいは数量を表す表現を伴う場合 → **複数形**
   2) 不定冠詞（a, an）、特定の形容詞（**each, every, another, either** など）を伴う場合 → **単数形**

2. **不可算名詞の前後をチェック！**
   不可算名詞には不定冠詞（a, an）も複数形語尾（-s, -es など）も付け足すことはできません。

3. **名詞の意味をチェック！**
   novel「小説」と novelist「小説家」のように、特に**「物」か「人」か**の確認をしましょう。

POINT 75　冠詞（1）「不定冠詞 a/an」

正解　(D) a　　　　　　　　　　　　　　　　　　　　　RANK ★★★

75　In the structure of the human body, there is an union of fluids and solids.
　　　　A　　　　　　　　B　　　　　　　C　D

訳　人間の体の構造には、液体と固体の結合体が存在している。

解説　まずは、選択肢として (C) に注目したいところです。S-V の一致を考えると、is の前には there があることから there is/are の構文だと分かり

ます。there is/are の構文の本来の主語は be の後ろに置かれる名詞でしたので、今回であれば an union が主語ということになり単数形の is で問題ありません。（そろそろ S-V 関係をチェックする習慣が身に付いてきたでしょうか？）ここで、主語である an union に注目しましょう。不定冠詞 an は直後の語が母音で始まる場合に使われますが、今回の union の発音記号は [júːnjən] であり母音から始まっていません。したがって、an を a と置き換えれば正しい英文となります。

CHECK! 覚えよう

英語には不定冠詞（a/an）と定冠詞（the）があり、皆さんの中には英語を勉強する上で苦手に感じている方も多いかと思います。日本語には存在しない事項であるためマスターすることは確かに難しいですが、TOEFL で問われる冠詞の問題はシンプルなものが多いです。ここでは不定冠詞の基本を確認しましょう。

　不定冠詞を付けることができる名詞は、==可算名詞（**Countable Noun**）==のみです。可算名詞とは「数えることができる名詞」のことを指しますが、数えられるわけですから「必ず個数を示さなければいけない」と考えましょう。したがって、==**不特定の可算名詞が一つであれば a/an、あるいは one を、複数であれば少なくとも複数形表記にして可能な場合は個数を明示すること**==、が必要です。

　　ex.) * commercial area
　　→ **a/one** commercial area「ある商業地区」/ commercial area**s**「商業地区」

　area はこの場合「地区、地域」の意味なので可算名詞。よって個数を明確に a、one を付けるか、複数形にするかが求められます。==**この「必要なはずの a/an がない」パターンが最もよく TOEFL で問われているパターン**==ですが、時に問われる細かい不定冠詞の問題が今回の例題でも問われていたパターンです。

　　ex.) * <u>an</u> European country
　　→ <u>a</u> European country「ヨーロッパのある国」

　不定冠詞には a と an があり、その 2 つは直後に置かれる語が「母音で始まるなら an」、「子音で始まるなら a」とされています。ここで気を付けたいのは、あくまで判断の基準は「音」である点です。上の例では不定冠詞の直後に

European「ヨーロッパの」が置かれていますが、字面は母音っぽく感じられますが「発音」としては [jùərəpíːən] です。つまり、子音で始まる語なわけですから、**a** と共に用いなければなりません。この **European** は典型例ですが、他にも **honest**「素直な」[ánəst]、**US**「アメリカ」[juːes]、**usual**「いつもの」[júːʒuəl] なども出題歴があり、全て字面に騙されず発音が「母音」と「子音」のどちらで始まっているかに気を付けて下さい。

POINT76　冠詞（2）「定冠詞 the」

正解　(C) the same way　　　　　　　　　　　　　　　　　　　RANK ★★★

76 The action of the heat may produce definite coagulation of the fluid
　　　　　　　　　　　　　　　A　　　　　　　　　　　　　　　B
　　within the cells in a same way that the white of an egg is coagulated.
　　　　　　　　　　　　C　　　　　　　　　　　　　　　　　　D

訳　卵白が凝固するのと同じように熱の動きは細胞内の液体を確実に凝固させることがある。

解説　選択肢の中で確認しておきたいのが (D) で、対応する主語が the white of an egg「卵白」であるため動詞も is coagulated「凝固させられる」で S-V の一致、能動・受動の関係共に問題はありません。ここで新たに目を付けられるようになりたい選択肢が (B) と (C) の冠詞です。(B) の場合、the fluid within the cells「細胞内の液体」と the fluid「液体」を within the cells「細胞内の」が修飾しているので fluid は特定されているため定冠詞の the が必要です。しかし、(C) の場合 a same way となっていますが、この場合も that ... coagulated によって same way が修飾されているため特定する必要があります。したがって、正解は (C) で the same way とする必要があります。

CHECK!　覚えよう　前項の POINT 75 の不定冠詞（a と an）に続いて、ここでは定冠詞（the）について、見てみましょう。定冠詞についても TOEFL で問われるパターンは限られています。基本となる用法を中心に確認しましょう。

▸ **定冠詞（the）の基本的な働きは「名詞を特定する」こと**
　ex.) He is **the poet** who wrote **the famous poem**, "The Road Not Taken."
　「彼が有名な詩である『選ばれざる道』を書いた詩人である」

　この2つの定冠詞を含んだ名詞句について、the poet「その詩人」は後ろに続く関係代名詞節（who ... Taken.）によって内容が特定されており、the famous poem も直後に同格的に "The Road Not Taken" とタイトルが付け足されています。このように==名詞の内容が同じ文中、あるいは前後の文脈から特定されている場合==に定冠詞は最も基本的に用いられます。

▸ **TOEFLで出題された定冠詞に関する問題**
　例題でも出題したような、不定冠詞（a と an）と定冠詞（the）を相互に間違って用いている選択肢が一番出題されています。また、例題の <u>the same A</u>：「同じA」のようにある程度慣用化された表現も問われやすく、<u>the rest of A</u>：「Aの残り」や <u>the second largest city</u>「第二の大都市」のような==最上級（largest）や序数詞（second）は基本的に the と共に用いられます==。

POINT 77　冠詞(3)「無冠詞」

正解　(A) Physiology　　　　　　　　　　　　RANK ★★★

77　~~The physiology~~ treats of the functions or uses of the organs of animals and plants.
　　　A　　　　　　　B　　　　　　　　　　C
　　　　　　　　　　　　　　　　　　　　　　　　　　D

訳　生理学では動植物の臓器の機能あるいは用途が扱われる。

解説　ここまで POINT 75、76 を見てきた中で目につくのが (A) の The physiology です。physiology は「生理学」の意味で学問分野を表す名詞です。学問分野ですから、とりわけて特定する必要はなく無冠詞で用います。したがって、(A) の the をとって Physiology とすると正しい英文となります。尚、(B) の treats of ですが treat は他動詞で「〜を取り扱う」の意味で用いることもできますが、自動詞で of を伴い treat of A で「（本などが）A

を論ずる、扱う」というように用いることもできます。

CHECK! 覚えよう 英語の名詞の中には不定冠詞も定冠詞も持たないものがあります。ここでは過去に TOEFL で出題歴のある無冠詞で用いる名詞をチェックしましょう。

(1) 不可算名詞を総称的に用いる場合
　　ex.) * The main purpose is to learn a lesson from **a nature**.
　　「主な目的は自然から教訓を学ぶことだ」

　nature は「自然」の意味で用いる場合不可算名詞扱いであり、さらにこの文脈での「自然」はある場所の特定された「自然」ではなく「総称しての自然」であるため冠詞は不要です。

(2) 固有名詞
　　ex.) * The number of tourists from **the China** to **the Japan** has been increasing.
　　「日本への中国からの観光客が増えてきている」

　ある程度の例外はありますが、基本的に**固有名詞には冠詞は不要**です。TOEFL では例外的なものはめったに問われていませんので、「**大陸、国、都市の名前などの固有名詞には冠詞は不要！**」と覚えて下さい。

(3) 動名詞
　　ex.) * His favorite hobby is **the reading** books in English.
　　「彼の一番の趣味は英語で読書することだ」

　この文では reading から English までが動名詞句を作っていますが、**動名詞には冠詞は不要**です。

🔍 FOCUS14

正しく冠詞が用いられているか？

1. **下線部を施された名詞、冠詞に注目し、冠詞の必要性をチェック！**
   基本的に、固有名詞と動名詞には冠詞は不要。

2. **名詞の前後に注目し、正しい冠詞が用いられているかをチェック！**
   その名詞が文脈から特定されていれば基本的に、定冠詞（the）を用いる。

POINT78　よく問われる名詞表現（1）「mostとalmost」

正解　(B) almost　　　　　　　　　　　　　　　| RANK ★★★

78　In certain regions about Rome, in the Campania, malaria was so
　　　　　　　　　　　　　　　　　　　　　　　　　　　　　　　　A
prevalent that, in the autumn, most every person in the district
　　　　　　　　　　　　　　　　　　 B
was attacked, particularly if he was a newcomer.
　　　C　　　　　　　　　　　　　　　D

訳　カンパーニャ州のローマのある地区では、マラリアが流行し秋にはその地域のほぼ誰もが、とりわけ新参者の場合、その病気に冒された。

解説　ここから新たに注目したい選択肢が (B) の most です。most は名詞として「大部分、ほとんど」、形容詞として「大部分の、ほとんどの」の意味を持ちますが、直後の形容詞 every を修飾することはできません。「ほとんど」の意味を表し形容詞を修飾する語は almost が適切です。

CHECK! 覚えよう　Written Expression で頻出する語句に most があります。most は「ほとんど」の意味を表す場合がありますが、その際には適切な語法が肝心です。類義表現である almost と併せてここでチェックしましょう。

(1) 名詞として用いる most
　　ex.) **Most of the letters** were written in French.

「その手紙のほとんどはフランス語で書かれてあった」

　この文中で用いられている Most は名詞で、Most of the letters「その手紙の大部分」が文の主部を作っています。尚、名詞の most の語法上のポイントは**後ろに「of ＋限定された名詞」を従える**点です。何も従えずに単独で「ほとんどの人々、大部分のもの」などの意味を表す場合もありますが、**most of us**「私たちのほとんど」、**most of these students**「これらの学生の大多数」のように基本的には「of ＋限定された名詞」を従えます。

(2) 形容詞として用いる most
　　ex.) **Most students** objected to the new school rules.
　　「ほとんどの学生が新しい校則に反対した」

　形容詞の most は通例、**無冠詞の名詞を従えて、漠然と「ほとんどの、大多数の」の意味**を表します。尚、most の後ろには例文のように可算名詞の複数形か、**most water** in the city「その都市の大部分の水」の water のように不可算名詞を従えることもできます。

　　cf.) What he says is **almost** correct.
　　「彼が言っていることはほとんど正しい」

　almost は副詞で「ほとんど」の意味を表すため、例文のように後ろには**形容詞**（correct）、あるいは **almost certainly**「ほぼ確実に」のように**副詞**、**almost touch the ceiling**「ほとんど天井に触れる」のように**動詞**を従えます。

POINT

71 - 78 シャッフル問題

⏱ 5 minutes

1 The anthropology is the science of man considered as one of the animal
          A   B   C
species, *Homo sapiens*.
   D

2 In all animals the voice plays a important part in sexual and social
     A   B   C
relations.
 D

3 The discovery that our nearest neighbor has rocky planet is the story of
             A   B   C
the decade.
   D

4 The tools, ornaments, and pottery of the bronze period in Switzerland
                       A
bear a close resemblances to those of corresponding age in Denmark.
  B   C   D

5 Westermarck's *History of Human Marriage* is one of <u>a</u> earliest <u>attempts</u>
                                                     A   **B**   **C**
to write the natural history of a <u>social</u> institution.
                                   D

6 When the Europeans first landed on the shores of the West Indies, and
<u>afterwards</u> on the coast of South America, <u>they</u> thought themselves
A   **B**
<u>transported</u> into those fabulous regions of which <u>poem</u> had sung.
C   **D**

7 The <u>main source</u> of trouble in the Balkan peninsula is that the races and
    A
nationalities are <u>so jumbled</u> together that it is <u>most</u> impossible to say
                   B   **C**
which land should belong <u>to which</u> nation.
                       D

8 The eye is the means <u>through which</u> the human race <u>has acquired</u> the
                            A   **B**
entire <u>a knowledge</u> it possesses, and <u>it</u> controls all our motions and all
        C   **D**
our actions.

解答と解説［重要POINT71－78 シャッフル問題］

正解一覧
1.（A） 2.（B） 3.（C） 4.（C） 5.（B） 6.（D） 7.（C） 8.（C）

1　正解（A）Anthropology　　重要POINT77

<u>Anthropology</u> <u>is</u> the science of man considered as one of the animal species, *Homo sapiens*.　　（※英文中の下線 ＝ S-V関係）

訳　人類学は動物種の一つであるホモサピエンスと考えられている人間を対象とした科学である。

> (C)の選択肢は動詞の過去分詞形であるため注目したいが、この場合直前の名詞 man を修飾するため過去分詞形「考えられる」の意味で問題ない。尚、(B)の man は「人類、人間」の意味で用いているため無冠詞で問題はない。(D)の species は one of the の後ろに置かれているが species は単数形でも複数形でも同じスペルを持つため、この場合は複数形と考えることができる。よって、正解は (A) で anthropology は「人類学」の意味で、学問や教科には the や不定冠詞を付けない。

2　正解（B）an　　重要POINT75

In all animals <u>the voice</u> <u>plays</u> an important part in sexual and social relations.

訳　全ての動物において声は性的、社会的関係において重要な役割を果たしている。

> S-Vの一致は問題なく、品詞に関しても (C) は and の並列関係（sexual and social）から形容詞で間違いなく、(D) も前置詞 in の目的語となる名詞であるため正しい。注目したいのは (B) の a で不定冠詞は直後の語の「音」によって a か an が使い分けられる。直後の important は [impɔ́ːrtənt] と発音され母音から始まるので、不定冠詞は an が適切である。

228

3　正解 (C) planets　　　　　　　　　重要POINT71

The discovery that our nearest neighbor has rocky planets is the story of the decade.

訳　地球の最寄りの惑星は岩でできていると発見されたことはその10年間の話である。

> 注目すべき選択肢としては (B) has で、S-V の一致を確認すると S ＝ our nearest neighbor であるため単数形に合わせて has で問題はない。残りの選択肢では名詞に下線が施されている (C) に注目したい。planet「惑星」は可算名詞であるため、単数形であれば冠詞あるいは限定詞、複数形であれば少なくとも複数形に変形する必要がある。前を見ると冠詞も限定詞もないので、単数形のままにしておけず複数形の planets とすれば誤りがなくなる。

4　正解 (C) close resemblance　　　　　重要POINT72

The tools, ornaments, and pottery of the bronze period in Switzerland bear a close resemblance to those of corresponding age in Denmark.

訳　スイスの青銅器時代の道具や装飾品、陶磁器はデンマークの同時代のそれらとよく似ている。

> 選択肢から注目したいのは (B) の bear で、対応する主語を探すと文頭の The tools, ornaments, and pottery「道具や装飾品、陶磁器」であることが分かるので、(B) は正しい。次に代名詞を含む (D) をチェックすると、those は [the ＋複数名詞] なので the tools, ornaments, and pottery を指示すると分かるので、(D) も問題はない。残る (A) と (C) は共に名詞を含む選択肢であるが、(A) の pottery は不可算名詞扱いなのでスペルに変化は必要ない。(C) の場合、resemblances と複数形を取っているが下線部の直前に不定冠詞 a があるため不適当。したがって、(C) を close resemblance とすると正しい英文となる。

5 正解 (B) the　　　　　　　　　　　　　重要POINT76

Westermarck's *History of Human Marriage* is one of the earliest attempts to write the natural history of a social institution.

訳　ウェスターマークの『人間の結婚の歴史』は社会制度の自然史について書こうとした最古の試みの一つである。

> (A) に対応する主語は Westermarck's *History of Human Marriage* であり著作のタイトルなので、単数形扱いとなり is で一致している。(B) と (C) に挟まれた earliest に注目すると early の最上級になっていることが分かる。最上級は基本的に the を伴うこと、また (B) の前に one of が来ていることからも earliest attempts は意味が特定されている必要がある。よって、(B) は the であれば正しい英文になる。

6 正解 (D) poets　　　　　　　　　　　　　重要POINT74

When the Europeans first landed on the shores of the West Indies, and afterwards on the coast of South America, they thought themselves transported into those fabulous regions of which poets had sung.

訳　ヨーロッパ人が初めて西インド諸島の海岸、そしてその後に南米の海岸地帯に上陸した際に、彼らは自分たちが詩人たちが歌で歌っていた素晴らしい地域へと移動してきたと思った。

> この問題は「意味」に着目しないと解答まで至らないが、まずは注目すべき選択肢を丁寧にチェックしよう。(A) の afterwards「その後」は副詞であり単独で用いることができるので正しく、(B) の they は the Europeans を指示し thought「思った」の主語であるため they で問題ない。(C) は S = they、V = thought、O = themselves、C = transported で themselves の目的格補語として用いられており、[themselves「ヨーロッパ人」= transported「移動させられた」] つまり「ヨーロッパ人たちが移動した」となり、意味を成す。よって、正解は (D) となるが、この選択肢は意味を考える必要がある。poem は「詩」の意味で後続する動詞 had sung「歌った」の主語にはならない。「詩」を「歌う」のは「詩人」なので、poets とすれば正しい英文となる。

7 正解 (C) almost　　　　　　　　　　　　　　重要POINT78

The main source of trouble in the Balkan peninsula is that the races and nationalities are so jumbled together that it is almost impossible to say which land should belong to which nation.

訳　バルカン半島の問題の主な原因は人種と国籍が混在していてどの土地がどの国家のものであるかほとんど言うことができないということである。

> (B) の部分は後に続く that とつながって so … that S-V の形を取り正しく相関表現が用いられている。(C) の most の直後に注目すると、impossible「不可能な」が置かれているがこの語は意味の面から最上級を取ることができない(「不可能な」は程度の差が生じない形容詞であるため)。most を almost にすれば「ほとんど不可能である」となり意味が正しくなる。

8 正解 (C) knowledge　　　　　　　　　　　　重要POINT73

The eye is the means through which the human race has acquired the entire knowledge it possesses, and it controls all our motions and all our actions.

訳　眼は人類が有する全ての知識を獲得してきた手段であり、我々の全ての動作と活動を制御するものである。

> 注目すべき選択肢から見ていくと、(D) は the eye「眼」を指示し controls「制御する」に対応する主語であり it で適切であることが分かる。(A) は先行詞が the means「手段」であり、先行詞を through which に後続する節にもどすと the human race has acquired the entire knowledge it possesses through the means「人類は有する全ての知識をその手段を通じて獲得してきた」となり文意を成す。(B) は the human race「人類」を対応する主語に持ち問題ない。したがって、正解は (C) となり、knowledge「知識」は不可算名詞であるため不定冠詞 a を付けることは基本的に不可能である。また、この文では knowledge の前に the entire と定冠詞 (the) が既に置かれているので不定冠詞 a をさらに加えることはできない。

POINT 79-85 例題

79 Egypt <u>having become</u> a province of Rome, <u>some the emperors</u>
　　　　　　　A　　　　　　　　　　　　　　　　B
endeavored <u>to revive</u> in it a love of letters, and enriched <u>it</u> by various
　　　　　　　C　　　　　　　　　　　　　　　　　　　　　　　D
improvements.

80 One of the <u>most important law</u> of thermodynamics <u>is that</u> the total
　　　　　　　　　　A　　　　　　　　　　　　　　　　B
energy of an ideal gas depends <u>only upon</u> its temperature, and not upon
　　　　　　　　　　　　　　　　　C
<u>its volume</u>.
　　D

81 Tertiary age, with <u>their</u> wonderful wealth of <u>animal and plant</u> life, gradually
　　　　　　　　　　　A　　　　　　　　　　　　B
<u>drew</u> to <u>its</u> close.
　C　　　D

82 The <u>production</u> of radiant heat <u>is a</u> consequence of the act of emission,
　　　　　A　　　　　　　　　　　B
and <u>it</u> destruction is the result <u>of absorption</u>.
　　　C　　　　　　　　　　　　　D

83 The muscles of growing <u>youths</u> will not endure so <u>many</u> exercise or labor
     　　　　　　　　　　　　　　A　　　　　　　　　　**B**
as <u>those</u> of <u>mature</u> men.
   C　　　**D**

84 The cartilages on one side may <u>be bent</u> outward, while those on <u>another</u>
     　　　　　　　　　　　　　　　A　　　　　　　　　　　　　　　　**B**
side are bent inward, thus <u>forming</u> a depression parallel <u>with</u> the
     　　　　　　　　　　　　C　　　　　　　　　　　　　　**D**
sternum.

85 It is evident that the builders of the lake settlements and the fortified
villages <u>were</u> an intelligent and industrious people, <u>despite</u> <u>their</u> scale in
     　　　A　　　　　　　　　　　　　　　　　　　　　**B**　　　**C**
civilization was <u>yet low</u>.
     　　　　　　　D

解答と解説 [重要POINT79−85]

POINT79　よく問われる名詞表現(2)「some」

正解 (B) some of the emperors　　　　　　　　　　　　　RANK ★★★

79 Egypt having become a province of Rome, some the emperors
　　　　　A　　　　　　　　　　　　　　　　　　B
endeavored to revive in it a love of letters, and enriched it by various
　　　　　　　C　　　　　　　　　　　　　　　　　　　D
improvements.

訳　エジプトはローマの属州となり、皇帝の幾人かはエジプトで学問への愛好を復活させようと努め、様々な改善策によってその愛着を富ませた。

解説　POINT 78 (224 ページ) に続いてこの問題でも新しく注目したいのが、(B) に含まれる some です。some は名詞あるいは形容詞として用いることができ、(B) の場合は形容詞的に the emperors「皇帝」を修飾していますが、その際には the が不要です。正しくは some を名詞として用いて some of the emperors「皇帝たちの幾人か」とすれば意味的にも適切な形になります。

CHECK!　覚えよう　most に続いて、TOEFL では some の語法も時に出題されます。基本的な語法をチェックしましょう。

(1) 代名詞として用いる some
　　ex.) I did not answer **some of his questions**.
　　「彼の質問のいくつかに答えなかった」

　名詞として用いる際の some は不定代名詞と呼ばれ、「いくらか、多少」の意味を表します。語法としては**後ろに「of＋限定された名詞」を従え**、「限定された名詞」の部分には them や it などの代名詞、例文の his questions や the milk「その牛乳」などの「限定詞＋名詞」などが置かれます。

(2) 形容詞として用いる some
　　ex. 1) I saw **some boys** on the street.

「私は数人の男の子を道で見かけた」

ex. 2) My father used to work for **some company** in Paris.
「父はかつてパリのある会社に勤めていた」

ex. 3) Would you like **some tea**?
「お茶はいかがですか」

　これらの3つの例文のsomeの直後に置かれる名詞を見てみると、例文1ではboys「男の子たち」で可算名詞の複数形、例文2はcompany「会社」で可算名詞の単数形、例文3はtea「お茶」で不可算名詞が確認できます。このようにsomeを形容詞として用いた場合、後ろには**限定されていない名詞であれば何でも**取ることができます。意味の違いについては、[some＋可算名詞の複数形]が「いくつかの」、[some＋可算名詞の単数形]が「ある」、[some＋不可算名詞]が「いくらかの」となります。

　TOEFLの試験対策という点では、意味よりもsomeの語法的な面に注目しましょう。

POINT80　よく問われる名詞表現（3）
「one of 限定された複数名詞」

正解 （A）most important laws　　　　　　　　　RANK ★★☆

80　One of the <u>most important law</u> of thermodynamics <u>is that</u> the total
　　　　　　　　　A　　　　　　　　　　　　　　　B
　　energy of an ideal gas depends <u>only upon</u> its temperature, and not
　　　　　　　　　　　　　　　　　　　C
　　upon <u>its volume</u>.
　　　　　D

　訳　熱力学の最も重要な法則の一つは理想上の気体のエネルギー総量はその温度に左右されるだけであって、その体積にはよらないということである。
　解説　POINT 78（224ページ）で確認したことを踏まえて(A)に目が行くようになっていると非常に正解に近づいています。この場合のmostはthe most importantでimportantの最上級を作っており、正しく用いられて

います。しかし、ポイントは (A) の前の One of the にあり、「One of the 複数名詞」の形を取って「〜のうちの一つ」の意味を表します。したがって、(A) を most important laws と複数形にできれば正解です。

CHECK! 覚えよう　POINT 78、79 と見てきた名詞に絡んだ頻出表現の最後が「one of 限定された複数名詞」のパターンです。間違いのパターンを見ながら、正しい語法を確認しましょう。

ex. 1) * He was **one of the most popular athlete** (→ **athletes**) at that time.
「彼は当時最も人気のスポーツ選手の一人であった」

今回の例題でも扱った一番よく出題される間違いのパターンで、**one of の後ろには必ず「限定された複数名詞」が必要**です。意味の面からも「〜のうちの一つ」なので、of 以下には特定された複数名詞が必要であることは明らかです。

ex. 2) * **One of pupils** (→ **the pupils**) got hurt in the playground.
「児童の一人が校庭で怪我をした」

この例文のように one of に続く名詞が特定されていない場合も、適切ではありません。

POINT 81　代名詞の指示内容「単数と複数の一致」

正解 (A) its　　　　　　　　　　　　　　　　　　　　　RANK ★★★

81 Tertiary age, with their wonderful wealth of animal and plant life,
　　　　　　　　　　　A　　　　　　　　　　　　　B
gradually drew to its close.
　　　　　C　　　D

訳　第三紀は、非常に豊富に動植物がいたが、次第に終焉を迎えた。

解説　この問題の (A) と (D) のように、代名詞に下線が施されている場合、まずはその代名詞の指示内容を確認します。(A) の場合は複数名詞を指示す

る代名詞 their が置かれていますが、その前には複数形の名詞がなく、後ろに animal and plant「動植物」がありますが、their の位置に代入しても「動植物の持つ非常に豊かな動植物」となり不適切であると分かります。(A) の指示内容は Tertiary period「第三期」ですので、単数名詞を指示する its であれば正しい英文となります。尚、(D) の its も Tertiary period を指示しており its で問題ありません。

CHECK! 覚えよう Written Expression で最もよく問われる問題が、代名詞に絡んだ問題です。一度の試験で必ず1問は問われるくらいですので、**選択肢に代名詞を見つけたらまずはチェックするように心がけてください。その際にチェックするべきは「代名詞の指示内容」と「代名詞の格」です。**ここでは「代名詞の指示内容」について見てみましょう。

(1) 指示内容の単数形・複数形の不一致
　　ex.) * One of my friends tries to show off how smart **they are**（→ **he/she is**）．
　　「私の友人の一人はいかに自分が頭が良いかをひけらかそうとする」

　中でも正解になりやすいパターンが指示内容の単数形・複数形が正しく一致していないものです。この文中の they の指示内容は my friends「私の友人たち」ではなく、One of my friends「私の友人の一人」ですから、複数名詞を指示する they ではなく単数名詞を指示する he あるいは she が適切です。

(2) 指示内容の性別の不一致
　　ex.) * The female doctor did not clearly answer **his**（→ **her**）patient's questions.
　　「その女医は患者の質問にはっきりとは答えなかった」

　単純な問題ながら、この例題のように代名詞の性別が一致していないパターンも問われています。his はもちろん男性を指示する代名詞ですが、文中には The female doctor「その女医」しか指示する名詞がないため、her が正しい代名詞となります。

POINT82 代名詞の適切な格

正解 (C) its　　　　　　　　　　　　　　　　　　| RANK ★★★

82 The production of radiant heat is a consequence of the act of
　　　　　A　　　　　　　　　　B
emission, and it destruction is the result of absorption.
　　　　　　　C　　　　　　　　　　　　D

訳 放射熱が生み出されるのは放出行為の結果であり、破壊されるのは吸収の結果である。

解説 POINT 81 を見たところであれば、まずは (C) の it に注目したいところです。it の指示内容としては radiant heat「放射熱」を指すので単数形を指示する it で問題ありません。しかし、直後に destruction「破壊」という名詞を持っているため、主格あるいは目的格の代名詞である it では不適切です。所有格を表す its とすれば its destruction「その破壊」となり適当です。

CHECK! 覚えよう 代名詞の指示内容に次いでよく間違いのパターンになるのが、「**代名詞の格**」に関するものです。ここでは正しい格変化を再度確認し、頻出パターンを見てみましょう。

(1) 代名詞の格変化表

	主格	所有格	目的格	所有代名詞
私	I	my	me	mine
あなた／あなた達	you	your	you	yours
彼	he	his	him	his
彼女	she	her	her	hers
私達	we	our	us	ours
彼ら／彼女ら／それら	they	their	them	theirs
それ	it	its	it	×

(2) 頻出パターン
　　ex.) * When I stayed with her, I did not complain of **she** (→ **her**) being untidy.

「彼女と一緒にいるときは、彼女がだらしないことに文句は言わなかった」

　この例文では動名詞 being の前に代名詞が置かれています。この場合、主格を表す she ではなく所有格を表す her とすれば動名詞の意味上の主語となります。**TOEFL の試験では所有代名詞に関してはほぼ問われておらず、主格、所有格、目的格の 3 つの格に関して出題される傾向があります。**

FOCUS15

正しく名詞、代名詞が用いられているか？

1. よく問われる名詞表現を忘れずチェックする！
　具体的には most と almost、some、one of the には必ず反応しましょう。

2. 代名詞の指示内容をチェック！
　最頻出は「指示内容となる名詞が単数形か複数形か」に関してですが、同時に指示内容が単数形の人間である場合は男性か女性かも確認しましょう。

3. 代名詞の格をチェック！
　格については前後の文法的な形から判断しましょう。

POINT83　よく問われる形容詞（1）「manyとmuch」

正解 (B) much　　　　　　　　　　　　　　　　　　　　RANK ★★★

83　The muscles of growing <u>youths</u> will not endure so <u>many</u> exercise or
　　　　　　　　　　　　　　　A　　　　　　　　　　　B
　labor as <u>those</u> of <u>mature</u> men.
　　　　　　　C　　　　D

訳　成長過程にある若者の筋肉は成人の筋肉ほどにたくさんの運動あるいは労働に耐えられないものである。

解説　まずは (C) の代名詞を確認すると、この場合の those は the muscles

STEP 3　Written Expression 重要POINT60

を指しており so ... as の原級比較の比較対象として正しく表現できています。ここで新たな頻出選択肢になるのが (B) の many です。many は可算名詞の複数形を後ろに従えて「たくさんの」の意味を表しますが、本文中の exercise or labor「運動あるいは労働」は共に不可算名詞であるため不適切です。よって正解は (B) で、後ろに不可算名詞を従えていることから much に訂正できると正しい英文となります。

CHECK! 覚えよう TOEFL テストでよく問われる形容詞として many と much が挙げられます。ここでは、many と much の基本的な使い方と、関連する数量形容詞を特集します。

(1) many と much
　ex. 1) The scholar has **many** books in his study.
　「その学者は多くの書物を書斎に持っている」
　　many は可算名詞の複数形を後ろに従えて（この例文では books）、「多くの、たくさんの」の意味を表します。

　ex. 2) **Much** water was needed to clean the bathtub.
　「バスタブを掃除するのに大量の水を必要とした」
　　一方で、**much は不可算名詞を後ろに従えて**（この例文では water）、「大量の」の意味を表します。

(2) few と little
　few と little の関係は many と much の関係に等しく、**few は後ろに可算名詞の複数形を従えますが、一方で little は不可算名詞を従えます**。共に無冠詞の場合は「ほとんどない」の意味で、不定冠詞を伴って a few あるいは a little の形を取ると「少しの」の意味を表します。TOEFL 試験においては、意味よりも文法的な形に意識を置くことが大切なので、「**few / a few の後ろは可算名詞の複数形！**」、「**little / a little の後ろは不可算名詞！**」と唱えましょう。

POINT84　よく問われる形容詞（2）「anotherとother」

正解　(B) the other　　　　　　　　　　　　　　　　　　　RANK ★★★

84 The cartilages on one side may be bent outward, while those on
　　　　　　　　　　　　　　　　A
another side are bent inward, thus forming a depression parallel with
　　B　　　　　　　　　　　　　　　　C　　　　　　　　　　　　　　D
the sternum.

訳　一方の側の軟骨組織は外側に曲げられ、逆側の軟骨組織は内側に曲げられる。こうすることによって胸骨と並行するくぼみを作り出している。

解説　POINT 83 に続いて TOEFL テストでよく問われる形容詞が (B) の another です。another は基本的に単数名詞を修飾し「もう一つの」を意味しますが、今回は The cartridge on one side「一方の側の軟骨組織」に呼応して those on another side「もう一方の側の軟骨組織」と述べられているので、another ではなく the other が適切です。合計で2つのものを「一方ともう一方」と表現する場合には、one「一方」と the other「もう一方」を用います。

CHECK!　覚えよう　ここでは頻出する形容詞として、another と other の使い分けを確認します。

(1) another「もう一つの、別の（一つの）」
※**基本的に後ろには可算名詞の単数形を従える**。

ex.) To know English is **one** thing, and to teach it is **another**.
「英語を知っていることと教えることは別物だ」

　another は one と呼応して用いられることが多く、この例文は直訳的には「英語を知っていることは一つのことで、それを教えることは（それを知っていることとは）別（のこと）である」となります。このように one と another は「2つ以上の事物が別物である」ことを表すために用いられます。尚、文法的な側面では、another は an と other を一つにまとめた語なので**後ろには可算名詞の単数形を従えます**。

(2) other「他の」
　※**基本的に後ろには可算名詞の複数形を従える**。

ex. 1) The girl did better in the test than all the **other** students in her class.
「その女の子はクラスの他の全ての生徒よりテストがよくできた」

　other は基本的に後ろに可算名詞の複数形を取り、「他の」の意味を表します。尚、この例文は The girl did better in the test than any **other** student in her class. と書き換えることができます。この書き換えた文中の other の後ろには単数名詞の student が従えられているのがポイントで、**「比較級 than any other」の形を取る場合のみ例外的に後ろには可算名詞の単数形が従えられます。**

ex. 2) One of the twins is much taller than **the other**.
「その双子の一方はもう一方よりはるかに背が高い」

　例題にもあるように、合計で２者のうちの「一方ともう一方」を表す場合には one と呼応して the other の形で用いられます。

🔍 FOCUS16

正しく形容詞が用いられているか？

1. many の後は可算名詞の複数形、much の後には不可算名詞が来る！
　これに加えて、a few / few の後にも可算名詞の複数形、a little / little の後には不可算名詞が置かれることもチェックしましょう。

2. another の後には可算名詞の単数形、other の後には可算名詞の複数形が来る！
　other については one と呼応した場合の the other、「比較級 than any other」の後には可算名詞の単数形が来る例外パターンにも気を付けましょう。また、成句表現として **one another**「お互い」と同義表現である **each other** も押さえておきましょう。

POINT85　紛らわしい前置詞と従属接続詞

正解 (B) although / though / while　　　　　　　　　RANK ★★★

85　It is evident that the builders of the lake settlements and the fortified villages were an intelligent and industrious people, despite their scale
　　　　　　　　　　　　　　A　　　　　　　　　　　　　　　　　　　B　　C
in civilization was yet low.
　　　　　　　　D

訳　湖水集落と要塞村落の建設者たちは文明の規模が未だ小さかったにもかかわらず知能的で勤勉な民族であったことは明らかである。

解説　(B) の後ろに続く部分に注目すると節構造（S = their scale、V = was、C = yet low）が置かれていることから、(B) は前置詞である despite では不適切であることが分かります。したがって、従属接続詞である although、あるいは though、while を用いると正しい英文となります。

CHECK! **覚えよう**　Written Expression では品詞に関係する問題が多く出題されています。中でもこの例題のように、**「前置詞と従属接続詞」を混同させた問題が頻出**です。これまでに問われているパターンをここで確認しましょう。

ex. 1) He made it because he did **as I told him to**.
「彼は私が言ったようにやったので上手くいきました」
　この文中での as は従属接続詞で「〜するように」（= the way）の意味を表します。

ex. 2) She was crying **like a child**.
「彼女は子供のように泣いていました」
　一方で like は前置詞で「〜のように」の意味を表します。

cf.) *Finish it **like I said**.
「私が言ったように終わらせなさい」
　上の2つの例を踏まえると、この例文が誤りであると分かります。この場

合 like の後ろに節（S = I、V = said）を取っているので、like の代わりに接続詞である as が必要です。

▶ **頻出する紛らわしい前置詞と従属接続詞**

意味	前置詞（名詞）	従属接続詞（S-V）
「〜ので」	because of	because
「〜にかかわらず」	despite	although
「〜間に」	during	while
「〜のように」	like	as

上記の 8 つの語句に下線が引かれている場合、後ろに続く英文が名詞（句）なのか節なのか必ずチェックしましょう！

POINT

79 - 85 シャッフル問題

⏱ 4 minutes 30 seconds

1 The Greek and Norse gods <u>were</u> the <u>infirm</u> shadows of the men <u>who</u>
　　　　　　　　　　　　　　　　A　　　　B　　　　　　　　　　　　C
dreamed <u>it</u>.
　　　　　D

2 <u>Caliban</u> is one of <u>Shakespeare's</u> finest <u>conception</u> in creative <u>art</u>.
　　A　　　　　　　B　　　　　　　C　　　　　　　　D

3 Robert H. Lowie, in <u>his</u> recent <u>volume</u>, *Primitive Society*, <u>refers to</u>
　　　　　　　　　　　A　　　　　B　　　　　　　　　　　　　　C
ethnologists and <u>another</u> historians.
　　　　　　　　　D

4 On the whole it seems probable that the early Greeks <u>were largely</u>
　　　　　　　　　　　　　　　　　　　　　　　　　　　　　　A
indebted to the Phoenicians for <u>them</u> knowledge of practical <u>arithmetic</u>
　　　　　　　　　　　　　　　　B　　　　　　　　　　　　　　　C
or the art of <u>calculation</u>.
　　　　　　　D

246

5 The jaw and skull of the creature, which probably measures about two
                                                          A
feet in length at maturity, were found in a rock specimen that scientists
     B   C
unearthed during working in South Africa in the 1960s.
          D

6 One facet of chilled, frozen or waterlogged soils is that they may provide
                           A   B
insufficient nutrients for many plant.
         C   D

7 Although Pythagoras is introduced by the poet as delivering his doctrine
                        A   B
in person, some the illustrations are derived from natural events which
           C   D
happened after the death of the philosopher.

解答と解説［重要POINT79−85 シャッフル問題］

正解一覧
1.（D） 2.（C） 3.（D） 4.（B） 5.（D） 6.（D） 7.（C）

1　正解（D）them　　　　　　　　　　　　　　重要POINT81

The Greek and Norse gods were the infirm shadows of the men who dreamed them.　　　　　　　　（※英文中の下線 ＝ S-V関係）

訳　ギリシャや古代ノルウェーの神々はそれらを夢見た人々の脆弱な亡霊であった。

> まずは選択肢の(A)に関してS-Vの一致を確認すると主語はThe Greek and Norse godsであるため、動詞は複数形に合わせてwereで正しいと分かる。次に(C)のwhoについてチェックすると、先行詞はthe men「その人々」でwho以下の節についても主語が欠落しているため主格の関係代名詞whoで正しいことが分かる。最後の選択肢(D)のitの指示内容を確認するために単数名詞を文中に探す。しかし、単数名詞は文中に存在しないので、正解は(D)であると分かる。意味の面からitの部分にはThe Greek and Norse godsがあてはまるので、themにすれば正しい英文となる。

2　正解（C）conceptions　　　　　　　　　　　重要POINT80

Caliban is one of Shakespeare's finest conceptions in creative art.

訳　キャリバンは創造芸術におけるシェイクスピアの最も優れた観念の一つである。

> 選択肢から注目できるとすれば(D)のartくらいで、artは「芸術」の意味で用いる場合は不可算名詞扱いなので複数形に変形する必要はない。文中で注目したいのがone ofの部分で、one ofの後ろには特定された名詞の複数形を取る必要がある。したがって、正解は(C)で複数形のconceptionsにすれば正しくなる。

3　正解 (D) other　　　　　　　　　　　　重要POINT84

Robert H. Lowie, in his recent volume, *Primitive Society*, refers to ethnologists and other historians.

訳　ロバート・H・ローウィは彼の最近の著作である『原始社会』の中で民族学者と他の歴史家に言及している。

> まずは選択肢の (A) の代名詞の正否を確認すると、his は文頭の Robert H. Lowie を指示しており、格の面でも直後に名詞句 recent volume「最近の著作」があるので所有格の his で問題はない。次に注目すべきは (D) の another で another は後ろに可算名詞の単数形を取る。よって、正解は (D) で複数名詞 historians を従えているので、other に変えると正しい英文になる。

4　正解 (B) their　　　　　　　　　　　　重要POINT82

On the whole it seems probable that the early Greeks were largely indebted to the Phoenicians for their knowledge of practical arithmetic or the art of calculation.

訳　古代ギリシャ人はフェニキア人に実用的な算数に関する知識あるいは計算術で大いに恩義があった可能性は概して大きい。

> まずは (A) の選択肢から S-V の一致を確認すると、主語は the early Greeks「古代ギリシャ人」であるので複数形に合わせて動詞は were で問題なし。次に注目したい選択肢は (B) の代名詞 them で、指示内容に関しては the early Greeks が主語に置かれていることから複数形の them で問題ない。しかし、格に関しては (B) の直後に knowledge「知識」という名詞が置かれているため、目的格の代名詞 them では不適当。よって、正解は (B) で名詞の前に置く場合は所有格にして their が正しい。

5　正解 (D) while　重要POINT85

The jaw and skull of the creature, which probably measures about two feet in length at maturity, were found in a rock specimen that scientists unearthed while working in South Africa in the 1960s.

訳 恐らく成熟期に長さがおよそ2フィートにもなる生き物の顎と骸骨が1960年代に南アフリカで作業をしている間に科学者たちが発掘した岩石の標本の中に見つかった。

(A) の選択肢は先行詞が the creature「生き物」であり、measures に対応する主語が欠落した節を従えているため関係代名詞 which で問題はない。(C) の主動詞 were found に対応する主語は The jaw and skull「顎と骸骨」であるため S-V の一致、能動・受動の関係共に正しい。ここで反応したい選択肢は (D) の during で、during は「〜の間に」の意味を持つ前置詞であるため以下に「特定の期間」を意味する名詞を従える必要がある (during the vacation：「休暇期間中に」など)。よって、正解は (D) で以下に現在分詞 working を従えているため while に直す必要がある。尚、while は従属接続詞であるため節を後ろに取る必要があり、今回の英文は本来は while scientists were working ... 1960s であったが、主語が that 節の主語 scientists と一致しているため主語と be 動詞が省略されている。

6　正解 (D) many plants　重要POINT83

One facet of chilled, frozen or waterlogged soils is that they may provide insufficient nutrients for many plants.

訳 冷却されている、あるいは凍結、浸水している土壌の持つ一つの様相は時に多くの植物に十分な栄養分を供給しないということである。

まずは選択肢 (B) の代名詞について確認すると、指示対象は chilled, frozen or waterlogged soils で問題なく、格についても may provide に対応する主語であるため主格の they で正しい。(C) と (D) はそれぞれ名詞に下線が施されているが、(C) の nutrients は「栄養になるもの」の意味を持ち通例複数形で用いるため正しいが、(D) の plant は「植物」の意味で可算名詞であり、many で修飾されているので複数形が適切。したがって、正解は (D) で、many plants が正しい。

7 正解 (C) some of the　　　　　　　　　重要POINT79

Although Pythagoras is introduced by the poet as delivering his doctrine in person, some of the illustrations are derived from natural events which happened after the death of the philosopher.

訳　ピタゴラスは自らで理論を打ち立てたとその詩人によって紹介されているが、例解のいくつかはその哲学者の死後に生じた自然界の事象に由来している。

> (A) と (D) については「be 動詞＋過去分詞」の正しい受動態の形を取りながら直後に前置詞 by と from をそれぞれに持ち正しい英文になっている。(B) は指示内容が Pythagoras「ピタゴラス」で直後に名詞である doctrine「理論」を持つことから所有格の his で正しい。残る (C) は some the では不十分で some of the とすれば some of the illustrations「例解のいくつか」で「(ピタゴラスの理論の中の) 例解のいくつか」となり語法的に正しい英語となる。

POINT 86 - 93 例題

86 Alike most Indians, the Arawack rarely uses a noun in the abstract.
　　　A　　B　　　　　　　　　　　　　　　　C　　　　　　　D

87 The water circulating under Alpine glaciers is enabled to wash out and
　　　　　　　　A　　　　　　　　　　　　　B
carrying away the mass of pulverized rock and dirt ground along
　　C　　　　　　　　　　　　　　　　　　　　D
underneath the ice.

88 More than any other man of his generation, Claude Bernard appreciated
　　　　　　　　　　　A　　　B
the important of experiment in practical medicine.
　　C　　　　　　　　　　　　　D

89 Geology is intimate related to almost all the physical sciences, as history
　　　　　　　　A　　　　　B　　C　　　　　　　　　　　　　　　　D
is to the moral.

90 The prohibit of the export of coin was embarrassing to the East India
           A   B   C
Company and to merchants.
               D

91 In general, organic matter differs so material from inorganic that the one
                               A   B   C
can readily be distinguished from the other.
                            D

92 The esophagus is a large tube membranous that extends behind the
                    A   B   C
trachea, the heart, and lungs.
       D

93 When the bones composing the skeleton are united by natural ligaments,
                  A   B
and they form what is called a natural skeleton.
 C   D

解答と解説［重要POINT86−93］

POINT86　品詞に関する注目語

正解　(A) Like　　　　　　　　　　　　　　　　RANK ★★★

86 <u>Alike</u> <u>most</u> Indians, the Arawack rarely <u>uses</u> a noun in the <u>abstract</u>.
　　A　　B　　　　　　　　　　　　　　　　　　C　　　　　　　　D

訳　たいていの先住民と同様に、アラワク部族はめったに抽象概念において名詞を用いない。

解説　この例題でも頻出するキーワードである (A) Alike に注目します。alike は形容詞あるいは副詞で「似ている、同様に」の意味です。この文の主節は主語が the Arawack で述部が rarely uses 以下であることから、(A) は後続の名詞 most Indians とくっついて副詞句を作る必要があるので、形容詞、あるいは副詞である alike は不適切です。したがって、Alike を前置詞である Like に置き換えれば正しい英文となります。

CHECK!　覚えよう　例題の alike と like のようにスペリングが非常に似ていながら品詞や意味が異なる語が英語にはたくさんあります。その中でも TOEFL テストで過去に出題されたものをここでは紹介したいと思います。

(1) like と alike、likely
　　like：動詞で「〜を好む」、前置詞で「〜のように」を意味します。
　　alike：形容詞で「似ている」、副詞で「同様に」の意味です。
　　likely：形容詞で「可能性が高い」、副詞で「たぶん」の意味を表します。

(2) beside と besides、beyond
　　beside：前置詞で「〜のそばで」を意味します。
　　besides：前置詞で「〜に加えて」、副詞で「さらに」の意味です。語尾の s の有無だけで beside とは大きく意味が異なるので注意しましょう。
　　beyond：前置詞で「〜を越えて」の意味です。besides と混同させる形で過

去に出題歴があります。

(3) near と nearly
near：一般的に前置詞の場合「〜の近くで」、副詞の場合は「近く」の意味を表します。
nearly：副詞で「ほとんど」の意味です。nearly については意味だけでなく語法の点において almost と同じなので、POINT 78（224 ページ）の almost の部分を参照してください。

(4) hard と hardly
hard：形容詞で「難しい、固い」、副詞で「熱心に」を意味します。
hardly：副詞で「ほとんど〜ない」という準否定語です。

(5) after と afterwards
after：前置詞、従属接続詞として「〜の後に」、副詞として「のちに」の意味を表すことができます。
afterwards：基本的に副詞で「その後」の意味を表すだけです。

POINT87　並列法

正解（C）to carry away　　　RANK ★★★

87 The water circulating under Alpine glaciers is enabled to wash out
　　　　　　　A　　　　　　　　　　　　　　　B
and carrying away the mass of pulverized rock and dirt ground along
　　　C　　　　　　　　　　　　　　　　　　　　D
underneath the ice.

訳　アルプス氷河の下を流れる水は粉々になった岩石や汚泥の固まりを氷の下に洗い流し押し運ぶことができる。

解説　この問題に正解するためには (C) の直前の and に注目する必要があります。and は等位接続詞であるため「前後に文法、見た目の点で同じものを並置する」必要があります。and の前には to wash out と不定詞句が置かれていますが、(C) は carrying away と ing 形が置かれているため書き言

葉としては正しくありません。したがって、(C) を to carry away と不定詞にすれば正しい英文となります。

CHECK! 覚えよう　まず次の英文を見て下さい。

Doing good is to be happy.
「善をなすことは幸福になることである」

一見すると意味も分かり正しい英文に思えますが、書き言葉的には To do good is to be happy. とするべきです。動名詞（Doing good）が主語として不適切であるというよりも、補語に不定詞句（to be happy）が置かれていることから主語と補語の**「見た目」を揃えたほうが書き言葉の英語では好ましい**とされるからです。このルールを並列法と呼びますが、並列法はこの例文に加えて例題のパターンのように等位接続詞と絡むケースが多いです。以下で TOEFL テスト頻出のパターンを見てみましょう。

ex. 1) * Would you like to leave now **or** staying（→ stay) here?
「いま出発したいですか、それともここに残りますか」

並列法が問題になる場合、and と or が最頻出です。Written Expression の問題を解く上で厄介なのは等位接続詞そのものに下線が施されていないことが多い点です。**下線がなくても常に「and と or を見つけたら並列関係をチェック！」**を習慣づけましょう。

ex. 2) * A gentleman is a man who is learned, well-mannered, **and** honesty（→ honest) .
「紳士とは教養があり、上品で誠実な人のことである」

and に注目することができれば、learned と well-mannered、honesty の 3 つが並列されていることが分かります。この例文では文法的な面で learned は形容詞、well-mannered も形容詞、honesty が名詞と 3 つ目の honesty だけ品詞がズレてしまっていることが分かります。よって、正しくは honesty を形容詞である honest にします。このように並列法は Written Expression 最重要

項目である「品詞の間違い」と絡んで出題されることが多いです。

POINT88　品詞の間違い(1)「名詞 ⇔ 形容詞」

正解　(C) importance　　　　　　　　　　　　　　　　　RANK ★★★

88 More than any other <u>man</u> of <u>his</u> generation, Claude Bernard appreciated
　　　　　　　　　　　　A　　　　B
the <u>important</u> of experiment in <u>practical</u> medicine.
　　　　C　　　　　　　　　　　　　　D

訳　クロード・バーナードは彼の生きた時代の他の誰よりも実地医学における実験の重要性を理解していた。

解説　これまでにチェックをした重要項目を確認すると、まず(A)は直前にotherを持ちますが、「比較級＋than any other」の形を取っているので単数形のmanで問題ありません（POINT 84を参照ください。241ページ）。次に(B)の代名詞hisですが、指示内容はClaude Bernardで格についても直後に名詞（generation）を取っているので所有格を表すhisで正しいです。残った(C)と(D)について品詞の面から正否をチェックしましょう。(D)は後ろにmedicine「医学」と名詞を取っていることから形容詞であるpracticalで適切です。一方で(C)は直前にtheを取ることから名詞である必要がありますが、importantは形容詞で「重要な」の意味なので不適切です。よって、(C)を名詞であるimportanceにすると正しい英文になります。

CHECK!　覚えよう　ここまでの段階で多くの項目を見てきましたが、本項目を含めたここからの4項目（POINT 88〜91）がWritten Expressionの最重要最頻出項目です。簡単に言えば、「品詞の間違い」を指摘できるかどうかが最も問われている問題、ということになります。ここでは、「名詞と形容詞の混同」パターンを見てみましょう。

▸「不可算名詞」に関する注目ポイント
　　ex.) * The **geology** evidence shows that there were many kinds of life
　　　　forms at that time.
「その地質学上の証拠が当時多くの生物が存在していたことを示している」

破線部に注目すると名詞である geology「地質学」が置かれていますが、直後に名詞である evidence を取っているため、形容詞である geologic、あるいは geological とすべきです。品詞の間違いを問う問題でもこの「名詞と形容詞の混同」が含まれるパターンはとりわけ頻出です。

▶『形容詞』を作る代表的な接尾辞

- 名詞＋ ful　　　ex.) forgetful「忘れっぽい」、resentful「憤慨している」
- 名詞＋ less　　 ex.) pointless「無意味な」、valueless「無価値な」
- 名詞＋ ous　　　ex.) courteous「礼儀正しい」、dangerous「危険な」
- 名詞＋ al, cal　ex.) postal「郵便の」、ecological「生態の」
- 動詞＋ able, ible　ex.) available「利用可能な」、irresistible「抵抗できない」
- 動詞＋ ive　　　ex.) massive「巨大な」、sensitive「敏感な」

POINT89　品詞の間違い (2)「形容詞 ⇔ 副詞」

正解 (A) intimately　　　　　　　　　　　　　　　　RANK ★★★

89 Geology is <u>intimate</u> related to <u>almost</u> all the physical sciences, <u>as</u>
　　　　　　　　　　A　　　　　　B　　C　　　　　　　　　　　　　　　　D
history is to the moral.

訳　地質学は、歴史が道徳と密接に関係しているように、ほぼ全ての自然科学と関係している。

解説　(A) を除く選択肢は全て Written Expression においての注目語です。(B) は直前の related とくっついて「〜に関係している」の意味で用い、(C) の almost は副詞で直後の all を修飾し、(D) の as は従属接続詞で後ろに節構造 (S = history、V = is) を取っているので全て正しく用いられています。このように正解が見つからない場合は「品詞の間違い」に注目します。(A) intimate は形容詞で「親密な」の意味ですが、直後に related を取るので動詞を修飾する副詞である必要があります。したがって、(A) は intimately とすれば正しい英文になります。

| CHECK! | 覚えよう |

「品詞の間違い」について、ここでは副詞の働きを確認しましょう。基本的に**副詞は動詞、形容詞、副詞、文全体を修飾する**ことができます。以下で詳しくそれぞれのパターンを見てみましょう。

(1) 動詞を修飾する
　ex.) She will **immediately** reply to your message.
「彼女はすぐに君のメッセージに返信してくれるよ」
　副詞は immediately「すぐに」で、主動詞である reply「返信する」を修飾しています。

(2) 形容詞を修飾する
　ex.) The creature is **highly** intelligent.
「その生物は非常に知的である」
　副詞は highly「非常に」で、形容詞である intelligent「知的な」を修飾しています。

(3) 副詞を修飾する
　ex.) The lawyer defended his client **very** eloquently.
「その弁護士はとても雄弁に依頼人を弁護した」
　この例文中には2つ副詞があります。1つ目は eloquently「雄弁に」で動詞の defended「弁護した」を修飾しています。2つ目が very「とても」で副詞 eloquently「雄弁に」をさらに修飾しています。

(4) 文全体を修飾する
　ex.) **Happily**, his condition was not serious.
「幸いにも彼の状態は深刻ではなかった」
　文頭の Happily は副詞で、後続する文全体を修飾しています。

▶ 『副詞』を作る代表的な接尾辞
　▶ 形容詞＋ly　　　ex.) generally「一般的に」、seemingly「見たところでは」
　▶ 名詞＋wise　　　ex.) likewise「同様に」、anticlockwise「反時計回りに」

POINT90　品詞の間違い（3）「名詞 ⇔ 動詞」

正解　(A) prohibition　　　　　　　　　　　　　RANK ★★

90 The prohibit of the export of coin was embarrassing to the East India
　　　　　A　　　　　　B　　　　　　　　　C
Company and to merchants.
　　　　　　　　D

訳　硬貨の輸出が禁止となったことは東インド会社と商人たちにとって厄介なことであった。

解説　(D) の直前に and があることから、前後の並列関係を確認すると to the East India Company と to merchants と to による前置詞句が並置されており、(D) は正しいと分かります。残りの選択肢については品詞をチェックしてみましょう。(B) は名詞で「輸出」の意味を表し the の直後に置くことができ、(C) embarrassing も形容詞で「厄介な」の意味を表すので、be 動詞の補語として用いることができます。(A) は The の後ろなので名詞であるべきですが prohibit は動詞で「禁止する」の意味です。よって、(A) を名詞の prohibition にします。

CHECK!　覚えよう

「品詞の間違い」について、引き続いて「動詞」について注目してみましょう。動詞の働きは「文の動詞（V）になる」以外には特にありませんので、ここでは意味が分からなくても見た目で「動詞だ！」と判断できるように、代表的な動詞を作る接尾辞を見てみましょう。尚、ここまでに POINT 88 で『形容詞』を作る代表的な接尾辞、POINT 89 で『副詞』を作る代表的な接尾辞、そして POINT 1（32 ページ）で『名詞』を作る代表的な接尾辞をまとめているので、そちらとも比較しながら見てみましょう。

▶ **『動詞』を作る代表的な接尾辞**
　▶ 名詞・形容詞＋ fy, ify
　　ex.) qualify「資格を与える」、identify「特定する」
　▶ 名詞・形容詞＋ ize
　　ex.) apologize「謝る」、summarize「要約する」
　▶ 名詞・形容詞＋ en

ex.) lessen「少なくする、減らす」、lengthen「長くする、伸ばす」

※ en（b、m、p、ph で始まる語の前では em）は接頭辞としても用いられ、名詞・形容詞を動詞に変えることもできます。

ex.) enrich「豊かにする」、empower「権限を与える」

▶ 名詞・形容詞 ＋ ate

ex.) create「創造する」、originate「起こる、生じる」

※ ate という接尾辞は動詞に加えられることで形容詞になることもあります。

ex.) considerate「思いやりがある」、animate「生きている、生き生きとした」

POINT91　品詞の間違い（4）「名詞 ⇔ 副詞」

正解 （B） materially　　　　　　　　　　　　　　RANK ★★☆

91 In general, organic matter differs so material from inorganic that the
　　　　　　　　　　　　　　A　　　　　B　　　　　　　　　　　C
one can readily be distinguished from the other.
　　　　　　　　　　　　　　　　　　　　　D

訳 一般的に、容易に区別できるほどに有機物は無機物と物質的に異なっている。

解説 一つずつ選択肢をチェックしていくと、(A) の動詞 differs は主語が organic matter ですから S-V の一致も問題なく時制・能動受動の関係も全て問題ありません。次に (D) の the other が怪しく映りますが、これも that 節内の the one と対句的に用いられて合計が 2 つ（この文中では organic matter と inorganic matter）の内の「もう一方」を指しています。(C) の that は (A) と (B) の間の so とくっついて so ... that S-V の構文になっており正しく用いられています。ここまでチェックしきった上で、(B) の品詞に注目すると material は形容詞で「物質的な」の意味ですが、この場合 differs「異なっている」という動詞を修飾するので副詞である必要があります。したがって、正しくは materially となります。

CHECK! 覚えよう　形容詞と副詞を混同させる問題も Written Expression でしばしば見受けられるパターンです。「副詞と言えば -ly を語尾に持つ」というイメージを持っておられる方がいるかもしれませんが、

実は一概には言い切れません。ここでは少し例外的な形を見てみましょう。

ex. 1) He likes a **motherly** type of lady.
「彼は母親タイプの女性が好きだ」

一見すると motherly には接尾辞の ly が付いているので「副詞だ！」と思ってしまいがちですが、この場合の motherly は形容詞で「母のような」の意味を表します。形容詞であれば直後の type を修飾することができます。一般的に==このように接尾辞の ly は名詞（今回であれば mother）にくっつけると形容詞、quickly のように形容詞（quick）にくっつけると副詞になります==。

ex. 2) The teacher understood the student **better** than his parents.
「その先生は両親以上にその学生のことを理解していた」

「better は good の比較級だから…」と思ってしまいがちですが、better は形容詞である good「良い」の比較級に加えて、副詞である well「よく、上手に」の比較級としても用いることができます。この例文でも well の比較級であれば動詞である understood を修飾することができます。

🔍 FOCUS 17

答えが見つからない場合は品詞をチェック！

1. 「紛らわしい前置詞と従属接続詞」を見たら後ろの構造をチェック！
   前置詞であれば後ろに名詞要素、従属接続詞であれば節構造（S-V）を持ちます。

2. 「品詞に関する注目語」を見逃さない！
   1 と 2 についてはそれぞれの注目語句に下線が施されるケースがほとんどなので、すぐに反応できるように、注目語句は覚えてしまいましょう。

3. 等位接続詞（特に **and** と **or**）の前後の並列関係をチェック！
   and と **or** の前後の語句の「品詞と見た目」に注目しましょう。

4. どうしても答えが見つからない場合は、「品詞の間違い」を確認する！
　意味以上に、語の見た目（特に接尾辞を含んだ語尾）から品詞が判断できる場合も多いです。

POINT92　語順に関する間違い

正解（B）membranous tube　　　　　　　　　　　　　RANK ★★★

92　The esophagus is a large tube membranous that extends behind the
　　　　　　　　　　A　　　　　B　　　　　　　C
trachea, the heart, and lungs.
　　　　　　D

訳　食道は大きな粘膜性の管で、気管、心臓、肺の裏側に広がっている。

解説　ポイントとなる選択肢をチェックすると、まず (A) の不定冠詞は (B) で tube「管」という可算名詞の単数形を取るので適切、次に (C) の動詞ですが直前の関係代名詞 that の先行詞が (B) の tube なのでこちらも extends で S-V 関係・時制・能動受動の全て適切です。(D) については直後の等位接続詞 and に注目すると、the trachea、the heart、lungs と 3 つの名詞が並列されていることが分かるので適当です。残る (B) ですが、tube は「管」の意味の名詞で、membranous は接尾辞 -ous を取ることからも形容詞で「粘膜性の」の意味を表します。原則的に形容詞は名詞の前に置くので、membranous tube が正しい語順だと言えます。

CHECK! 覚えよう

Structure でも頻繁に取り上げた「正しい語順」については、Written Expression でも問われています。基本的な「**（冠詞＋）形容詞＋名詞**」のパターンと「**動詞を修飾する副詞の位置**」を問う問題が多く出題されています。Structure の POINT 34、35、36（107 ページ～）を振り返りながらここで語順についてもう一度見てみましょう。

(1)「（冠詞＋）形容詞＋名詞」型
　ex.) *__The building high__ was built some 50 years ago.
　「その高い建物は約 50 年前に建てられた」
　（→ The high building）

一部の形容詞を除いて、原則的に形容詞は冠詞と名詞の間に置いて、その名詞を修飾します。後置修飾のパターンについては Structure の POINT 35（108ページ）を参照してください。

(2) 動詞を修飾する副詞の位置
　　ex. 1) They **usually eat** supper at 8.
　　「彼らはふつう 8 時に夕食を食べます」
　　ex. 2) She **is** not **usually** busy on weekends.
　　「彼女はふつう週末は忙しくありません」
　　ex. 3) I **can usually** drink two bottles of wine.
　　「私はふつうワイン 2 本は飲むことができます」

　副詞はその種類や文中で強調したい部分、文のリズムなどによって様々に置かれる位置が変化します。しかし、上の例文中の usually のような**頻度を表す副詞**については、原則的に「**一般動詞の前、be 動詞と助動詞の後に置く**」とされています。usually 以外に、always「常に」、often「しばしば」、frequently「頻繁に」、sometimes「時々」、rarely/seldom「めったに～しない」などが頻度を表す副詞です。

🔍 FOCUS 18

語順は正しいか？

1. 名詞を修飾する場合の形容詞の位置に注目！
　原則的に、1 語であれば名詞の前、2 語以上の句の場合名詞の後に形容詞は置かれます。

2.「頻度を表す」副詞の位置に注目！
　「一般動詞の前、be 動詞と助動詞の後」が基本のルールです。

3.「比較級＋ than」の語順は崩さない！
　Structure でも頻繁に問われる語順です。比較級と than はその順番が前後しません。

4. enough の位置と、such A as B = A such as B

Structure の POINT 36（110 ページ）でチェックした項目ですが、Written Expression でも問われています。

POINT 93　冗語 (1)「不要な接続詞に注意!」

正解 (C) 不要　　　　　　　　　　　　　　　　　　　　　| RANK ★★★

93 When the bones <u>composing</u> the skeleton <u>are united</u> by natural
　　　　　　　　　　A　　　　　　　　　　　　　　　B
ligaments, <u>and</u> <u>they</u> form what is called a natural skeleton.
　　　　　　C　　D

訳 骨格を形成する骨が自然の靭帯によって結合されると、いわゆる自然の骨格を形成する。

解説 まずは注目選択肢を確認すると、(A) は直前の名詞 the bones を修飾する現在分詞であり、(B) は対応する主語が the bones であるため S-V 関係が正しく一致しており、後ろの by 以下とくっついて正しく受動態を作っています。(D) の they は指示内容が the bones で直後の form に対応する主語であるため主格の they で問題ありません。残るは (C) の and になりますが、注目したいのは文頭の従属接続詞 When です。この英文を簡潔に表すと、When S-V, and S-V となっていることが分かります。従属節を取るのであれば主節に等位接続詞を持つ必要はありません。よって、(C) の and は不要であると分かります。

CHECK! 覚えよう　今回の項目のテーマにもある「冗語」とは「むだな言葉、よけいな言葉」という意味です。TOEFL テストでは 3 パターンの冗語がよく問われていますが、ここでは「不要な接続詞」について見てみましょう。

　　ex.) * **Although** he ran his own company, **but** he was employed by
　　　　another company.
　　「彼は自分の会社を経営していたけれども、別の会社にも勤めていた」

1つの文中に接続詞が2つあることが分かります。**同じ意味を持つ接続詞を2つ置いたところでその意味を強調することにはなりません**。この英文を正しくするためには、

　　→ **Although** he ran his own company, he was employed by another company.
と等位接続詞の but を取ってしまうか、

　　→ He ran his own company, **but** he was employed by another company.
と従属接続詞の Although を取ってしまうかです。

　このような接続詞が冗語的に用いられやすいのは、例題にもあった **When S'-V', and S-V.** のパターンと、上の例文で見た **Although S'-V', but S-V.** そして **Because S'-V', so S-V.** が挙げられます。再度になりますが、同じ意味を持つ接続詞を2つ置いたところでその意味を強調することにはならないので、むだに接続詞を重複させないよう英語を書くときには注意が必要です。

POINT

86-93 シャッフル問題

⏱ 5 minutes

1 The Netherlands was peopled with varied populate, with all but
    　　　　　　　 A　　　　　　　　　　 B　　　　　　 C
innumerable conflicting interests and dispositions.
　　　　　　　　 D

2 The earth is one of the eight planets which revolve around the sun in
    　 A　　　　　　　　　　　　　　　　　 B　　　　　　　　　　　 C
nearly circle orbits.
　　　　 D

3 Specimens perfection preserved are practically as good as herbarium
    　　　　　　　 A　　　　　　　　　 B　　　　　　　 C
material of recent plants.
　　　　 D

4 Many of the organs of the body function discontinuous, periods of
    　　 A　　　　　　　　　　　　　　　　　　 B
activity alternating with comparative repose.
　　　　　 C　　　　　　　　　　　 D

5 The aim of folk-psychology has been, on the whole, to explain the
                          ————— A   —————— B
   genesis and development of certain cultural forms, such as language,
                                              ———————————— C
   myth, and religious.
              ———————— D

6 Animals produce eggs from which the young develop, either through a
                         ——————————— A   —————— B
   process of incubation outside of a body maternal or an analogous
                                   ———————————————— C
   process within the maternal body.
           ————— D

7 Whereas, in early childhood, both sexes are fond of very noisy games,
   but the fondness for these disappears earlier in girls than in boys.
   ——— A   ————— B   ——————— C   ——————— D

8 The language of England a thousand years ago was very much alike the
                             ————————————— A   ————— B
   language of the Germans, for the English were originally German tribes.
                            ——— C   —————————— D

解答と解説［重要POINT86-93 シャッフル問題］

正解一覧
1. (B) 2. (D) 3. (A) 4. (B) 5. (D) 6. (C) 7. (A) 8. (B)

1　正解 (B) populations　　重要POINT90

The Netherlands was peopled with varied populations, with all but innumerable conflicting interests and dispositions.　（※英文中の下線 ＝ S-V関係）

訳　オランダにはほとんど無数の対立する関心と気質を持つ多様な住民が住んでいた。

(A) は動詞に下線が施されており、S-V の関係を確認すると主語は The Netherlands「オランダ」で見た目では複数形の語尾（s）が付いているが国名であるため単数形扱いである。尚、people は動詞で用いると「〜に人を住まわせる」の意味を持つ他動詞で、受動態を取り be peopled with A で「A が住んでいる」の形で一般的に用いられる。次に、(D) の conflicting「対立する」に注目すると、直後の interests and dispositions「関心と気質」を修飾する現在分詞であるため、問題はない。(C) の all but はイディオムで「ほとんど」の意味で、続く innumerable を修飾している。残る選択肢の (B) populate は動詞であり、この場合前が with varied と「前置詞＋形容詞」が置かれているため名詞が必要。したがって、populate を名詞形に変え、populations にすれば正しい英文となる。

2　正解 (D) circular　　重要POINT88

The earth is one of the eight planets which revolve around the sun in nearly circular orbits.

訳　全ての動物において声は性的、社会的関係において重要な役割を果たしている。

注目したい選択肢は関係詞を含む (B) which revolve で、revolve に対応する主語が欠落しており、先行詞も the eight planets「8 つの惑星」なのでこの選択肢に誤りはない。S-V の一致に関しても (A) の The earth は単数扱いであるため is で正しく問題はない。品詞のチェックをすると (D) の後の orbits「軌道」は名詞であるため (D) には形容詞を置く必要がある。したがって、正解は (D) で形容詞に変形させて circular に正すことができる。

| 3 | 正解 (A) perfectly | 重要POINT91 |

<u>Specimens</u> perfectly preserved <u>are</u> practically as good as herbarium material of recent plants.

訳 完璧に保存されている標本は実質的には最近の植物の植物標本資料と同じくらいに役立つものである。

> まず (B) の動詞に注目して、主節の S-V の一致を確認すると S = Specimens「標本」で V = are なので問題はない。残りの選択肢に目ぼしいものはないので、品詞のチェックをすると、(A) perfection は名詞であるため Specimens perfection と続くと名詞が 2 つ連続して並べられていることが分かる。Specimens「標本」と perfection「完璧」に同格関係はないので、(A) が誤りであると分かる。後ろに preserved「保存されている」という過去分詞があることから副詞である perfectly に直すと正しい英文となる。

| 4 | 正解 (B) discontinuously | 重要POINT89 |

<u>Many</u> of the organs of the body <u>function</u> discontinuously, periods of activity alternating with comparative repose.

訳 体の臓器の多くは継続的には機能せず、活動期間はかなりの期間の休息と交互に起こる。

> まずチェックしたい選択肢としては (A) の Many で、many は可算名詞の複数形と共に用いるがこの文でも後ろに of the organs が置かれているため正しい。次に (C) の alternating を確認したい。主節は S = Many、V = function で完結しているため alternating は分詞構文で、その前に置かれた名詞 periods of activity が意味上の主語である。S-V の一致も問題なく、選択肢に関しても目ぼしいものはないので、残りの選択肢の品詞について確認すると、(D) の repose は不可算名詞で「休息」の意味なので正しく用いられている。(B) の discontinuous は形容詞であるが前に置かれている function は動詞なので副詞にする必要がある。よって、正解は (B) で discontinuously にする。

5 正解 (D) religion　　　　　　　　　　　　　　重要POINT87

The aim of folk-psychology has been, on the whole, to explain the genesis and development of certain cultural forms, such as language, myth, and religion.

訳　民族行動学の目的は一般的に言語や神話、宗教のような特定の文化形態の発生と発展を説明することである。

> (A) から S-V の一致をチェックすると、主語が The aim「目的」であるため動詞は三人称単数形の has been で正しい。次に名詞の含まれた選択肢 (C) であるが、form は可算名詞で「形態」の意味を持つので複数形で問題はない。最後に残りの選択肢の品詞を確認する時に (D) の直前の and に注目する。並列関係を確認すると、language「言語」、myth「神話」、religious「宗教的な」と (D) のみ形容詞になっていることが分かる。他の品詞に合わせて名詞の religion にすれば正しい文となる。

6 正解 (C) a maternal body　　　　　　　　　　重要POINT92

Animals produce eggs from which the young develop, either through a process of incubation outside of a maternal body or an analogous process within the maternal body.

訳　母体の外側で抱卵過程、あるいは母体内での類似の過程を通して動物は子が生まれてくる卵を産む。

> まず注目したい選択肢は (A) で先行詞は直前の eggs であるため which で問題なく、関係代名詞 which に先行詞を入れて文を作り直すと from the eggs the young develop「その卵から子が生まれてくる」となり正しい英文になっている。(B) の either については (C) の直後に or があることから正しい相関関係を取っている。残りの選択肢の品詞について確認すると、(D) within は前置詞であり直後に名詞 the maternal body を従えているため問題はない。したがって、正解は (C) となるが、下線部に含まれる maternal は形容詞「母親の」であるため a maternal body と名詞の前に置く必要がある。

7 正解 (A) 不要 　　　　　　　　　　　　　　　　重要POINT93

Whereas, in early childhood, both sexes are fond of very noisy games, <u>the fondness</u> for these <u>disappears</u> earlier in girls than in boys.

訳 幼少期においては両性ともに騒がしいゲームを好むが、こういった趣向は男の子よりも女の子においての方が早くに消えてしまう。

> (B) の these が指示する内容は very noisy games「騒がしいゲーム」で、(C) と (D) については earlier ... than で比較構造を取り比較対象についても in girls と in boys で正しく一致していることを確認する。ここまでチェックを済ませた上で、英文全体の構造を大きく捉えると、[Whereas S'-V', but S-V] となっていることが分かり、接続詞が重複していることが分かる。よって (A) の but を落とせば、[Whereas S'-V', S-V] となり正しい構造を持つ英文になる。

8 正解 (B) like 　　　　　　　　　　　　　　　　　重要POINT86

<u>The language</u> of England a thousand years ago <u>was</u> very much like the language of the Germans, for the English were originally German tribes.

訳 1,000 年前のイングランドの言語はドイツの言語に非常に似ていたが、それはイギリス人が元々ゲルマン民族であったからである。

> この問題は (B) の alike に注目できるようになることが何よりも重要。alike は副詞で「同様に」あるいは形容詞で「似ている」の意味を表す語なので、本文中のように名詞句 (the language of the Germans) の前に置いてもつながらない。名詞句を従えるわけなので前置詞の like に置き換えると正しい英語となる。

POINT
94 - 100 例題

94. Bills of exchange having been found convenient as means of paying
    　　　　　　　　　A
    debts at distant places without the expense of transporting the precious
    　　　　　　　　　　　　　　　　　　　　　　　B
    metals, their use was afterward extremely greatly extended from another
    　　　　　C　　　　　　　　　　　D
    motive.

95. The word "bayou," so common in the regions neighboring the Mississippi,
    　　　　　　　　　A　　　　　　　　　　B　　　C
    it is a French word.
    D

96. Heat cannot without compensation pass by a colder to a warmer body.
    　　　　A　　　　　　　　　　　　B　C　　　　　　　　　　　D

97. In 1876 Prof. Capellini discovered the bones of a whale, which were very
    　　　　　　　　　　　A　　　　　　　　　　　　　　　　　　B
    marked with cuts and incisions that he thought the only explanation
    was to say they had been cut by men.
    　C　　　D

98 Both <u>slopes</u> of Pyrenees Mountains, <u>among</u> France and Spain,
         A   **B**
<u>have been occupied</u> from time immemorial by a peculiar race of people
       C
<u>known</u> as the Basque.
  D

99 The more the Filipinos cry for independence, <u>greater</u> <u>seems</u> the sin of
            A   **B**   **C**
holding <u>them</u> in subjection.
        D

100 The most striking intellectual <u>phenomenon</u> of <u>the thirteen</u> century is the
              A   **B**   **C**
<u>rise</u> of the universities.
 D

解答と解説［重要POINT94-100］

POINT94　冗語（2）「不要な修飾語に注意！」

正解　(D) greatly　　　　　　　　　　　　　　　　　RANK ★★★

94. Bills of exchange <u>having been</u> found convenient as means of paying
　　　　　　　　　　　A
debts at distant places without the expense <u>of transporting</u> the
　　　　　　　　　　　　　　　　　　　　　　　B
precious metals, <u>their</u> use was afterward <u>extremely greatly</u> extended
　　　　　　　　　C　　　　　　　　　　　　　D
from another motive.

訳　国為替手形は貴金属を輸送する犠牲を払わずに遠方に借金を支払う手段として都合が良く、後に別の動機からその用途は非常に広がった。

解説　気になる選択肢を先にチェックすると、まずは(A)の having been は分詞構文を作っており意味上の主語が直前の Bills of exchange「外国為替手形」であるため態については受動態で適切です。次に(C)の代名詞については指示内容が Bills of exchange で use は名詞なので所有格を表す their で適切です。ここで(D)の選択肢の意味について少し考えてみると、extremely は「大変、極端に」という形容詞や副詞を強調する語で、さらに greatly も「大いに、非常に」と形容詞や副詞の程度を強調するために用いられます。つまりこのままでは程度を強調する語が2つ並んでいることになりますが、書き言葉では複数の同じ意味の語を並べても強調にはならず、冗長と捉えられてしまいます。よって、(D)の extremely を取ってしまえば、適切な英文となります。

CHECK! 覚えよう　冗語のなかでも TOEFL テストで最も問われているのが、「不要な修飾語」を含んだ選択肢のパターンです。以下で代表的な例を見てみましょう。

ex. 1) * The businessman suggested an **important**, **significant** idea in the staff conference.
「そのビジネスマンは幹部会である重要な考えをもちかけた」

important と significant という 2 つの形容詞が並んでいますが、基本的に両者とも「重要な」という意味を持つので、これでは冗長だと見なされてしまいます。どちらか一方を省略するか、例えば、an important, innovative idea であれば「重要かつ革新的な考え」となり、important と innovative の意味が重複しないので適切な英文と見なされます。carefully and cautiously のように同じ意味の形容詞や副詞を重ねるだけでなく、have and possess や exit and go out のように同じ意味の動詞を重ねても冗長と見なされます。

ex. 2)　＊ The army **advanced forward** to the hill.
「軍隊は丘のところまで前進した」
→ **forward は不要**

　advance は動詞で「前進する」の意味を表し、forward も副詞で「前に向かって」の意味を表します。やはりこの場合も advance だけで「前に向かって」の意味が含まれているわけですから、forward を付け加えると冗長だと見なされます。repeat again、connect together、rise upward のように動詞に意味の重複する不要な副詞を付け加えるパターンと、a true fact、an incorrect mistake のように名詞に不要な形容詞を加えるパターンもあります（破線部は全て不要）。

POINT95　冗語(3)「主語が重複」

正解 (D) 不要　　　　　　　　　　　　　　　　RANK ★★★

95　The word "bayou," so common in the regions neighboring the
　　　　　　　　　　　A　　　　　　　　　　B　　　　　C
Mississippi, it is a French word.
　　　　　　D

訳　「bayou」という語はミシシッピ川に隣接する地域でよく用いられているフランス語の単語である。

解説　気にしたい選択肢から見ていくと、(B) の neighboring は直前の名詞である the regions を修飾する現在分詞なので正しく、(C) の the は後ろに固有名詞である Mississippi を従えていますが「河川や海」などのほとんどの水域には the を付けます。次に (D) の代名詞をチェックします。指示内容

は The word "bayou" なので単数形で正しく、直後に動詞 is を取っていることから主格を表す it で問題ありません。しかし、ここで気を付けたいのは、果たしてこの it が必要なのかということです。文全体の構造を考えると、主語は文頭の名詞である the word "bayou" で挿入句が so から Mississippi まで続きます。すると、次に主語に対応する主動詞が必要となりますが、it があると [S, 挿入句, S-V.] となってしまい主語が重複してしまいます。よって、(D) の it は不要です。

CHECK! 覚えよう 冗語の3つ目のパターンが「主語が重複する」場合です。このパターンのポイントは「主語と動詞の距離が離れてしまうことです。以下でさらに具体例を見てみましょう。

ex.) * **Those** present at the meeting held in the conference room B, **they were** all executives of the company.
「B 会議室で行われた会議に参加していた人は皆その会社の取締役であった」

この文の主語は文頭の Those（= The people）であり、present 以下は形容詞句を作り Those を修飾しています。すると、やはりコンマの後ろの they が不要であることが分かります。

Written Expression で問われる「主語の重複」パターンはこのように「長い主語の後に代名詞を重ねる」パターンか、例題のように「主語の後に挿入句を挟んで、代名詞を重ねる」の2つのパターンが代表的です。どちらのパターンにせよ、節の主語は一つであり、重ねて置いたところで冗長と捉えられてしまいます。

FOCUS19

冗語をチェック！

1. 不要な接続詞に注意！
When S'-V', and S-V. / Because S'-V', so S-V. / Although S'-V', but S-V. のパターンが来た場合、文頭の従属接続詞かコンマ後の等位接続詞のいずれかを取る必要があります。

2. 不要な修飾語に注意！
同じ意味の語句の並列（ex. an important, significant idea）と、別品詞で同じ意味を付け加える（ex. advance forward）パターンをチェックしましょう。

3. 主語の重複に注意！
主語が長い場合と主語の直後に挿入句が置かれた場合の、動詞直前の代名詞に注目しましょう。

POINT 96　相関関係の崩れ

正解 (C) from　　　　　　　　　　　　　　　　　　　RANK ★★★

96　Heat cannot without compensation pass by a colder to a warmer body.
　　　　A　　　　　　　　　　　　　　　　B　C　　　　　　　　　D

訳 熱は代償作用なしに冷たい物体から暖かい物体へと移動することはできない。

解説 この問題は知識とそれに伴う反応が試される問題です。(B) の pass は「通り抜ける、移動する」の意味を表す動詞なので、後ろにはその「移動」を説明する語句が置かれます。(C) 以後を見てみると by a colder to warmer body となっており意味がはっきりしません。「移動」の説明をするという点と前置詞 to に注目すると (C) を from に変えて「冷たい物体から暖かい物体へと」の意味を表すことができます。from A to B「A から B へと」は頻出の対句表現です。

CHECK! 覚えよう　解説の初めにも書いたように、TOEFL の文法問題では中にいくつか「知らないと解けない」、さらには「知った上で反応できないと解けない」ものがあります。その中でも典型的なのが今回の項目である「相関関係の崩れ」を問う問題です。以下に**頻出の相関表現**とその典型的な崩され方を示します。

- **not A but B**:「A でなく B」→ × not A and B
- **not only A but also B**:「A だけでなく B もまた」
  - → × not only A and also B
  - この表現は only の代わりに just, simply, merely、また also の代わりに文尾に too, as well が置かれる場合もあります。
- **A as well as B**（＝ not only B but also A）:「B だけでなく A もまた」
  - → × A so well as B
- **both A and B**:「A も B も両方」→ × both A or/nor B
- **either A or B**:「A か B かどちらか」→ × either A and/nor B
- **neither A nor B**:「A も B も〜ない」→ × neither A and/or B
- **from A to B**:「A から B へと」→ × to A to B
- **between A and B**:「A と B の間で」
  - → × between A as well as / or / also B

※まずは上記の頻出の相関表現を覚えて下さい。さらにその知識を定着させるために日々の英語学習、特にリーディングの練習をする際にこれらの相関表現を意識しながら読んでみてください。知識が定着すれば Written Expression の問題を解いている時でも自然に「あっ！ between が来たから、次に A and B ...」というように反応できるようになってきます。

POINT 97　よく問われる重要表現 (1)「so ... that S-V／too ... to do」

正解 **(B) so**　　　　　　　　　　　　　　　　　　　　　　| RANK ★★

97 In 1876 Prof. Capellini discovered the bones of a whale, which were
　　　　　　　　　　　　　　A
very marked with cuts and incisions that he thought the only
B
explanation was to say they had been cut by men.
　　　　　　　C　　　D

訳　1876 年にカペリーニ教授はクジラの骨を発見し、その骨は人間に切られたとしか説明できないと彼が思うほどに切り口や裂け目が際立っていた。

解説　一つずつ選択肢を確認すると、(A) は主語が Prof. Capellini であり時制も態も正しく用いられており、(C) の was の主語は the only explanation

なのでS-V関係も一致しており時制も正しく、to以下が不定詞句をつくりwasの補語になっています。(D)は指示内容がthe bones of a whaleで後ろのhad beenに対応する主語であるため主格のtheyで正しく用いられています。残る(B)ですが文全体を大きく見渡さないと間違いに気付くことができません。ポイントとなるのは主節とthat節がいかにつながるのかという点で、(B)がveryではなくsoであればso ... that S-Vの構文構造を取り意味を成します。

CHECK! 覚えよう ここからもTOEFLテストで求められる「知識」面を確認したいと思います。この項目では主に頻出の「構文」知識を見てみましょう。

(1)「**so＋形容詞/副詞**＋S-V」：「とても 形容詞/副詞 なのでSはVする」
ex.) * My father drives **very** carefully **that** he has never had any accident.
→ very を so にすると適切
「父はとても注意深く運転するので、事故をしたことがない」

例題でも取り上げましたが、いわゆる「so ... that S-Vの構文」の崩しパターンとしてはsoをveryやtooなどの程度を強調する副詞に変えたものがこれまでに出題されています。この例文でもそうですが、何となく意味は分かりますが、「so以外を用いても主節とthat節がつながらない」という点を押さえておいてください。

(2)「**too＋形容詞/副詞**＋to do」：「あまりに 形容詞/副詞 すぎて do できない」
ex.) * The box was **too** heavy **that he could raise it**.
→ that以下を for him to raise にすると適切
「その箱は重すぎて彼には持ち上げられなかった」

「too ... to doの構文」の崩したもので、tooの場合は以下にthat節を取って対句的に用いることはできません。不定詞句を従えることは可能です。

POINT 98　よく問われる重要表現（2）「between A and Bとamong A／byとuntil」

正解　(B) between　　　　　　　　　　　　　　　　　RANK ★★★

98 Both slopes of Pyrenees Mountains, among France and Spain,
　　　　　A　　　　　　　　　　　　　　　B
have been occupied from time immemorial by a peculiar race of
　　C
people known as the Basque.
　　　　D

訳　フランスとスペインの間にあるピレネー山脈の両側の斜面は遠い昔からバスク人と知られる固有の人種によって住まわれてきた。

解説　まず (A) は Both の後に付く名詞なので複数形 slopes「斜面」で正しく、それに伴って対応する主動詞である (C) も S-V の一致、能動受動、時制の全てが正しいと判断できます。(D) の known は過去分詞で直前の名詞句 a peculiar race of people を修飾しており問題ありません。(B) ですが意味の面では「フランスとスペインの間で」となり正しく思われますが、among は後ろに「3者以上」を表す名詞を取って「〜の間で」の意味を表す前置詞ですので、この場合は不適切となります。between であれば between A and B の形で「A と B の間で」の意味を表すことができます。

CHECK!　覚えよう　ここでは品詞は同じだけれども細かい意味の違いが問われる表現として、「between と among」、そして「by と until」について見てみましょう。

(1) between と among
　ex. 1) the love **between** mother and child「母と子の愛情」
　ex. 2) a lake **among** trees「木々に囲まれた湖」

　相関表現の項目でも見ましたが、between は後ろに A and B を従えることが多く、これは、**between は基本的に「2者の間で」の意味を表す**からです。一方で、**among は上の例の trees のように「3者以上の間で」の意味**を表します。Written Expression に限定していえば、between を見つけたらまずは後ろに A and B を探しましょう。

(2) by と until
  ex. 1) **Finish** it **by** midnight.
  「12 時までにそれを終わらせなさい」
  ex. 2) The restaurant **is open until** midnight.
  「そのレストランは深夜まで開店しています」

　この 2 つの例文では by と until は共に前置詞として用いられていますが、使い分けのポイントは後ろに取る名詞ではなく修飾する動詞の種類にあります。**by は「～までに」**という意味で例文の finish のように動作の完了を表す動詞と、**until は「～までずっと」**という意味で is open のように継続性を持つ動詞と共に用いられます。

POINT99　よく問われる重要表現 (3) 「The 比較級 S'-V', the 比較級 S-V」

正解　(B) the greater　　　　　　　　　　　　　　　　　　| RANK ★★★

99　The more the Filipinos cry for independence, greater seems the sin of
　　　　　　　　A　　　　　　　　　　　　　　　　B　　　C
　　holding them in subjection.
　　　　　　D

訳　フィリピン人が独立を求めれば求めるほど、彼らを隷属させているという罪が大きくなるように思われる。

解説　この問題もある程度の知識と、反応できるかどうかが試される問題です。ポイントは文頭の The more the Filipinos cry の部分で [The ＋比較級＋ S-V] の形を取っています。[The 比較級 S-V] は後ろに [the 比較級 S-V] の形を従える必要があるので、(B) の greater を the greater に直すと正しい英文となります。尚、節の構造としては S = the sin、V = seems、C = the greater となります。

CHECK!　覚えよう　ここでは比較級を用いた構文である「The 比較級 S'-V', the 比較級 S-V」構文を取り上げます。TOEFL 試験での出題のされ方としては、今回の例題のように**どちらかの「the 比較級」の部分を崩したものがよく問われています**。とりわけ多いのが the が含まれていない

選択肢です。

ex. 1) **The older** we grow, **the weaker** our sensitivity becomes.
　　　（↑ we grow older）（↑ our sensitivity becomes weaker）
「年を取れば取るほど感受性が弱くなる」

この構文は「The 比較級、the 比較級の構文」と言われることもありますが、この例文でも分かるようにそれぞれの the 比較級の後に節（S-V 関係）を取ります。この例文では前半の部分が本来は we grow older でありその older が構文上文頭に引きずり出されて the を加えた形で、後半部分も本来は our sensitivity becomes weaker でありその weaker が節の初めに出されて the を加えた形になっています。

ex. 2) * **More money** you earn, **the more money** you want to get.
　→ The more money にすると適切
「お金を稼げば稼ぐほど、もっとたくさん欲しくなる」

TOEFL テストで問われている問題は、複雑な語順についてではなく、この 2 つの「the 比較級」が適切に見抜けているかどうかを問うものばかりです。この例文のように前半の「the 比較級」が崩れているか、例題のように後半の「the 比較級」が崩れているかを見抜けるかがポイントとなります。この問題も理詰めで考えて解くというよりも、ある程度選択肢やそれ以外の部分から反応できないと解けない問題ですので、日々英語を読んでいる、または聴いている時から「The 比較級 S'-V'、the 比較級 S-V」の形に注意を払っておきましょう。

POINT100　よく問われる重要表現（4）「数字に絡んで」

正解　(C) the thirteenth　　　　　　　　　　　　　　| RANK ★★★

100　The most striking intellectual phenomenon of the thirteen century is
　　　　　　　A　　　　　　　　　　　B　　　　　　　　　C
the rise of the universities.
　D

> **訳** 13世紀の最も顕著な知的現象は大学が生み出されたことである。
>
> **解説** これも「言われてみれば…」という問題で、知識と反応が求められます。(C) の the thirteen は直後の century とくっついて「13 世紀」の意味を表したいところですが、正確には the thirteenth century です。通例「〜世紀」を表す場合、「the ＋序数詞＋ century」を用います。

CHECK! 覚えよう

最後の項目ではタイトルにあるようにこれまでにTOEFL テストで問われている「数字に絡んだ表現」を取り上げたいと思います。解説にも書いた通り、「確かに言われてみれば…」と思ってしまう部分が多いと思いますが、実際の試験の直前に見直すだけでも十分に効果が発揮される箇所でもあります。

(1)「〜世紀」: the 序数詞 century
　ex.)
　○ **the twentieth century**「20 世紀」
　　→ × ＿＿ twentieth century（the がない）
　　　 × the twenty century（序数詞になっていない）
　　　 × the twentieth centuries（century が複数形になっている）

(2)「〜年代」: the 数字 's / s
　ex.)
　○ **the 1970's / the 1970s**「1970 年代」
　　→ × ＿＿ 1970's（the がない）
　　　 × the 1970＿（'s あるいは s がない）

(3) half の用法
　ex.)
　○ **two and a half years**「2 年半」
　　→ × two and ＿＿＿ half years（a がない）
　○ **two halves**「半分を 2 つ」
　　→ × two halfs（half の複数形は halves）

(4) 倍数表現

　ex.)

　　○ **This pen is twice as long as that one.**

　　　「このペンはあちらの 2 倍の長さだ」

　　　　→ × This pen is as twice long as that one.（倍数である twice の位置が不適切。倍数は原級比較 as ... as の前に置かれる）

> 🔍 **FOCUS20**
>
> ## 相関関係と重要表現に反応しよう！
>
> **1. 相関関係の崩れをチェック！**
>
> 　POINT 96（279 ページ）の頻出相関表現をブツブツ唱えて覚えましょう（覚えるまでいかなくてもブツブツ唱えていれば試験中に反応しやすくなるはずです）。
>
> **2. 重要表現が選択肢に紛れ込んでいないかをチェック！**
>
> 　POINT 97〜100（280 ページ〜）までで取り上げた重要表現にもう一度目を通しましょう。これらの項目で問われている問題は「反応できるかできないか」、つまり答えを知れば「あぁ、なるほどね…」となるものが多いです。

POINT

94 - 100 シャッフル問題

🕐 4 minutes 30 seconds

1 California entered the Union in 1850, the Plains states mostly in <u>1880s</u>,
　　　　　　　　　　　　　　　　　　　　　　　　　　　　　　　　　　　　A
and more states, such as Arizona, New Mexico, and Oklahoma,
<u>came into</u> <u>the Union</u> in <u>the 20th</u> century.
　　B　　　　**C**　　　**D**

2 <u>While</u> Congress at first overshadowed neither President <u>and</u> federal
　　A　　　　　　　　　　　　　　　　　　　　　　　　　　**B**
judiciary, <u>it</u> now on occasion rules both with easy mastery <u>and</u> with a
　　　　　C　　　　　　　　　　　　　　　　　　　　　　**D**
high hand.

3 The surface of Venus is <u>very bright</u>—the light of the sun <u>is reflected to us</u>
　　　　　　　　　　　　　　A　　　　　　　　　　　　　　　**B**
by dense <u>masses of cloud</u> and dust—that it is difficult to trace any
　　　　　C
permanent markings <u>on it</u>.
　　　　　　　　　D

4 Taste and smell <u>were</u> senses <u>that</u> the baby <u>gave no</u> sign of owning <u>by</u>
　　　　　　　　A　　　　**B**　　　　　**C**　　　　　　　　**D**
much later.

5 The emigrants <u>who came</u>, at different periods, to occupy the territory
    　　　　　　　 A
now <u>covered by</u> the American Union <u>they</u> differed <u>from each</u> other in
    　　 B 　　　　　　　　　　　　　 C 　　　　　 D
many respects.

6 The more man <u>seeks to</u> reduce facts <u>to</u> concepts and laws, <u>he more is</u>
    　　　　　　　　 A 　　　　　　　　 B 　　　　　　　　　　 C
obliged <u>to sacrifice</u> and neglect the individual.
    　　　 D

7 Chinese medicine illustrates the condition <u>at which</u> a <u>highly very</u>
    　　　　　　　　　　　　　　　　　　　　　　 A 　　　　 B
intellectual people may arrive, <u>among whom</u> thought and speculation
    　　　　　　　　　　　　　　 C
were restricted by religious <u>prohibitions</u>.
    　　　　　　　　　　　　　 D

解答と解説［重要POINT94-100 シャッフル問題］

正解一覧
1.（A） 2.（B） 3.（A） 4.（D） 5.（C） 6.（C） 7.（B）

1　正解 （A） the 1880s　　重要POINT100

California entered the Union in 1850, the Plains states mostly in the 1880s, and more states, such as Arizona, New Mexico, and Oklahoma, came into the Union in the 20th century.

（※英文中の下線＝S-V関係）

訳　カリフォルニア州は1850年にアメリカ合衆国に加わり、大平原諸州が主に1880年代に、アリゾナ州、ニューメキシコ州、オクラホマ州などのさらに多くの州が20世紀になって加わった。

(A)と(D)の数字を含んだ表現に注目すると、(A)は「1880年代」の意味を表し、(D)は「20世紀」を表すことが分かる。(A)のように「～年代」の意味を表す場合にはthe ～sとする必要があるため、theが欠落していることが分かる。(D)のように「～世紀」を表す場合はthe に序数詞を加えた形で正しく、(B)の主語はmore states「さらに多くの州」で能動受動の関係、時制ともに適切である。(D)のthe Unionは「アメリカ合衆国」を表す表現であり、固有名詞だがthe は必要。

2　正解 (B) nor　　重要POINT96

While Congress at first overshadowed neither President nor federal judiciary, it now on occasion rules both with easy mastery and with a high hand.

訳　当初は議会が大統領と連邦司法に勝ることはなかったが、現在では時に議会がその両方を容易に上手く高圧的に支配することがある。

> 注目したい選択肢としてまず (A) があり、前置詞 during との使い分けが問われるが while は従属接続詞であり今回は後ろに S = Congress、V = overshadowed と節が置かれていることから while は正しく用いられている。次に (C) の it も代名詞なので注目したい選択肢であるが、文中に単数名詞の Congress「議会」があり、格に関しても主動詞である rules に対応する主語になっているため主格の it で問題なし。(B) と (D) は共に and であるため並列関係を確認する。すると、(B) の前には neither が置かれているため、neither A nor B の相関関係が崩れていることが分かる。したがって、正解は (B) となり、(D) の and は with easy mastery と with a high hand で正しく並列できていることが確認できる。

3　正解 (A) so bright　　重要POINT97

The surface of Venus is so bright—the light of the sun is reflected to us by dense masses of cloud and dust—that it is difficult to trace any permanent markings on it.

訳　金星の表面は非常に明るく、太陽光が高密度の雲や塵の固まりによって我々に向かって反射されており、表面にずっと付いている印を捜し出すことは困難である。

> まずは (B) の is reflected に対応する主語は the light であるため、S-V の一致は正しく、(D) の it の指示対象は the surface であり前置詞 on の目的語であるため it で問題はない。(C) には名詞の masses が含まれているが、masses of A の形で「多量の A、多数の A」の意味を表し、またこの場合の cloud は不可算名詞で物質としての「雲」を表すため無冠詞で表記もそのままで問題ない。(A) が正解となるが、(A) だけでは誤りに気付けないが、ダッシュ（—）による挿入の後の that に注目できれば、so 〜 that S-V の相関関係が崩れていることが分かる。よって、正解は (A) で so bright が正しい。

4　正解 (D) until　　重要POINT98

Taste and smell were senses that the baby gave no sign of owning until much later.

訳　味覚と嗅覚は赤ん坊がかなり後に至るまでそれらの感覚を持っていることを示さない感覚であった。

> 注目語句から片づけると、(A) were は主語が Taste and smell「味覚と嗅覚」なので複数形に合わせて、かつ (C) の gave と時制も一致しているので正しいと判断できる。(B) は関係代名詞の that で先行詞が senses「感覚」で本来の英文は the baby gave no sign of owning the senses by much later となり正しく用いられている。ここから先は意味を考える必要があり、(D) の by は前置詞で「〜まで」と締切、期限を表す語である。by を用いると「赤ん坊がかなり後までにそれらの感覚を持っていることを示さない感覚」となり意味を成さない。したがって、by を until に変えて「かなり後になるまで（ずっと）」とすれば正しい英文になる。

5　正解 (C) 不要　　重要POINT95

The emigrants who came, at different periods, to occupy the territory now covered by the American Union differed from each other in many respects.

訳　現在のアメリカ北部諸州が及んでいる領域を支配せんと様々な時代に訪れた移住者たちは多くの点でお互いに異なっていた。

> 英文全体の大きな構成を捉えることがこの問題のポイント。主節の主語は The emigrants「移住者たち」で (A) から関係代名詞節が続く。(B) covered by は直前の the territory「領域」を修飾しているので過去分詞で適切で、the American Union までで関係代名詞節が終わる。すると、次には主語である The emigrants に対応する動詞が必要だが、they があるため［S who ... S-V］という形を取り主語が重複してしまう。(A) の who を取り除いたとしても［S-V S'-V'］になるため非文であることから、(C) の they を取り除くと正しい英文になる。

6 正解 (C) the more he　　　　　　　　重要POINT99

The more man seeks to reduce facts to concepts and laws, the more <u>he is obliged</u> to sacrifice and neglect the individual.

訳　人間が事実を単純化し、概念や法則化すればするほどに、個々の事象を犠牲にし、無視せざるをえなくなる。

> 下線は施されていないが文頭の The more man ... の部分で反応したい問題。[The 比較級 S'-V', the 比較級 S-V] の形で「S' が V' すればするほど、S は V する」の意味を表すので、(C) を the more he とする必要がある。

7 正解 (B) highly / very　　　　　　　重要POINT94

<u>Chinese medicine</u> <u>illustrates</u> the condition at which a highly intellectual people may arrive, among whom thought and speculation were restricted by religious prohibitions.

訳　中国医学において非常に知的レベルの高い人々が陥る状態が例証されており、こういった人々の中では宗教上禁じられている事柄によって思考や思索が制限されていた。

> (A)と(C)の［前置詞＋関係代名詞］の確認をすると、(A)はa highly very intellectual people may arrive at the conditionが本来の英文で、the conditionが先行詞になっており、(C)の場合thought and speculation were restricted by religious prohibitions among the highly very intellectual peopleが本来の英文でthe ... peopleが先行詞となっている。このように元の英文を考えると先行詞、関係代名詞、前置詞の全てが適切に用いられていることが分かる。(B)については意味の面を考える必要があり、highlyとveryは共に副詞で後ろに続くintellectual「知的な」の程度を強調している。しかしながら、同じ働きをする語句を並べたところで更なる強調にはならず冗長なだけなので、どちらかを取り除く必要がある。

ITP文法模試

STEP 4

取り組み方

　本試験のSection 2の構成に準じた問題を3セット用意しています。これまでのSTEPで学習した重要POINTに留意しながら挑戦してみてください。

❗ 模試にチャレンジ

　解答時間は25分です。時間を計って取り組んでください。解答の際には、巻末の解答用紙を切り取って利用することができます。なお、本試験の際に示される紙面上のDirections（解答の手順の説明）は省略しています。

◆ 解説を確認して復習

　試験終了後は、「解答と解説」ページで答えを確認し、採点してみましょう。各問題の解説には、該当する「重要POINT」の項目番号が掲載されています。解説を読んだ後、再びSTEP 2・3の内容を復習するとよいでしょう。

模試 1 STRUCTURE AND WRITTEN EXPRESSION — 25 minutes

Structure

1 In ------- evolution and history of man as with that of any other animal, the first step is undoubtedly to collect the facts.
(A) dealing with the
(B) deal with the
(C) with dealing the
(D) to deal with

2 ------- that a stone implement was found under a buried Scotch fir at a great depth in the peat.
(A) It stated
(B) Because it stated
(C) It has been stated
(D) Stated

3 The story of the French Canal Company is a ------- the history of finance, and in the ravages of tropical disease.
(A) unparalleled in tragedy
(B) tragedy in unparalleled
(C) tragedy unparalleled in
(D) tragedy which unparalleled in

4 When the ovum reaches the finished state, which is called "maturity," ------- the ovary.
(A) which leaves
(B) that it leaves
(C) leaves
(D) it leaves

5 The earth has not always reached ------- during the winter season of the Northern Hemisphere.
(A) to the point its perihelion
(B) its perihelion point
(C) pointed its perihelion
(D) what its perihelion point

6 ------- a prominent part in the politics and policy of a nation, its Executive must of necessity be its guide.
(A) It is foreign affairs play
(B) When foreign affairs play
(C) Foreign affairs which play
(D) Foreign affairs play

GO ON TO THE NEXT PAGE ▶

297

7 The magnitude of the commercial transactions of Tyre and Sidon ------- a considerable development of arithmetic.
(A) to necessitate
(B) which necessitate
(C) necessitated
(D) necessitating

8 ------- was found to be necessary after the mosquito has bitten a yellow fever patient before it is capable of transmitting the infection.
(A) An interval of twelve or more days
(B) During the interval of twelve or more days
(C) While an interval of twelve or more days
(D) It is an interval of twelve or more days

9 ------- no fluid that does not contain solid matter in solution, and no solid matter that is destitute of fluid.
(A) Although it has
(B) Being
(C) It is
(D) There is

10 The Egyptian Pyramids are ------- the grandest scale.
(A) burial mounds on
(B) on mounds burial
(C) mound burial on
(D) on burial mounds

11 The digestive juices contain certain unorganized ferments, ------- changes in the food.
(A) produce chemical
(B) which produce chemical
(C) produced chemical
(D) that produce chemical

12 ------- hostile toward the Turks because they were oppressing the little Slav states, but she had reasons of her own for wanting to see Turkey overthrown.
(A) Was Russia
(B) Russia not was
(C) Not only Russia
(D) Not only was Russia

GO ON TO THE NEXT PAGE ▶

13 In many animals the voice seems to have almost no other function than as a sex call, ------- and between parents and young.
(A) it is a communication between mates
(B) which a communication between mates
(C) or a communication between mates
(D) there is a communication between mates

14 To the north and east of the Roman Empire ------- were to become the leaders of the new nations of Europe.
(A) dwelt a people who
(B) a people dwelt
(C) in which a people dwelt
(D) a dwelling people who

15 The Alleghanies are so far from serving as a boundary to separate nations, that they do not ------- to the States.
(A) even serve as a frontier
(B) still serve along a frontier
(C) already serve for a frontier
(D) serve with a frontier yet

Written Expression

16 Vigorous and controllable muscular contraction require a sound and
        A   B   C
well-developed brain.
      D

17 Among some of the reigning families of Europe, particularly the Spanish,
     A
the folly of intermarriage among themselves is strong illustrated.
    B   C   D

18 Students frequently fail in solve mathematical problems when the mind
                                 A   B
is prostrated by continued and excessive effort to obtain a solution.
               C   D

19 Some physiologists do a distinction between the sense of touch and
         A   B   C
tact.
 D

20 It has already shown that England for a long time had been suspicious of
                A   B
Russia, fearing that the northern power was aiming at control of India.
       C   D

GO ON TO THE NEXT PAGE ▶

21 In articulation, mastication, and <u>deglutitious</u>, the tongue is <u>an</u> auxiliary to
            A   B   C
<u>other</u> organs.
  D

22 When the Constitution was thus perfected and <u>established</u>, a new form
                                                            A
of government was created, but <u>it</u> was neither speculative <u>or</u>
                                         B   C
experimental as <u>to</u> the principles on which it was based.
                 D

23 The space <u>that</u> intervenes between the superior <u>and</u> middle spongy
               A   B
bone, <u>called</u> the superior meatus, <u>or</u> channel.
        C   D

24 <u>More convex</u> a lens is, the shorter the distance from the <u>refracting</u>
     A   B
medium, <u>where</u> the different refracted rays converge to a <u>focus</u>.
          C   D

GO ON TO THE NEXT PAGE ▶

25 Beginning with the summer of 1914, Europe and parts of Asia and Africa
               A
    were torn and racked with the most tremendous war world has ever
              B   C   D
    seen.

26 The brain, being an organized part, is subject, so far as regards exercise,
                A   B
    to the same laws as the another organs of the body.
    C   D

27 During the 18th century, there were many wars in Europe caused by the
           A   B
    ambition of various kings to make their domains more large and to
                                                    C
    increase their own incomes.
             D

28 The control of the Adriatic Sea had been a matter of jealousy between
                                   A
    the Italians and Austrians even while the years when they were partners
                                      B   C
    in the Triple Alliance.
    D

GO ON TO THE NEXT PAGE ▶

29 If De Tocqueville <u>lived</u> to examine the history of the United States <u>from</u>
      　　　　　　　　　　　A　　　　　　　　　　　　　　　　　　　　　　B
1860 to 1870, his misgivings <u>as to</u> the power of self-preservation would,
　　　　　　　　　　　　　　　　　C
probably, have <u>been cleared</u> off.
　　　　　　　　　D

30 When the Europeans first <u>landed on</u> the shores of the West Indies, and
　　　　　　　　　　　　　　　　　A
afterwards on the coast of South America, <u>they</u> thought themselves
　　　　　　　　　　　　　　　　　　　　　B
transported into those <u>fabulous</u> regions of which <u>poetries</u> had sung.
　　　　　　　　　　　　　C　　　　　　　　　　　　　D

31 America is the only country <u>in which</u> it has been possible to witness the
　　　　　　　　　　　　　　　A
natural and tranquil <u>grow</u> of society, and where the influences
　　　　　　　　　　　B
<u>exercised on</u> the future condition of states by their origin is clearly
　　C
<u>distinguishable</u>.
　　D

32 If dry, solid food <u>is taken</u>, the tongue carries <u>them</u> to the back side of the
　　　　　　　　　　A　　　　　　　　　　　　　B
mouth, <u>where it</u> receives secretions <u>from</u> the salivary glands.
　　　　　C　　　　　　　　　　　　D

GO ON TO THE NEXT PAGE ▶

33. The thirteen colonies which simultaneously threw off the yoke of England
    _____ A
    towards the end of the last century professed the same religion, the
    ___B___   ___C___
    same language, the same customs, and most the same laws.
                                          _D_

34. In Spain certain province had the right of establishing a system of
                   ___A___   ____B____
    custom-house duties peculiar to themselves, although that privilege
                                               ___C___
    belongs, by its very nature, to the national sovereignty.
              _D_

35. The state of Finland, which had not been enough strong to defend itself
                          _____A_____   _____B_____
    against its two powerful neighbors, Sweden and Russia,
    had been fought over by these two powers for more than a century.
    _____C_____   ____D____

36. Some insects live in the water all their life, others spend a part of their
                                     ___A___
    life under water, others live the care-free life of the open air, while others
                                    _____B_____   __C__
    enjoy to feed upon and living in the foulest of filth.
          __D__

37 Among nations <u>which</u> law of descent is <u>founded</u> upon the right of
         　　　　　　　　　A　　　　　　　　　　　B
primogeniture landed estates often <u>pass</u> from generation to generation
　　　　　　　　　　　　　　　　　　　C
without <u>undergoing</u> division.
　　　　　　D

38 All the sovereigns <u>who</u> have chosen to govern by <u>their</u> own authority,
　　　　　　　　　　　A　　　　　　　　　　　　　　　B
and to direct society instead <u>with</u> obeying its directions, have <u>destroyed</u>
　　　　　　　　　　　　　　　C　　　　　　　　　　　　　　　　　D
or enfeebled the institution of the jury.

39 The steamer *Sussex*, <u>crossing the</u> English Channel, <u>it was</u> hit by a
　　　　　　　　　　　　　　A　　　　　　　　　　　　　　B
torpedo <u>which killed</u> many of the <u>passengers</u>.
　　　　　　　C　　　　　　　　　　　D

40 In his younger years William Butler Yeats held that <u>a poetry</u> is "the words
　　A   B
<u>that have</u> gathered up the heart's desire <u>of the world</u>."
　　　C   D

This is the end of Practice Test 1.

STOP

模試1　解答と解説

正解一覧

Structure
1. (A)　2. (C)　3. (C)　4. (D)　5. (B)　6. (B)　7. (C)　8. (A)
9. (D)　10. (A)　11. (B)　12. (D)　13. (C)　14. (A)　15. (A)

Written Expression
16. (B)　17. (D)　18. (A)　19. (B)　20. (A)　21. (B)　22. (C)
23. (C)　24. (A)　25. (D)　26. (D)　27. (C)　28. (B)　29. (A)
30. (D)　31. (B)　32. (B)　33. (D)　34. (A)　35. (B)　36. (D)
37. (A)　38. (C)　39. (B)　40. (B)

Structure

1　正解（A）　重要POINT10　p.51

In dealing with the evolution and history of man as with that of any other animal, the first step is undoubtedly to collect the facts.（※英文中の下線 = S-V関係）

訳　他のいかなる動物の場合と同様に、人間の進化と歴史を扱う際の第一歩は間違いなく事実を収集することである。

空所前に前置詞 In が置かれていることに注目する。前置詞は後ろに名詞を従えるため、(B) の動詞の原形あるいは現在形、(C) の前置詞は不適当。(A) dealing と (D) to deal は共に準動詞を取っているが、前置詞の後ろに不定詞を置くことはできないため (D) も不適当。よって、正解は動名詞を含む (A) となる。

2　正解（C）　重要POINT4　p.35

It has been stated that a stone implement was found under a buried Scotch fir at a great depth in the peat.

訳　泥炭の下深くに埋められていたオウシュウアカマツの木材の下に石器が発見されたと述べられている。

空所の直後に that 節（S = a stone implement、V = was found、残りは全て修飾語）

が見つかるので、空所には主節を求める。(A) の場合、主語が It で動詞が stated であることは分かるが、このままでは that 節が stated「述べる」の目的語となってしまい It が指示する内容が分からない。(B) の場合も S = it、V = stated、O = that 節となるが、同様に it が指示する内容が分からないし、Because は従属接続詞であるため、さらに主節が必要となる。(C) は S = It、V = has been stated となり受動態であるためここまでで節が完成しており、It の指示する内容も that 節（形式主語と真主語の関係）であると分かる。(D) の場合は主語が欠落しているため不適当。

3　正解 (C)　重要POINT35　p.108

The story of the French Canal Company is a tragedy unparalleled in the history of finance, and in the ravages of tropical disease.

訳　フランス運河会社の物語は金融の歴史上、そして熱帯性の病気による損害の類を見ない悲劇である。

まず選択肢から語順が問われていることに目を付ける。空所の直前に不定冠詞 a が置かれていることから空所には名詞が必要であることを確認する。すると (A) の unparalleled は形容詞で「類を見ない」の意味であるため不適当であると分かる。(B)、(C)、(D) はそれぞれに tragedy「悲劇」という名詞が置かれているので、それに続く語順をチェックする。(B) の場合は直後に前置詞である in が置かれているためその後には名詞が必要となるが、形容詞である unparalleled が置かれているため不適当である。次に (D) の場合、tragedy の後に関係代名詞 which が来るが、関係代名詞は節を従えるため動詞を含まない (D) は不適当である（which is unparalleled であれば正しい）。よって、正解は (C) で unparalleled 以下が tragedy を修飾している。

4　正解 (D)　重要POINT16　p.58

When the ovum reaches the finished state, which is called "maturity," it leaves the ovary.

訳　卵が「成熟期」と呼ばれる完成期に達する時、卵は卵巣を後にする。

文頭の When から "maturity" までが従属節を作っており、空所の直後に名詞 (the ovary) があることから空所には主節の主語と動詞が必要であることが分かる。(A) の which は関係代名詞であるため主節を作らない。(B) は従属接続詞である that を含んでいるため不適当。(C) は主語が欠落している。したがって、正解は (D) となる。

5　正解（B）　重要POINT7　p.39

The earth <u>has</u> not always <u>reached</u> its perihelion point during the winter season of the Northern Hemisphere.

> 訳　北半球の冬季では地球は常に近日点に達してきたわけではない。

空所の前に S = The earth、V = has reached と主節の主語と動詞を確認する。空所直前の reached は他動詞で「〜に達する」の意味なので空所には対応する目的語となる名詞を探す。(A) の場合、its perihelion を目的語であると考えられるが、to the point「その地点まで」が意味の面から不要。(C) は pointed「先のとがった」という形容詞が its perihelion の前では不適切。(D) の場合、関係代名詞 what が置かれているが後ろに動詞が含まれていないため不適当。したがって、正解は正しく名詞句を作っている (B) となる。

6　正解（B）　重要POINT17　p.68

When <u>foreign affairs</u> <u>play</u> a prominent part in the politics and policy of a nation, <u>its Executive</u> must of necessity <u>be</u> its guide.

> 訳　外交問題が国の政治や政策において目立った役割を果たしている場合、行政が必然的に指針とならなければならない。

文全体の構造を考えて、主節の主語が its Executive で動詞が must be であることを確認する。このことから、(D) は節 (S = Foreign affairs、V = play、O = a prominent part) ができており、節と節が接続詞もなくコンマで並列されているため不適当であると分かる。(A) の場合も (D) と同様に、S = It、V = is、C = foreign affairs と節ができており、さらに動詞である play も置かれているため英文として成立していない。(C) は名詞 (Foreign affairs) に関係代名詞節 (which play) が付いているため、名詞句が出来ているだけで、主節とつながらない。したがって、正解は (B) で When 節 (S = foreign affairs、V = play) を適切に作っている。

7　正解（C）　重要POINT6　p.38

The <u>magnitude</u> of the commercial transactions of Tyre and Sidon <u>necessitated</u> a considerable development of arithmetic.

> 訳　テュロスとシドンの商取引の重要性が算数の大きな発展を必要とした。

空所の前後をチェックすると、前に名詞句 (The magnitude ... Sidon)、後ろにも名

詞句（a considerable development）が置かれていることから、空所前の名詞句が主節の主語であると考えられる。よって空所には主節の主動詞を求める。(A) は不定詞であるため主動詞にはなれず、(B) も関係代名詞節になるため主動詞ではない。(D) も同様に、動詞の ing 形だけでは主動詞にはなれず be 動詞を補う必要がある（尚、necessitate は「必要とする」の意味を持つ状態動詞であるため進行形は取らない）。したがって、正解は (C) で動詞の過去形を挿入する。

8 正解 (A) 重要POINT2 p.33

An interval of twelve or more days was found to be necessary after the mosquito has bitten a yellow fever patient before it is capable of transmitting the infection.

訳 感染病を伝染させることができるには蚊が黄熱病患者を刺してから 12 日あるいはそれ以上の間隔が必要であると分かっている。

空所の直後に動詞（was found）が置かれていることと、さらにその後ろに従属節が 2 つ、after S (= the mosquito) V (= has bitten) と before S (= it) V (= is) が置かれていることから、空所には was found に対応する主節の主語が必要であると分かる。(B) の場合、During があるため前置詞句を作り不適切、また (C) の場合は従属接続詞 While が含まれており主節ができないため不適当。(D) の場合は文頭の It is が不要で、It の指示する内容も不明。したがって、名詞句のみで形成されている (A) が正解となる。

9 正解 (D) 重要POINT37 p.111

There is no fluid that does not contain solid matter in solution, and no solid matter that is destitute of fluid.

訳 溶液中に固体を含まない液体と液体を持たない固体は存在しない。

空所の後ろに注目すると、名詞（no fluid と no solid matter）に関係代名詞節（that ... solution と that ... fluid）が付いた名詞句が 2 つ and で並列されていることから、空所には少なくとも主節の主動詞が必要であることが分かる。そのことから、まず (B) の Being は不適当であることが分かる。(A) の場合、従属接続詞 Although が含まれているため主節が成立せず it が指示する内容も不明。(C) の場合主語が It で主動詞が is であると考えられるが、It が指示する内容が分からないため不適当。したがって、正解は (D) となり is が主動詞で対応する主語が no fluid and no solid matter となり S-V も正しく一致している。

10　正解（A）　重要POINT8　p.40

The Egyptian Pyramids <u>are</u> burial mounds on the grandest scale.

訳 エジプトのピラミッドは最大規模の埋葬塚である。

選択肢から正しい語順が問われていることに着目する。空所の直後に名詞句（the grandest scale）が置かれていることから選択肢の最後には前置詞 on を含む必要があり、(B) と (D) は消去できる。残るは (A) と (C) の burial と mounds の語順であるが burial は名詞で「埋葬」の意味を持ち、mounds も名詞 mound「塚」の複数形である。共に名詞ではあるが、名詞を2つ並列すると1つ目の名詞が2つ目の名詞を形容詞的に修飾する。例えば、computer analysis「コンピューター分析」であれば computer「コンピューター」と analysis「分析」は共に名詞であるが1つ目の名詞である computer が2つ目の名詞である analysis を修飾している。よって、意味的な面から (A) の burial mounds「埋葬塚」が正しい。

11　正解（B）　重要POINT26　p.87

<u>The digestive juices contain</u> certain unorganized ferments, which produce chemical changes in the food.

訳 消化液は特定の無機的な酵素を含んでおり、食物に化学的変化をもたらす。

まず、空所の前に主節（S = The digestive juices、V = contain、O = certain unorganized ferments）が完成していることを確認する。(A) の場合、動詞の原形、あるいは現在形 produce が含まれているが接続詞がなく主節とつながらない。(C) は produced が動詞の過去形で chemical が対応する目的語と考えられるが、(A) と同様に接続詞がないため主節とつながらない。(D) は関係代名詞 that を含んでいるが、コンマと共に用いて非制限的に用いることはできない。したがって、正解は (B) で、関係代名詞 which の非制限用法で先行詞である certain unorganized ferments「特定の無機的な酵素」の補足説明を行っている。

12　正解（D）　重要POINT39　p.114

Not only <u>was</u> Russia hostile toward the Turks because <u>they were oppressing</u> the little Slav states, but <u>she had</u> reasons of her own for wanting to see Turkey overthrown.

訳 ロシアはその小さなスラブ人国家を抑圧していたがためにトルコ人に対して敵意を抱いていただけでなく、トルコが転覆するのを目にしたいと思う理由が

あった。

空所の後を見てみると because 以下に従属節が置かれており、また空所直後に形容詞 (hostile) があることから空所には主節の主語と動詞が必要であることが分かる。(A) の場合、主語 (Russia) と動詞 (was) が含まれてはいるが倒置しており不適当。(B) は not の位置が不適切で、Russia was not の語順であれば正しい。(C) は主動詞が含まれていないため不適当。したがって (D) が正解となり、文頭に Not only という否定の副詞が置かれているため was Russia と倒置が起こっている。

13 正解（C） 重要POINT9 p.50

In many animals the voice seems to have almost no other function than as a sex call, or a communication between mates and between parents and young.

訳　多くの動物において、声は求愛の呼びかけ、あるいはつがいや親、子供の間の意思疎通以外のほぼどんな機能も持たないように思われる。

まず空所の前の段階で S = the voice、V = seems to have、O = almost no other function と主節が完成していることを確認する。すると、(A) は S = it、V = is、C = a communication、(D) は S = a communication、V = is と節が選択肢となっているため、空所前と空所で節と節が接続詞もなくコンマだけでつながれていることになり不適当であると分かる。(B) の場合、関係代名詞 which が含まれているが後ろに節を作る動詞がないため不適当。したがって正解は (C) となり、等位接続詞 or によって a sex call と a communication between mates and between parents and young が並列されている。

14 正解（A） 重要POINT38 p.112

To the north and east of the Roman Empire dwelt a people who were to become the leaders of the new nations of Europe.

訳　ローマ帝国の北部と東部にヨーロッパの新国家の指導者になる民族が住んでいた。

まず空所の前に置かれているのが前置詞 (To) と名詞句 (the north and east of the Roman Empire) による前置詞句であって、空所の後に動詞 were があることからも少なくとも空所には主節の主語が必要であることを確認する。よって were に対応する複数形の主語を選択肢に求めるが、(B) の場合 a people「ある民族」が単数形な上

に動詞の過去形 dwelt が不要。(C) の場合、関係代名詞節を作り空所前の名詞である the Roman Empire「ローマ帝国」を先行詞に取るが、結局 were に対応する主語が欠落するので不適当。また (D) であれば、関係代名詞の who を含むので先行詞となる a dwelling people と were が一致せず不適切。よって、残った選択肢の (A) が正解となるが、文の S-V 構造は S = a people who ... Europe、V = dwelt となり、文頭に場所を表す副詞句が置かれているため S-V が倒置している。

15　正解 (A)　重要POINT12　p.53

The Alleghanies are so far from serving as a boundary to separate nations, that they do not even serve as a frontier to the States.

訳　アレーゲニー山脈は国々を分断する境界線としての役割を全く果たせておらず、合衆国の国境としての役割さえ果たしていない。

空所の前に否定文を作る助動詞 do not が置かれていることと、全ての選択肢には動詞の原形である serve が含まれているので、それぞれの選択肢の違いである副詞と前置詞の用法と意味を確認する。空所前までの文意は「アレーゲニー山脈は国々を分断する境界線としての役割を全く果たせておらず」なので、(A)「合衆国の国境としての役割さえ果たしていない」が意味的に正解であると分かる。(B) に含まれている副詞の still は通例否定文中では用いず、(C) の already は完了時制と共に用いるのが一般的。また、(C) については serve for となっているため「～のために奉仕する」の意味になる点でも不適切で、(D) も serve with にすると「～と共に奉仕する」になるため意味が通らない。

Written Expression

16　正解 (B) requires　重要POINT41　p.132

Vigorous and controllable muscular contraction requires a sound and well-developed brain.

訳　力強く制御可能な筋肉収縮には健全でしっかりと発達した頭脳が必要である。

動詞である選択肢 (B) に下線が施されているため S-V の一致を確認する。主語は文頭の Vigorous and controllable muscular contraction「力強く制御可能な筋肉収縮」なので単数形扱いになるため、(B) は requires にする必要があることが分かる。尚、(C) の sound は名詞ではなく形容詞で「健全な」の意味を持つ。

17　正解 (D) strongly　　　重要POINT89　p.258

Among some of the reigning families of Europe, particularly the Spanish, <u>the folly</u> of intermarriage among themselves <u>is</u> strongly <u>illustrated</u>.

訳　ヨーロッパ、とりわけスペインの王座に就いている一族のいくつかの中では、その一族内での血族結婚という愚行が如実に示されている。

まず選択肢から注目したいのは (C) の代名詞であるが、文中には複数名詞である some of the reigning families of Europe「ヨーロッパの王座に就いている一族のいくつか」があり、前置詞 among の目的語であるため themselves で正しい。次に S-V の一致を確認すると、主語は the folly「愚行」で動詞は is illustrated であるため正しく対応していることが分かる。残る選択肢の (A) については注目したい前置詞 among であるが、後ろに複数形の名詞（some of the reigning families of Europe）が置かれているため文法的には正しい。残る (D) が正解となるが、is illustrated の間に挿入されていることから副詞が必要なので strongly が正しい。

18　正解 (A) in solving　　　重要POINT65　p.195

<u>Students</u> frequently <u>fail</u> in solving mathematical problems when the mind is prostrated by continued and excessive effort to obtain a solution.

訳　解答を得ようと絶えず過剰に取り組もうとすることで精神が衰弱している場合、学生たちは頻繁に数学の問題を解けない。

まず選択肢から注目したいのは (D) の不定詞であるが、この場合は直前の名詞 effort「取り組み、努力」を形容詞的に修飾しているので問題はない。次に (A) と (C) は共に前置詞（in と by）を含んでいるので後ろに名詞が必要となる。(C) の場合は continued and excessive effort「絶え間ない過剰な取り組み」を従えるが、(A) の場合は動詞の原形（solve）が置かれているため不適切。前置詞の後ろなので動名詞の solving にすると正しい英文となる。

19　正解 (B) make　　　重要POINT49　p.152

Some physiologists <u>make</u> a distinction between the sense of touch and tact.

訳　生理学者の中には触覚と触感を区別する者もいる。

下線部 (C) の between から相関関係をチェックすると (D) の直前に and があるので

between A and B が成立している。尚、(D) の tact は名詞で「触感」の意味なので touch と適切に並列されている。(A) と (B) は主節の S-V 関係を作っているので S-V の一致を確認すると (A) は複数形になっており、(B) もそれに呼応して do を取っている。S-V は一致しているが、do の目的語である a distinction と do ではコロケーションが不適切である。よって、(B) を make にすると正しい。make a distinction between A and B で「A と B を区別する」の意味になる。

20　正解　(A) been shown　　　重要POINT55　p.161

It has already been shown that England for a long time had been suspicious of Russia, fearing that the northern power was aiming at control of India.

訳　イングランドが長きにわたってロシアを疑わしく思い、北方の大国である彼らがインドの支配を狙っていることを恐れていたことはすでに明らかになっている。

選択肢の中で注目したいのは (C) であるが、分詞構文の意味上の主語は England であるため能動の意味を持つ現在分詞 fearing のままで正しい。ここで文の S-V 関係を確認していくと、主節の主語が It で動詞が has shown であるが、It（形式主語）の指示内容は that 節（S = England、V = had been、C = suspicious）であるため、(A) が能動態では意味の面で不適切であると分かる。したがって、(A) を受動態の been shown にすれば正しい英文となる。尚、(D) に含まれる前置詞 at は aim at A で「A を狙う」の意味を表す。

21　正解　(B) deglutition　　　重要POINT87　p.255

In articulation, mastication, and deglutition, the tongue is an auxiliary to other organs.

訳　調音、咀嚼、嚥下において、舌は他の器官の補助を行っている。

怪しい選択肢からチェックすると、(C) の不定冠詞 an は直後に母音から始まる可算名詞の単数形 auxiliary「補助物」を伴っているので正しく、(D) の other も後ろに可算名詞の複数形 organs「器官」を伴っているため問題はない。ここで注目したいのが (B) の直前におかれた等位接続詞 and の並列関係で、articulation「調音」、mastication「咀嚼」、deglutitious「嚥下の」では 3 つ目の deglutitious のみ形容詞になっている。前の 2 つが名詞なので、名詞に合わせて deglutition とすると正しい英文になる。意味が分からなくても、articulation、mastication に含まれる tion は名詞を作る接尾辞、deglutitious の tious は形容詞を作る語尾であることは頭に入れておきたい。

22　正解 (C) nor　　重要POINT96　p.279

When the Constitution was perfected and established, a new form of government was created, but it was neither speculative nor experimental as to the principles on which it was based.

訳　合衆国憲法が完成し制定された際に、新しい形の政府が生まれたが、その政府の基盤となる原則に関しては理論的でも実験的でもなかった。

> まずは (B) の代名詞 it をチェックすると、指示内容は the Constitution「合衆国憲法」であり was の主語になっていることから主格の代名詞 it で問題がないことが分かる。(A) については直前に置かれた等位接続詞 and の並列関係を考えると直前の過去分詞 perfected と並列されていることが明白であるため、正しい。(C) の等位接続詞 or の並列関係を考えて前を確認すると neither が見つかる。neither は neither A nor B で「A も B も〜ではない」の相関関係を持つので、正解は (C) で nor に正す。尚、(D) の to は直前の as とで群前置詞を作り、as to A で「A に関する」の意味を持つ。

23　正解 (C) is called　　重要POINT45　p.137

The space that intervenes between the superior and middle spongy bone, is called the superior meatus, or channel.

訳　上海綿骨と中海綿骨の間に位置する空間は上導管、つまり管と呼ばれる。

> 選択肢 (B) と (D) の等位接続詞の並列関係を確認すると、(B) の and は superior と middle の 2 つの形容詞を正しく並列しており、(D) は the superior meatus「上導管」と channel「管」という 2 つの名詞を同格的に , or によって並列しているため問題はない。ここで S-V の一致をチェックすると、主語が The space で対応する動詞が called であると分かる。しかし、意味の面で The space「その空間」と called「呼んだ」では一致しないため、is called と受動態にすれば正しい。

24　正解 (A) The more convex　重要POINT99　p.283

The more convex a lens is, the shorter the distance from the refracting medium, where the different refracted rays converge to a focus.

訳　レンズが凸型であればあるほど、様々な屈折光線が収束して一つの焦点を作る屈折媒体からの距離が短くなる。

> チェックしたい選択肢は (B) と (C) で、(B) は直後の名詞 medium を修飾する現在分詞で medium「媒体」と refract「屈折させる」が能動の関係に成立するので正しく、(C) は関係副詞の where であるが先行詞は the refracting medium「屈折媒体」で関係副詞節も S = refracted rays、V = converge、to a focus が修飾語になり欠落はないため正しい。(D) の focus は可算名詞で「焦点」の意味を示し、直前の不定冠詞 a と共に用いて問題はない。したがって正解は (A) となるが、直後に続く a lens is, の後に「the 比較級＋S」(この場合 V である is は省略されている) が続くので、(A) も The more convex とする必要がある。

25　正解 (D) the world　重要POINT76　p.221

Beginning with the summer of 1914, Europe and parts of Asia and Africa were torn and racked with the most tremendous war the world has ever seen.

訳　1914年の夏に始まり、ヨーロッパとアジアの一部、アフリカは世界がそれまでに目にした最大規模の戦争によって引き裂かれ苦しんだ。

> 選択肢の中でチェックしたいものは (B) racked であるが、直前の等位接続詞 and によって torn (tear の過去分詞形) と並列されているので正しい。S-V の一致については下線が施されていないので、それぞれの選択肢の品詞を確認する。(A) は begin with A で「～で始まる」のイディオムであり問題はなく、(C) も直前の the を含めて the most tremendous war で「最大規模の戦争」と最上級を正しく構成している。(D) も直後の has seen に対応する主語であるため名詞という点では正しいが、「世界」の意味を表す場合、the world とするのが通例。

26　正解 (D) other　重要POINT84　p.241

The brain, being an organized part, is subject, so far as regards exercise, to the same laws as the other organs of the body.

訳　脳は一つの器質であり、これまでのところその機能に関しては、身体の他

の器官と同じ法則の影響を受けている。

> 文構造が複雑であるが、2 つの挿入句（, being an organized part, と , so far as regards exercise,）を取り除くと、S = The brain、V = is、C = subject と主節が見つかる。1 つ目の挿入句の一部である (A) は分詞構文を作っており問題はなく、(C) の to も主節の述部である is subject と共に用いて be subject to A で「A の影響を受けやすい」の意味を表す。(B) は as regards で群前置詞となり「〜に関して」の意味を示す。その直前の so far は副詞で「これまでに」の意味。残る (D) は直後に複数名詞 organs「臓器」を従えるので another ではなく other が正しい。another か other に下線が施されている場合は直後の名詞に注目すること。

27　正解　(C) larger　　重要POINT68　p.200

During the 18th century, there were many wars in Europe caused by the ambition of various kings to make their domains larger and to increase their own incomes.

訳　18 世紀の間、様々な王たちの領土を拡大し自身の収入を増やしたいという野心によって引き起こされた戦争が数多くヨーロッパでは起こった。

> まずは (D) の代名詞を確認する。指示内容として複数名詞 various kings「様々な王たち」があり、後ろに名詞 incomes「収入」が置かれているため所有格の their で問題はない。(A) は「18 世紀」の意味を表現しているが the と序数詞（18th）が共に用いられているので正しい。主節は S = many wars、V = were であり、(B) は過去分詞で主語である many wars を修飾しているため正しく、be 動詞を補う必要はない。したがって、正解は (C) となり large の正しい比較級は larger となる。

28　正解　(B) during　　重要POINT85　p.243

The control of the Adriatic Sea had been a matter of jealousy between the Italians and Austrians even during the years when they were partners in the Triple Alliance.

訳　三国同盟の同盟国であった時代でもイタリア人とオーストリア人の間ではアドリア海の支配が嫉妬を引き起こす事柄であった。

> まずは選択肢から (C) の they の指示内容と格をチェックすると、複数名詞 the Italians and Austrians「イタリア人とオーストリア人」が指示内容で、さらに後ろに動詞 were を従えていることからも主格の they で問題ないことが分かる。次に注目し

たい選択肢が (B) の while で、while は従属接続詞であるため後ろに節を従えなければならないが、本文では名詞句 the years とそれを修飾する関係副詞節（when ... Alliance）が置かれている。よって、(B) には while ではなく前置詞である during が必要。

29　正解　(A) had lived　重要POINT51　p.155

If De Tocqueville had lived to examine the history of the United States from 1860 to 1870, his misgivings as to the power of self-preservation would, probably, have been cleared off.

訳　トクビルが 1860 年から 1870 年の間のアメリカの歴史を調べるために生きていたとすれば、自衛の力に関する彼の疑いはおそらく晴れていたであろう。

(B) は後に続く to と相関関係にあり from A to B で「A から B まで」の意味を表すので正しい。(C) も群前置詞で as to A「A に関して」で正しく用いられている。(A) と (D) は従属節（S = De Tocqueville、V = lived）と主節（S = his misgivings、V = would have been cleared off）の関係にあるので時制の一致を確認する。主節の時制は would have been の形から過去完了形であることが確定しているので、If 節の動詞を一致させる必要がある。よって、正解は (A) で had lived に正すと、仮定法過去完了が正しく成立する。

30　正解　(D) poets　重要POINT74　p.218

When the Europeans first landed on the shores of the West Indies, and afterwards on the coast of South America, they thought themselves transported into those fabulous regions of which poets had sung.

訳　ヨーロッパ人たちが西インド諸島の海岸、その後に南米大陸の海岸に上陸したとき、彼らは自分たちが詩人たちが歌っていた架空の地域に流されてきたと考えていた。

まずは (B) の代名詞の they のチェックをするが、複数名詞 the Europeans が文中にあり、さらに直後の動詞 thought に対応する主語であるため they で問題はない。(A) も When 節の主語である the Europeans に対応する動詞として正しく用いられている。残る選択肢の品詞を確認すると、(C) は名詞である regions「地域」を修飾するので形容詞である fabulous「架空の」で正しく、品詞の面では (D) の poetries も直後

の had sung に対応する主語であるため名詞でふさわしい。しかし、poetry (poetries の単数形) は「総称的な詩」の意味であり、had sung の主語にはならない。したがって、(D) を poets「詩人」にすれば意味も成立する。尚、poetry は「(総称的な) 詩」の意味を持ち不可算名詞であるため複数形を取ることはできない。

31　正解　(B) growth　重要POINT90　p.260

America is the only country in which it has been possible to witness the natural and tranquil growth of society, and where the influences exercised on the future condition of states by their origin is clearly distinguishable.

訳　アメリカは社会が自然に穏やかに成長を遂げるのを目撃することができ、国家の将来の状況にその起源によって影響がもたらされたことがはっきりと顕著である唯一の国である。

目を付けたい選択肢としては (A) と (C) があり、(A) は先行詞が the only country で後ろに欠落のない節 (S = it、V = has been、C = possible) を従えていることから問題はなく (関係代名詞節に先行詞をもどすと、in the only country it has been possible となり文意が成立する)、(C) の場合は直前の名詞 the influences「影響」を修飾しており exercise は「及ぼす」の意味を持ち受動関係を表す過去分詞形で適切。(B) と (D) については品詞を確認する。(B) の場合、直前に the natural and tranquil「自然で穏やかな」と定冠詞と形容詞が置かれているため下線部には名詞が必要となり、不適切であると分かる。よって、正解は (B) で grow「育つ」の名詞形である growth「成長」が正しい品詞となる。尚、(D) の indistinguishable は形容詞で「区別できない」の意味を持つが、接尾辞 able、あるいは ible は形容詞を作ることを覚えておくこと。

32　正解　(B) it　重要POINT81　p.236

If dry, solid food is taken, the tongue carries it to the back side of the mouth, where it receives secretions from the salivary glands.

訳　乾燥した固体の食物が摂取されると、舌によってその食物は口の後ろ側に運ばれ、唾液腺から分泌される分泌物を受ける。

選択肢から (B) them と (C) に含まれる it に注目する。(B) については、複数名詞は文尾に the salivary glands「唾液腺」があるが、(B) の them にあてはめると「舌が唾液腺を口の後ろ側に運ぶ」となり、意味がおかしい。意味内容から考えて them が指示するべきは dry, solid food「乾燥した固体の食物」なので、them ではなく it が適

切であると分かる。尚、(C) の it も dry, solid food を指示するため指示内容・格共に問題はない。

33 正解 (D) almost　　重要POINT78　p.224

The thirteen colonies which simultaneously threw off the yoke of England towards the end of the last century professed the same religion, the same language, the same customs, and almost the same laws.

訳　前の世紀の終わりごろにイングランドによる支配から同時に解放された 13 の植民地は同じ宗教、言語、慣習そしてほぼ同じ法律を採用することを宣言した。

主節の主語が The thirteen colonies「13 の植民地」で動詞が (C) の professed「宣言する」になっていることから、(A) の関係代名詞は適切で、後ろの節の動詞である threw off に対応する主語が欠落している。(B) の towards は前置詞で時間を表す名詞を従えた場合「～頃に」の意味を示す。(D) の most は「ほとんど」の意味で用いる場合、名詞で most of A「A のほとんど」か形容詞で most A「ほとんどの A」のいずれかの形で用いる。よって、(D) の most を almost に変えると正しくなり、almost は副詞であるため直後の形容詞 the same を修飾することができる。

34 正解 (A) provinces　　重要POINT71　p.214

In Spain certain provinces had the right of establishing a system of custom-house duties peculiar to themselves, although that privilege belongs, by its very nature, to the national sovereignty.

訳　スペインの特定の州は独自の課税体系を設置する権利を持っていたが、本来その特権は国家君主に属するものである。

(B) は ing の形を取っているが、直前に前置詞 of があることから動名詞 establishing で問題なく、(C) although は従属接続詞であるため直後に節 (S = that privilege、V = belongs) を従えているので正しい。(D) の代名詞についても、指示内容が that privilege「その特権」で直後に名詞 (very nature) を従えているため、所有格を表す its で正しい。したがって正解は (A) となるが、直前に形容詞 certain しか置かれていないことと、province「州」は可算名詞であることから、provinces と複数形にすれば正しい英文となる。

35　正解 (B) strong enough to　　重要POINT92　p.263

The state of Finland, which had not been strong enough to defend itself against its two powerful neighbors, Sweden and Russia, had been fought over by these two powers for more than a century.

訳　フィンランド国は近隣の2つの強国であるスウェーデンとロシアから自衛できるほどの強さはなく、1世紀以上にも渡ってこの2つの強国によって争いの対象となっていた。

> 文の大きな構造を確認すると、S = The state of Finland「フィンランド国」、V = had been fought over「争いの対象となる」であることから、S-Vの能動・受動の関係は適切で、時制についても for more than a century「1世紀以上にも渡って」から完了形で正しいということが分かる。(A) の関係代名詞 which については、先行詞が The state of Finland で後続する節の主語が欠落していることから正しい。残る (B) の選択肢は語順に注目する。この文中での enough は strong という形容詞を修飾するため strong の後ろに置いて、strong enough to とする必要がある。

36　正解 (D) feeding　　重要POINT60　p.178

Some insects live in the water all their life, others spend a part of their life under water, others live the care-free life of the open air, while others enjoy feeding upon and living in the foulest of filth.

訳　昆虫の中には生涯をずっと水中で過ごすものもあれば、生涯の一部を水面下で過ごすもの、野外で懸念なく過ごすものもいるが、一方で汚物の中でも極めて不潔なものを食糧とし生活を送る昆虫もいる。

> まずは代名詞の (A) であるが、指示内容は Some insects で直後の名詞 (life) から考えて their で正しい。また (C) の while は従属接続詞であり、以下に節 (S = others、V = enjoy) を従えているので正しい。残りの選択肢の品詞をチェックすると、(B) は care-free「心配のない」が形容詞で名詞である life「生活」を修飾しており問題はない。(D) の場合、直前の enjoy に注目する。enjoy は目的語に動名詞を取る動詞であるため、正しくは feeding となる。

37　正解（A）whose　　　重要POINT63　p.183

Among nations whose law of descent is founded upon the right of primogeniture landed estates often pass from generation to generation without undergoing division.

　訳　相続法が長子相続権を基に作られている国家では所有地がしばしば分割されることなく次の世代へと渡る。

> (C) の主動詞に対応する主語をチェックすると、文頭の Among から primogeniture までが前置詞句で、主語は landed estates「所有地」であることから、対応する主動詞は pass「渡る、譲られる」で S-V の一致、能動・受動共に問題はない。(A) の場合、先行詞は nations「国家」で問題ないが以下に続く節の主語である law of descent の限定詞が欠落している。限定詞が欠落している場合、which ではなく whose が適切である（POINT 26 も参照）。(B) は is と共に適切に受動態を作っており、(D) も直前に前置詞 without があることから動名詞で適切である。

38　正解（C）of　　　重要POINT67　p.198

All the sovereigns who have chosen to govern by their own authority, and to direct society instead of obeying its directions, have destroyed or enfeebled the institution of the jury.

　訳　自らの権威によって統治し、社会の示す方向性に従うことなしに社会を管理することを選んだ君主たちはみな陪審制度を破壊するか弱体化させてきた。

> (A) は先行詞が All the sovereigns「君主たち全員」で、後ろに主語の欠落した節（V = have chosen）を従えているため問題はなく、(B) も指示内容が All the sovereigns で後ろに名詞 authority を従えていることから所有格の their で正しい。(D) については、対応する主語が All the sovereigns であるため能動関係を示す have destroyed「破壊してきた」を動詞に持っており適切である。(C) の前置詞 with については直前の instead に注目したい。instead of A で「A の代わりに」の意味を表すので、with でなく of とすると正しい。

39　正解 (B) was　　　　　　　　　　重要POINT95　p.277

The steamer *Sussex*, crossing the English Channel, was hit by a torpedo which killed many of the passengers.

訳　汽船サセックスはイギリス海峡を横断し、乗客の多くを亡くした魚雷に襲われた。

選択肢からまず (B) の代名詞 it に注目したいが、指示内容は The steamer *Sussex*「汽船サセックス」であることが分かるが、文の主語が The steamer *Sussex* であることから it を置くと、主語に対応する主動詞がなくなってしまう。したがって、(B) の it を取ると、S = The steamer *Sussex*、V = was hit と主節が完結する。(A) は分詞構文で主語が The steamer *Sussex* であることから能動態を表す crossing で正しく、(C) も先行詞が a torpedo「魚雷」で主語が欠落した節 (V = killed、O = many of the passengers) を従えていることから正しい。(D) も many of の後に位置しているので複数形の passengers「乗客たち」で適切。

40　正解 (B) poetry　　　　　　　　　重要POINT73　p.217

In his younger years William Butler Yeats held that poetry is "the words that have gathered up the heart's desire of the world."

訳　若き日のウィリアム・バトラー・イェーツは詩とは「世間の人々が心の中に抱いている願望を集める言葉」であると考えていた。

目につく選択肢としては関係代名詞を含む (C) くらいであるが、先行詞は the words で後続する節の主語が欠落していることから問題はない (V = have gathered up、O = the heart's desire of the world)。(A) は前置詞で時間を表す名詞 (his younger years) と共に正しく用いられており、(D) も the world で「世間」の意味を表しており正しい。したがって正解は (B) となり、poetry は「(総称的な) 詩」を表すため不可算名詞扱いとなり、a が不要。

模試2 STRUCTURE AND WRITTEN EXPRESSION — 25 minutes

Structure

1. When, in 1904, the United States undertook to complete the Canal, ------- the success or failure was largely a matter of sanitary control.
   (A) everyone feeling that
   (B) everyone felt that
   (C) everyone having felt that
   (D) everyone was felt with that

2. ------- of the Jicarillas is very loose, the head-chief, selected from the family of his predecessor, exercises considerable influence.
   (A) While the government
   (B) The government is
   (C) The government
   (D) What the government

3. The foundation of New England was a novel spectacle, and all the circumstances ------- were singular and original.
   (A) attend it
   (B) which it attend
   (C) attended it
   (D) attending it

4. ------- for the hardness and toughness of the crystalline and volcanic rocks, which are often capable of resisting the action of the waves, few lands might ever emerge from the midst of an open sea.
   (A) It were not indeed
   (B) If it were indeed
   (C) Were it not indeed
   (D) Not were it indeed

5. ------- of the Persians the hold of astrology weakened.
   (A) That the rationalizing influence
   (B) The rationalizing influence
   (C) Rationalized the influence
   (D) With the rationalizing influence

GO ON TO THE NEXT PAGE

6 In fact Indians ------- have submitted to prolonged treatment by their medicine-men when advised by them for such imaginative reasons to submit to it.
(A) physically normal
(B) physical normal
(C) physically normally
(D) normally physical

7 ------- has everywhere a practical value in so far as they make possible man's purposeful intervention in the natural processes.
(A) Through the knowledge of the universal laws
(B) The knowledge of the universal laws
(C) When the knowledge of the universal laws
(D) The knowledge the universal laws

8 Egypt ------- a center from which civilization spread to the other peoples of the Mediterranean.
(A) to have become
(B) which became
(C) became
(D) becoming

9 ------- tame, they are really extending or transferring to human beings the confidence and affection they naturally give their mothers.
(A) Wild animals become
(B) Becoming wild animals
(C) With wild animals become
(D) When wild animals become

10 ------- is due to a defect, but the nature of the defect is different in different cases.
(A) Although deaf-mutism
(B) There is deaf-mutism
(C) It is deaf-mutism
(D) Deaf-mutism

11 As M. Perrin has shown, in no way ------- by the X-rays depend on the chemical composition of the gas.
(A) produced the ionization does
(B) the ionization does produced
(C) does the ionization produced
(D) the produced ionization does

GO ON TO THE NEXT PAGE

12 After -------, which can be traced in the records of the Stone Age, civilization springs forth complete and highly developed, in the Nile Valley.
(A) millenniums a gradual upward progress
(B) millenniums of a gradual upward progress
(C) which millenniums of a gradual progress
(D) a gradual progress of millenniums

13 As a protagonist of occult philosophy, Paracelsus has had ------- than as a physician.
(A) a more reputation enduring
(B) enduring a more reputation
(C) a more enduring reputation
(D) an enduring reputation more

14 Linguistically the Apache belong to the great Athapascan family, which, according to the consensus of opinion, had its origin in the far North, ------- many tribes of the family still live.
(A) what
(B) with which
(C) where
(D) now that

15 Freeman, -------, said that history was "past politics" and politics "present history."
(A) who the English historian
(B) is the English historian
(C) the English historian
(D) while is the English historian

Written Expression

16 The man <u>combined</u> the <u>qualities</u> of Vesalius, Harvey <u>and</u> Morgagni in <u>an</u>
                        A   **B**   **C**   **D**
extraordinary personality was John Hunter.

17 It will be <u>evident upon</u> reflection that public opinion <u>is not</u> the opinion of
                    A   **B**
all, <u>nor even</u> of a majority of the persons who <u>they compose</u> a public.
     C   **D**

18 <u>There</u> was a time when Etna was not a burning mountain, and the time
     A
will come <u>when</u> <u>it</u> will cease <u>burning</u>.
           B **C**   **D**

19 It appears that <u>some of</u> parallel ridges <u>which</u> compose the Cordilleras,
                   A   **B**
instead of <u>being</u> contemporaneous, <u>were</u> successively and slowly
         C   **D**
upheaved at widely different epochs.

GO ON TO THE NEXT PAGE ▶

20 Nothing illustrates [A] clearly [B] the interdependence of the sciences than the reciprocal impulse given to [C] new researches in pathology and entomology by the discovery of the part played by [D] insects in the transmission of disease.

21 It is not too much [A] to say that the demonstration by Koch of the "bacillus tuberculosis" (1882) is, in it [B] far-reaching results, one of the most momentous discoveries [C] ever made [D].

22 Under [A] the direction of a positive, in place of [B] a speculative or metaphysical science of society, progress must assuming [C] the character of an orderly [D] march.

23 The temperament of the Negro consists in [A] a few elementary but distinctive characteristics [B], determined by physical [C] organizations and transmitting [D] biologically.

GO ON TO THE NEXT PAGE

24 Any science <u>which operates</u> with hypotheses and <u>seeks to</u> state facts in
                                   A   **B**
<u>such way</u> that they can be compared and verified by further
    C
<u>observation and experiment is</u> a natural science.
                 D

25 Social questions <u>have been</u> endlessly discussed, <u>and</u> <u>it</u> is important that
                        A   **B C**
they <u>might be</u>.
    D

26 In population the Apache seem <u>almost</u> too <u>insignificant that</u> have kept
                                A   **B**
the other tribes of the vast Southwest, <u>as well as</u> two civilized nations, in
                                                C
constant dread for so <u>long a</u> period.
                      D

27 With the new technique and <u>experimental</u> methods, the discovery of the
                                  A
specific germs of many of the more <u>important</u> acute infections
                                   B
<u>which followed</u> each other with <u>bewildering</u> rapidity.
      C   **D**

28 At Oxford, as at most of the continent universities, there were three
         ——A——   ——B——   ——C——
degrees, those of Bachelor, Licentiate and Doctor.
         ——D——

29 If a meal were cooked with decayed wood from a hogán a hundred years
                                 ——A——
deserted, a Navaho, even if starving, can not be induced to partake of it.
——B——   ——C——   ——D——

30 For much centuries religion held within itself the ripening self-knowledge
       ——A——   ——B——   ——C——
and self-discipline of the human mind.
                                ——D——

31 The principle of the independence of the States prevailed in the
                                                      ——A——
formation of the Senate, and that of the sovereignty of the nation
                            ——B——
predominated in the compose of the House of Representatives.
——C——   ——D——

GO ON TO THE NEXT PAGE ▶

32 William G. Sumner, in his book *Folkways*, worked through the
                                                            A
ethnological data and makes it available for sociological use.
                       B   C   D

33 In Quito, many important and significant revolutions in the physical
                    A
features of the country are said to have resulted, within the memory of
                        B   C
man, from the earthquakes by which it has been convulsed.
                                   D

34 The island now known as Great Britain, which was inhabited two
                    A   B
thousand years ago by the Britons and Gaels, Celtic peoples, were
                                                             C
overrun and conquered in part about 450 A.D. by the Saxons and
            D
Angles.

35 The Germanic languages, sometimes called Teutonic, are finding in three
                              A   B
parts of Europe today, and the Scandinavian languages, Danish,
Norwegian, and Swedish, belong to this family.
                        C   D

GO ON TO THE NEXT PAGE ▶

36 Some ants obtain the honey-dew merely by licking the surface of the
                                         A   B
leaves and stems on which they has fallen.
          C   D

37 Geography as a science is concerned with the visible world, the earth,
                   A   B
its location in space, the distribution of the land masses, and of the
C
plants, animal, and peoples upon its surface.
        D

38 Linnaea borealis grows not only in coniferous forests, but also in birch
                       A   B
woods, and even high above the tree limit on the mountains of

the Norway and on the fell-fields of Greenland.
     C   D

39 The eccentricities of Juno and Pallas are nearly identical, and reach
                                            A   B
three times as great as of Ceres and Vesta.
      C   D

GO ON TO THE NEXT PAGE

40 France, from 1789 and 1815, had adopted, tried, and rejected no less
              A   B   C
than ten different constitutions.
                     D

This is the end of Practice Test 2.

STOP

模試2　解答と解説

> **正解一覧**

Structure
1. (B)　2. (A)　3. (D)　4. (C)　5. (D)　6. (A)　7. (B)　8. (C)
9. (D)　10. (D)　11. (C)　12. (B)　13. (C)　14. (C)　15. (C)

Written Expression
16. (A)　17. (D)　18. (D)　19. (A)　20. (B)　21. (B)　22. (C)
23. (D)　24. (C)　25. (D)　26. (B)　27. (C)　28. (B)　29. (C)
30. (A)　31. (D)　32. (B)　33. (A)　34. (C)　35. (B)　36. (D)
37. (D)　38. (C)　39. (D)　40. (A)

Structure

1　正解（B）　重要POINT16　p.58

When, in 1904, the United States undertook to complete the Canal, <u>everyone felt</u> that the success or failure was largely a matter of sanitary control.

（※英文中の下線 ＝ S-V関係）

訳　1904年にアメリカがその運河の完成に着工した時に、その成否は大いに衛生状況の管理の問題であると皆が感じていた。

> 文頭のWhen, in ... the Canal までが副詞節を作り、空所以下でさらに S ＝ the success、V ＝ was、C ＝ a matter と節を作っていることを確認する。空所以下を主節と考えることもできるが、全ての選択肢が that で終わることから主節ではなく that 節を作っていることが分かる。したがって、空所には主節を作り後ろに that 節を従えられる選択肢が必要なので、(B)が正解となる（S ＝ everyone、V ＝ felt）。(A) と (C) はそれぞれに feeling と having felt と現在分詞のみ取るので動詞にはなれず、(D) は受動態になっているが意味の点と前置詞 with の後に that 節を取ることはできない点で不適切。

2　正解（A）　重要POINT14　p.56

While the government of the Jicarillas is very loose, <u>the head-chief</u>, selected from the family of his predecessor, <u>exercises</u> considerable influence.

訳　ヒカリーヤ族の政治体制は非常に柔軟であるが、族長は、前任者の一族から選出され、大きな影響力を発揮している。

> 挿入句が多く英文の構造を捉えにくいが、空所直後をまず確認すると動詞である is が見つかる。この is に対応する主語は前置詞句 of the Jicarillas ではないので空所に求められる。さらに loose 以下に目をやると S = the head-chief、V = exercises、O = considerable influence と節が見つかる。この節には接続詞が付いていないことから主節であると判断できるので、空所には「接続詞＋主語」が必要であると分かる。したがって、正解は (A) となり、(B) は接続詞がなく動詞 is が重複し、(C) は接続詞が欠落しており、(D) は関係代名詞 What で始まっているため不正解。

3　正解（D）　重要POINT22　p.74

The foundation of New England was a novel spectacle, and all the circumstances attending it were singular and original.

訳　ニューイングランドの設立はこれまでにない壮観であり、それに伴う全ての出来事が珍しく独創的であった。

> 大きく英文の構造を捉えると、S = The foundation、V = was、C = a novel spectacle とまず主節が置かれ、等位接続詞 and の後に S = all the circumstances、V = were、C = singular and original とさらに節が続く重文になっていることが分かる。空所については前後で節が完成していることから修飾語になる語句を入れる必要がある。(A) は動詞であるため S-V-V-C となり、(B) は関係代名詞節を作るが主語が it であると動詞は attend では不適切で（attends であれば文法的に適切）、(C) は過去分詞形の attended を用いているが直後の it とつながらないため非文である。よって正解は (D) で現在分詞句で直前の the circumstances を修飾している。

4　正解（C）　重要POINT40　p.115

Were it not indeed for the hardness and toughness of the crystalline and volcanic rocks, which are often capable of resisting the action of the waves, few lands might ever emerge from the midst of an open sea.

訳　しばしば波の作用に抵抗することができる結晶質岩と火山岩は硬く丈夫でなければ、ほとんどの土地は海から姿を現すことはないかもしれない。

> 空所の後を見てみると、大きな前置詞句（for ... toughness と of ... rocks）が置かれ、

コンマ後に大きな関係代名詞節（which are ... the waves）が挿入され、次に S = few lands、V = might emerge と節が確認できる。最後の節は接続詞を伴わないため主節であることが分かるので、空所に節を補う場合従属接続詞が必要である。(A) は節を成しているが接続詞が欠落しており不正解。(B) は「接続詞＋S-V」の形を取っているが it が何を指示しているのか不明で意味を成さない。正解は (C) で本来は If it were not indeed の形を取り空所後の for 以下とくっついて If it were not for A で「もし A がなければ」の仮定法の構文である。(D) は not の位置が不適切。

5　正解（D）　　　　　　　　　　　　重要POINT11　p.52

With the rationalizing influence of the Persians <u>the hold</u> of astrology <u>weakened</u>.

訳　ペルシア人たちの物事を合理化しようとする影響によって、占星術の影響力が弱まった。

空所後をチェックすると、前置詞句（of the Persians）の後に S = the hold、V = weakened と節が来ていることが分かる。この節には接続詞が付いていないことから主節だと判断できるので、空所には修飾語が当てはまる。(A) は That の後ろに名詞句（the rationalizing influence）があるだけで修飾語にならず、(B) はただの名詞句、(C) は動詞の過去形あるいは過去分詞形（Rationalized）に名詞句（the influence）がつながっており分詞構文だとしても by を Rationalized の後ろに挿入する必要がある。よって正解は (D) で前置詞句を作り修飾語の働きをしている。

6　正解（A）　　　　　　　　　　　　重要POINT35　p.108

In fact <u>Indians</u> physically normal <u>have submitted</u> to prolonged treatment by their medicine-men when advised by them for such imaginative reasons to submit to it.

訳　実際に肉体的に健康なインディアンたちはそのような独創的な理由で助言された際に祈祷師たちによる長期的な治療を受けてきた。

空所の前後を確認すると前に Indians、後ろに have submitted があることからこの 2 つの要素で S-V 構造ができていることが分かる。よって空所には前後のいずれかを修飾する語句が必要となり、(A) は「副詞＋形容詞」の形容詞句で主語である Indians を修飾できる。(B) は「形容詞＋形容詞」だが意味的に「肉体的で普通なインディアンたち」となり意味を成さない。(C) は「副詞＋副詞」で動詞を修飾するが「肉体的に普通に治療を受けてきた」となり意味を成さない。(D) は「副詞＋形容詞」だが「普通に肉体的なインディアン」となり同じく意味を成さない。

7 正解 (B)　　重要POINT2　p.33

The knowledge of the universal laws has everywhere a practical value in so far as they make possible man's purposeful intervention in the natural processes.

訳　人間が意図的に自然の作用に介入することが可能になる限り、万物の法則を知っておくことは場所を問わず実践的価値を持つ。

空所の直後に述部 (V = has、O = a practical value)、従属接続詞である in so far as から従属節であることが確認できるので、空所には主節の主語が補える。主語となる名詞（句）を正しく作っているのは (B) で、(A) は前置詞句となっており Through が不要、(C) は従属接続詞である When が不要、また (D) は名詞が２つ (The knowledge と the universal laws) 並列されているため文法的につながらない。

8 正解 (C)　　重要POINT6　p.38

Egypt became a center from which civilization spread to the other peoples of the Mediterranean.

訳　エジプトは文明が地中海地方の他の民族に拡散していく上での中心地となった。

空所直前に名詞である Egypt「エジプト」があり、これを主節の主語と考えて空所以下の英文を見ていくと、空所直後に名詞 (a center)、次に関係代名詞節 (from which ... the Mediterranean) が続くため主語に対応する動詞が空所に必要であると分かる。したがって、動詞の過去形である (C) became が正解となる。(A) の不定詞、(B) の関係代名詞＋動詞、(D) の ing 形は全て単独で主動詞として機能しない。

9 正解 (D)　　重要POINT17　p.68

When wild animals become tame, they are really extending or transferring to human beings the confidence and affection they naturally give their mothers.

訳　野生動物が飼いならされた場合に、本来は母親に対して持つ自信や愛情を実際に人間にまで広げたり、あるいは転移させたりしている。

空所後をチェックすると、直後に形容詞である tame「飼いならされた」が置かれ、

コンマを挟んで節構造（S = they、V = are extending or transferring、O = the confidence and affection ...）が確認でき、この節には接続詞が付いていないので主節であると考えられる。したがって、空所から tame までで副詞要素を作る必要があると分かる。(A) は節構造（S = Wild animals、V = become）を取るが接続詞がないため「S-V, S'-V'」になってしまい、(B) は分詞構文を作るが tame と wild animals の語順が不適当、また (C) の前置詞である With の後ろに節構造を取ってしまうため不適切である。よって正解は (D) で従属接続詞 When の後に正しく節（S = wild animals、V = become、C = tame）を取っている。

10　正解（D）　重要POINT1　p.32

Deaf-mutism is due to a defect, but the nature of the defect is different in different cases.

訳　聾唖はある欠陥が原因であるが、その欠陥の本質的な性質は他の事例とは異なっている。

空所の直後に動詞である is が置かれており、また but 以下で節（S = the nature、V = is、C = different）を取っていることら、空所に主語を補えば［S-V, but S'-V'］の重文が完成する。したがって、正解は (D) となり、(B) と (C) は共に動詞が重複し、(A) の場合は接続詞（Although と but）が重複してしまう。

11　正解（C）　重要POINT39　p.114

As M. Perrin has shown, in no way does the ionization produced by the X-rays depend on the chemical composition of the gas.

訳　M・ペリンが示しているように、X線によって生み出されたイオン化は決してその気体の化学組成に依拠しない。

文頭に As から始まる副詞節（As ... shown）があるので、コンマ以降で主節が置かれると分かるが、空所の直前の表現 in no way に注目する。節の先頭に否定の副詞が置かれた場合倒置を起こすので、空所には主節が倒置された状態を補う必要がある。また空所後に前置詞句（by the X-rays）、続いて原形不定詞（depend）が置かれていることから考えて、(C) が正解であると分かる。倒置をしない英文にすると the ionization（= S）produced by the X-rays depends（= V）on the chemical composition of the gas in no way. となる。

12　正解（B）　　　重要POINT10　p.51

After millenniums of a gradual upward progress, which can be traced in the records of the Stone Age, <u>civilization</u> <u>springs</u> forth complete and highly developed, in the Nile Valley.

訳　石器時代の記録にまで遡ることができるのだが、数千年に渡って徐々に進歩を遂げた後に、文明はナイル渓谷において完璧で高度の発展を遂げた状態に芽を出した。

> After の直後に空所があることに注目すると、After は従属接続詞と前置詞の両方として用いることができるので、前者であれば節（S-V）構造、後者であれば名詞表現が後続する。(A) は「名詞（millenniums）＋名詞（a gradual upward progress）」と名詞が２つ並列しているだけなので不適当。(B) は「名詞＋前置詞句（of a gradual upward progress）」で大きな名詞句を作るので正解となる。(C) は関係代名詞 which が置かれているが先行詞となる名詞が前にないため不正解、(D) は「名詞＋前置詞句」の形を取っているが意味が「数千年の（持つ）徐々の変化」となり、意味を成さない。

13　正解（C）　　　重要POINT7　p.39

As a protagonist of occult philosophy, <u>Paracelsus</u> <u>has had</u> a more enduring reputation than as a physician.

訳　内科医としてよりもオカルト的な哲学の提唱者として、パラセルスは不朽の評判を得てきた。

> 空所直後の than と選択肢から「比較表現の語順」について問われていることが分かる。空所直前に他動詞である has had があるのでこの動詞の目的語となる名詞句を空所に補充する。選択肢の語句の品詞と意味をそれぞれに確認すると、reputation は名詞で「評判」、enduring は形容詞で「不朽の」なので、「冠詞（a）＋more＋形容詞（enduring）＋名詞（reputation）」の語順を持つ (C) が正しく名詞句を作っている。

14　正解（C）　　　重要POINT30　p.92

Linguistically <u>the Apache</u> <u>belong</u> to the great Athapascan family, which, according to the consensus of opinion, had its origin in the far North, where <u>many tribes</u> of the family still <u>live</u>.

訳 言語的にアパッチ族は大アサバスカ語族に属しているが、一致した意見では大アサバスカ語族に属する多くの部族が依然暮らしているずっと北部に起源があったとされる。

> 似たような選択肢が多いので、一つずつあてはめて文法・意味の面を確認する。(A) は関係代名詞あるいは疑問代名詞の what だが、後続する節に注目すると S = many tribes、V = live となり、さらに名詞要素を加える部分がなく節として完成している。よって代名詞的な働きをする what は補えない。(B) の場合、先行詞は the far North と考えられるが、本来の文が many tribes of the family still live with the far North 「ずっと北部と共に」となり意味を成さない。(C) は関係副詞なので先行詞である the far North の説明をすることになり、本来の文も many tribes of the family still live there (= in the far North) となり意味を成す。(D) の now that は従属接続詞で「今や〜なので」の意味を表し、空所にあてはめると「今や大アサバスカ語族に属する多くの部族が依然暮らしているので」となり、主節の理由を説明することになるが意味を成さない。

15 正解 (C)　重要POINT9　p.50

Freeman, the English historian, said that history was "past politics" and politics "present history."

訳 イギリス人歴史家であるフリーマンは歴史とは「過去の政治」であり政治とは「現在の歴史」であると言った。

> 空所の前後で節 (S = Freeman、V = said、O = that ...) が完成しており、空所はコンマに挟まれているので挿入表現を補う。(A) は関係代名詞 who で始まるが動詞がなく、(B) は動詞である is が含まれているが、「S, V'-C', V O」となってしまい接続詞もなく2つの動詞が存在してしまう。(D) は従属接続詞 while があるが主語 (the English historian) と動詞 (is) がなぜか倒置している。よって (C) が正解で主語である Freeman を同格的に説明する名詞句である。

Written Expression

16 正解 (A) who combined　重要POINT46　p.139

The man who combined the qualities of Vesalius, Harvey and Morgagni in an extraordinary personality was John Hunter.

訳 並外れた人格という点でヴェサリウスとハーヴェイ、モルガニの性質を合わせた人物がジョン・ハンターであった。

> 注目する選択肢として、(C) は Vesalius、Harvey、Morgagni の 3 つの人名を並列しており正しく、(D) は直後に母音で始まる形容詞 extraordinary「並外れた」を取り可算名詞の単数形である personality「人格」も後続するので正しい。(A) の combined だが、英文全体の大きな構成を考えると主語が The man で動詞が was であるため、combined を動詞の過去形と考えると S-V-V となり動詞が重複し、過去分詞と捉えると combined に何らかの前置詞を加えない限り後ろの名詞句 the qualities ... extraordinary personality とつながらない。よって、(A) に関係代名詞 who を加えると正しい英文になる。

17　正解 (D) compose　重要POINT64　p.194

It will be evident upon reflection that public opinion is not the opinion of all, nor even of a majority of the persons who compose a public.

訳 世論とは大衆を構成する人々の全員の意見でもなければ、それらの人々の大多数の意見でもない、ということはよく考えてみると明白であろう。

> 下線は引かれていないが、カギとなるのは (D) 直前の関係代名詞 who である。今回の場合、先行詞が the persons「その人々」で先行詞を関係代名詞節にもどそうとしてみると S = they、V = compose、O = a pubic となっており先行詞をもどす場所がない。したがって、(D) の they を落とせば the persons compose a public となり、先行詞が元に置かれていた場所を特定できる。尚、(A) は evident upon という表現はなく、evident は will be の補語となり、upon は upon reflection で「よく考えてみると」の意味になる。

18　正解 (D) to burn　重要POINT59　p.177

There was a time when Etna was not a burning mountain, and the time will come when it will cease to burn.

訳 エトナ山が燃えるような火山ではなかった時代があり、また火を噴かなくなる時が訪れるであろう。

> (C) の it は指示内容が Etna「エトナ山」で will cease に対応する主語なので主格を表す it で正しい。もう 1 つ注目したい選択肢が (D) の burning で、動詞の ing 形は要注

STEP 4　ITP文法 模試

341

意である。今回は直前に他動詞である cease「やめる」があり、この動詞は目的語に不定詞を取るので正しくは to burn となる。

19　正解 (A) some of the　　重要POINT79　p.234

It appears that some of the parallel ridges which compose the Cordilleras, instead of being contemporaneous, were successively and slowly upheaved at widely different epochs.

訳　コルディエラスを構成する平行に走る尾根のいくつかは同時代に生じたものではなく、非常に異なる時代に継続的にゆっくりと隆起したものであったようである。

(D) に対応する主語を考えると文頭の It appears に後続する that 節中の some of parallel ridges が該当すると分かる。ここで同時に (A) の some of もチェックしたいが、some of の後ろには「限定された名詞」が必要である。よって (A) に the を加える必要がある。(B) は先行詞が the parallel ridges「平行に走る尾根」であるため which で正しく、(C) も群前置詞 instead of「〜の代わりに」の直後に位置するので動名詞の being で適切である。

20　正解 (B) more clearly　　重要POINT68　p.200

Nothing illustrates more clearly the interdependence of the sciences than the reciprocal impulse given to new researches in pathology and entomology by the discovery of the part played by insects in the transmission of disease.

訳　病気の伝染において昆虫が果たす役割を発見したことで病理学と昆虫学での新たな調査に与えられた相補的刺激以上に明瞭に様々な科学分野の相互依存関係を説明するものはない。

下線が施されていないため気付きにくいが、この問題のキーワードは (B) と (C) の間にある than である。than を扱う際のポイントは必ず than よりも以前に比較級、other、rather のうちのどれかの表現が必要なことである。現状の英文ではどれもないため、(B) を比較級にして more clearly とすれば正しい英文となる。(A) は主語が Nothing であり S-V の関係が一致しており、(C) と (D) は共に過去分詞で直前の名詞である the reciprocal impulse「相補的刺激」と the part「役割」を修飾している。

21 正解 (B) its　　　重要POINT82　p.238

It is not too much to say that the demonstration by Koch of the "bacillus tuberculosis" (1882) is, in its far-reaching results, one of the most momentous discoveries ever made.

訳　コッホによる（1882年の）「桿菌（かんきん）結核」の証明は、その影響が広く及んだという点において、これまでになされた最も重要な発見の一つであると言っても過言ではない。

> まずは最重要ポイントの一つである (B) の代名詞の指示内容と格をチェックする。指示内容は the demonstration... (1882) であり単数形で正しいが、直後に名詞句 far-reaching results を従えているため所有格にする必要がある。よって、its にすれば正しい英文となる。(D) の made は ever made で前の the most momentous discoveries を過去分詞として修飾している。

22 正解 (C) assume　　　重要POINT56　p.172

Under the direction of a positive, in place of a speculative or metaphysical science of society, progress must assume the character of an orderly march.

訳　理論的あるいは形而上学的ではなく実証的な社会科学の指揮のもとでは、進歩が秩序だった行進の性質を帯びなければいけない。

> チェックしたい選択肢は (C) の assuming で動詞の ing 形を取るべきかどうかを確認する。直前には助動詞である must があるため (C) は原形不定詞 assume であるべきである。(A) は under the direction of A で「Aの指揮のもとで」、(B) は in place of A で「Aの代わりに」の意味を表す。また (D) の orderly は名詞である order「秩序」に接尾辞 ly を加えていることから形容詞で「秩序だった」の意味を表し、名詞である march「行進」を修飾している。

23 正解 (D) transmitted　　　重要POINT62　p.181

The temperament of the Negro consists in a few elementary but distinctive characteristics, determined by physical organizations and transmitted biologically.

訳　黒人の気性はわずかな単純でありながら特有の特徴に本質があり、それら

の特徴は肉体的組織によって決定され、生物学的に遺伝されている。

> (A) は consist in A で「A に存在する、A に本質がある」の意味で用いるため正しく、(B) も a few「わずかな」によって修飾される名詞なので複数形で適切である。(D) に関しては直前の and に注目すると determined by physical organizations と transmitting biologically が並列されていると考えられるので、過去分詞形 transmitted にする必要があることが分かる。transmitting のままであると目的語も必要となる。

24　正解　(C) such a way　重要POINT75　p.219

Any science which operates with hypotheses and seeks to state facts in such a way that they can be compared and verified by further observation and experiment is a natural science.

訳　仮説を用い、更なる観察と実験をすることで比較、証明ができるように事実を述べんとするいかなる科学も自然科学である。

> 一見すると (D) は「observation and experiment が主語なので is は間違い！」と見えるが、(D) の前には by further があるので実際には前置詞である by の目的語が further observation and experiment であって is に対応する主語ではない。(D) の主語に対応する主語は文頭の Any science であり正しい形を取っている。その主語に続く (A) の関係代名詞は先行詞が「人」ではないため which で正しく、対応する動詞も operates で問題ない。次に (B) だが seek は目的語に不定詞を取り直前の and によって operates と並列されているので問題ない。残る (C) は、way は可算名詞なので不定冠詞 a が必要である。

25　正解　(D) should be / be　重要POINT53　p.158

Social questions have been endlessly discussed, and it is important that they should be.

訳　社会問題は終わることなく議論されてきており、そうあることが重要である。

> この問題も下線が施されていない部分が正解へのカギとなっていて、(C) から始まる it is important that ... の部分に注目する。「重要、必要、望ましい」という意味の形容詞に伴われる that 節内には仮定法現在が用いられるため (D) は should be あるいは原形不定詞 be が正しい形となる。(A) は対応する主語が Social questions で後ろに過

去分詞形である discussed を持つので現在完了形の受動態を形成しており、(C) の it は形式主語で that 以下が真主語である。

26　正解 (B) insignificant to　重要POINT97　p.280

In population the Apache seem almost too insignificant to have kept the other tribes of the vast Southwest, as well as two civilized nations, in constant dread for so long a period.

訳　人口という点ではアパッチ族はあまりにも少なくて 2 つの文明化した国の民だけでなく広大な南西部の他の部族をそんなに長い間に渡って絶えず恐怖を感じさせることはできなかったようである。

怪しい選択肢が多いが、今回のポイントも下線を施されていない部分にある。(A) と (B) の間にある too に注目すると、too は「too + ［形容詞／副詞］+ to do」の形を取って「［形容詞／副詞］過ぎて to do できない」の意味を表す。したがって、(B) は insignificant to にして insignificant 以下を不定詞にする必要がある。(A) の almost は副詞で「ほとんど、ほぼ」の意味を表し、この文中では副詞である too「〜過ぎる」を修飾しており正しい。(D) の語順についてだが、so は副詞で「とても、非常に、それくらい」の意味を表すためこの文中では直後の long を修飾している。so がなければ a long period が正しい語順となる。

27　正解 (C) followed　重要POINT43　p.134

With the new technique and experimental methods, the discovery of the specific germs of many of the more important acute infections followed each other with bewildering rapidity.

訳　新しい技術と実験理論によってより重要で深刻な伝染病の多くの特定の細菌が途方に暮れるほど急速に発見され続けた。

英文全体の大きな構成を捉えることで、正解に近づくことができる問題。文頭は前置詞句 (With ... methods) で始まり、主語が the discovery ... acute infections なので、対応する動詞を探す。すると主部の直後に関係代名詞節が (C) から始まってしまい、主動詞が欠落していることが分かる。したがって、(C) の which を取り除いて followed とすれば主動詞ができる。(A) と (B) は共に形容詞で、それぞれに後に続く methods「理論」と infections「伝染病」を修飾しているので品詞の面で問題はなく、(D) も bewilder「当惑させる」の現在分詞形で直後の名詞 rapidity「急速さ」を修飾している。

28　正解 (B) continental　重要POINT88　p.257

At Oxford, as at most of the continental universities, there <u>were three degrees</u>, those of Bachelor, Licentiate and Doctor.

訳　ユーラシア大陸にある大学のほとんどと同様に、オックスフォード大学では、学士、修士、博士の3つの学位が存在した。

> (A) は従属接続詞の as に前置詞句 at most ... が続いているが、本来の英文は as there were three degrees, those of Bachelor, Licentiate, and Doctor at most of the continent universities なので、従属接続詞の後に節が従えられている（主節と内容が完全に一致しているので省略されている）。(C) は主語が three degrees「3つの学位」であるため正しく、(D) は the degrees に置き換えられるため正しい。よって正解は (B) で、直後に名詞である universities「大学」を従えているので形容詞の continental「大陸の」にするべきである。Written Expression で答えに困った場合、品詞のチェックを忘れずに！

29　正解 (C) could　重要POINT50　p.153

If a meal were cooked with decayed wood from a hogán a hundred years deserted, <u>a Navaho</u>, even if starving, <u>could not be induced</u> to partake of it.

訳　百年間野ざらしにされたホーガンから取ってきた朽ちた木材を使って食事を作った場合、ナバホ族はたとえ飢えるほどお腹を空かせていても、その食事を口にしたいとは思えないであろう。

> この問題も下線のない文頭部分に注目してみる。If 節中が S = a meal、V = were cooked となっていることから仮定法過去を用いた文であると分かる。その場合主節に助動詞の過去形を用いる必要があるので、(C) を could に変えれば正しい英文となる。(A) は decay「朽ちる」の過去分詞形で直後の名詞 wood「木材」を修飾し、(B) deserted も desert「見捨てる」の過去分詞形で副詞句 a hundred years を伴って a hogán を修飾している。(D) は a meal を指示し、前置詞 of の目的語になるので it で正しい。

30　正解 (A) many　重要POINT83　p.239

For many centuries <u>religion held</u> within itself the ripening self-knowledge and self-discipline of the human mind.

> **訳** 数世紀に渡って人間の頭脳の持つ成熟した自己認識と自己修養を宗教ははらんでいた。

> (A) は注目すべき形容詞で、不可算名詞を修飾して「大量の」の意味を表す。(A) の直後には centuries「数世紀」と可算名詞の複数形が置かれていることから、many に変える必要がある。(B) は主語である religion「宗教」の再帰代名詞であり itself で正しく、(C) は ripen「成熟する」の現在分詞で self-knowledge と self-discipline を修飾しているため正しく用いられている。

31　正解 (D) composition　　重要POINT 90　p.260

The principle of the independence of the States prevailed in the formation of the Senate, and that of the sovereignty of the nation predominated in the composition of the House of Representatives.

> **訳** アメリカ合衆国の独立という考えは上院の形成と、下院の構成において顕著であった国家の統治権の形成に広まっていた。

> (A) は prevail「普及する」の過去形で主語である The principle「考え、主張」に対応しており、(B) は the formation を言い換え、(C) は predominate「支配する」の過去分詞形で predominated in ... of Representatives の句を作り that of ... the nation を修飾している。残る (D) は直前に the が来ていることから名詞である必要があるため composition にすれば品詞が正しくなる。compose は動詞で「構成する」の意味。

32　正解 (B) made　　重要POINT 47　p.141

William G. Sumner, in his book *Folkways*, worked through the ethnological data and made it available for sociological use.

> **訳** ウィリアム・G・サムナーは、自著である『習俗』の中で、民俗学的な資料を読みあさり社会学において用いられるようにした。

> 注目ポイントである (C) の it について確認すると、格については makes の目的語であるため目的格で正しく、指示内容については the ethnological data を指示している。data「資料、データ」という語は本来は a datum の複数形だが、通例的に単数形でも用いられ、it で受けることができる。さらに注目すべきである (B) の動詞 makes に関しては、直前の and によって worked と並列されているので時制が一致していない。

よって、made とすれば時制が正しくなる。尚、(D) の use は動詞で「使う」の意味を表すが、同じスペルで名詞として「使用」の意味を表すことができ正しく用いられている。

33　正解　(A) important / significant　重要POINT94　p.276

In Quito, many important revolutions in the physical features of the country are said to have resulted, within the memory of man, from the earthquakes by which it has been convulsed.

訳　キトではその国の物理的特徴における多くの重要な革命的変化がその国を激しく揺さぶった地震によって人々の記憶の中に生じたと言われている。

まず (D) は指示内容が the country「その国」で has been に対応する主語であるため it で正しく、(B) の動詞 are に対応する主語は many important and significant revolutions であるため複数形を取り are で適切である。しかし、ここで主語である many important and significant revolutions の意味を考えると「多くの重要で重要な革命」となり「重要な」の意味が重複していることが分かる。同じ、あるいは似た意味の語句を並列してもその意味の強調にはならず、冗長なだけと見なされるので important と significant のどちらかを除くと正しい英文となる。

34　正解　(C) was　重要POINT41　p.132

The island now known as Great Britain, which was inhabited two thousand years ago by the Britons and Gaels, Celtic peoples, was overrun and conquered in part about 450 A.D. by the Saxons and Angles.

訳　現在イギリスとして知られているその島国は、2,000 年前にブリトン人と、ゲール族、ケルト民族が暮らしており、西暦 450 年頃にサクソン人とアングル人によって部分的に侵略され征服された。

一つずつ確認すると、(A) は know の過去分詞形で now known as Great Britain で句を作り直前の The island を修飾しており、(B) は先行詞に The island ... Great Britain を取る関係代名詞節の動詞で、inhabit「〜に住む、生息する」は他動詞でそれが受動態になっており正しく用いられている。(C) に対応する主語を考えると The island であることが分かるので、複数形ではなく単数形に合わせて was が正解であると分かる。(D) は (C) の be 動詞とくっついて受動態を取っており正しい。

35 正解 (B) found in　　重要POINT55　p.161

The Germanic languages, sometimes called Teutonic, are found in three parts of Europe today, and the Scandinavian languages, Danish, Norwegian, and Swedish, belong to this family.

訳　ゲルマン語族の言語は、時にチュートン語と呼ばれるが、今日のヨーロッパの3つの地域で見つかり、北欧言語であるデンマーク語、ノルウェー語、スウェーデン語がこの語族に属している。

ポイントとなる下線部をチェックすると、(C) は対応する主語が the Scandinavian languages「北欧言語」であるため belong で正しく、(D) は this family「この語族」で文頭の The Germanic languages「ゲルマン語族」を指示し適切である。(A) は分詞構文で直前の The Germanic languages を補足的に説明しているため過去分詞形で正しいので、残る (B) を考える。are finding in で現在進行形を取っているが、主語が The Germanic languages なので能動態のまま「ゲルマン語族が見つけている」という意味を取ることはできず、また is finding の目的語も欠落している。正しくは are found in として受動態を取る。

36 正解 (D) it　　重要POINT81　p.236

Some ants obtain the honey-dew merely by licking the surface of the leaves and stems on which it has fallen.

訳　アリの中には蜜が滴った葉や木の幹の表面をただ舐めることで蜜を得るものもいる。

ポイントとなる代名詞を含む (D) を確認すれば直ちに答えにたどり着く。(D) は直後の動詞が has fallen であることから適切ではないことが分かり、指示内容は the honey-dew「蜜」なので it とするべきである。

37 正解 (D) animals　　重要POINT71　p.214

Geography as a science is concerned with the visible world, the earth, its location in space, the distribution of the land masses, and of the plants, animals, and peoples upon its surface.

> **訳** ―科学としての地理学は可視世界、地球、宇宙における地球の位置、陸地とその表面に存在する動植物と民族の分布状態を扱う。

> (A) の選択肢の直後にある science という語は、通例不可算名詞として「科学」の意味を表すが、可算名詞として用いられた場合は「(一つの学問分野としての) 科学」の意味を表し、今回の文脈では「一学問分野としての地理学」という意味を表すので不定冠詞の a は必要である。(B) は be concerned with A で「A と関係している」の意味を表し、(C) は指示内容が the earth で直後に名詞 location「位置」を取るため、所有格を表す its で適切である。残る (D) については直後の and に注目し並列関係を確認する。the plants, animal and peoples と前後に複数名詞が並べられているので animals とすれば正しい英文となる。

38　正解 (C) Norway　　重要POINT77　p.222

Linnaea borealis grows not only in coniferous forests, but also in birch woods, and even high above the tree limit on the mountains of Norway and on the fell-fields of Greenland.

> **訳** ―リンネソウは針葉樹林にのみだけでなく、カバノキの森やノルウェーの山岳地帯やグリーンランドの寒地荒原の高木限界の遥か高くにさえ生い茂る。

> (A) は一見すると分かりにくいものの、主語が Linnaea borealis「リンネソウ」でスペルからすると複数形に見えるが植物名を表すので単数形扱いである。(B) は (A) の直後の not only と呼応して正しく用いられており、(D) も直前の and によって on the mountain of Norway と on the fell-fields of Greenland が並列されており適切である。(C) について、Norway「ノルウェー」は国名なので the を付ける必要はない。

39 正解 (D) those of　　重要POINT69　p.202

The eccentricities of Juno and Pallas are nearly identical, and reach three times as great as those of Ceres and Vesta.

訳　ジュノーとパラスの離心率はほぼ同一であり、セレスとベスタの離心率の3倍まで届く。

(A) に対応する主語は The eccentricities「離心率」であり、正しく一致している。(C) は three times as great as ... で倍数表現が用いられており、「.... の3倍大きい」の意味を表す。ここで注目したいのがこの倍数表現に伴う比較構造で、この英文では The eccentricities of Juno and Pallas「ジュノーとパラスの離心率」と of Ceres and Vesta「セレスとベスタの」が比較されていることになる。正しくは前者と the eccentricities of Ceres and Vest「セレスとベスタの離心率」となるべきなので、(D) が正解。尚、正しい英文にするためには those of Ceres and Vesta とする (those = the eccentricities)。

40 正解 (A) between　　重要POINT98　p.282

France, between 1789 and 1815, had adopted, tried, and rejected no less than ten different constitutions.

訳　フランスは1789年から1815年の間に10ものたくさんの異なる憲法を採択し、審議し、棄却した。

(A) で from を用いる場合は from 1789 to 1815 で「1789年から1815年まで」とすべきであり、from と and では呼応しない。正しい相関関係を作るためには (A) を between にする必要がある。(B) は and によって adopted と tried、rejected が並列されており正しく、(C) はこの場合 no less than で as many as「〜もの多くの」と同義的な使いかたをしている。

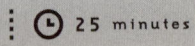

Structure

1. Young carnivores which can be handled freely and are affectionate, very seldom can be touched -------.
   (A) feeding while
   (B) while are feeding
   (C) while feeding
   (D) feeding while it is

2. Not only the condition of imperfect mental development, but also that of inability ------- stress upon the nervous system, may be inherited.
   (A) that withstands
   (B) to withstand
   (C) withstand
   (D) withstanding

3. The purely musical effect of any sound depends on its place in ------- a 'scale.'
   (A) which technically called
   (B) technically called
   (C) what is technically called
   (D) it is technically called

4. During the period of the Stamp Act agitation our colonial-bred politicians and statesmen made the discovery that ------- mode of thinking and feeling which was native to all the colonists.
   (A) there was a
   (B) being a
   (C) because a
   (D) having a

5. The immense prestige ------- has undoubtedly led scientific men to overestimate the importance of mere conceptual and abstract knowledge.
   (A) have gained the methods of the natural sciences which
   (B) or it has the methods of the natural sciences have gained
   (C) the methods of the natural sciences which have gained
   (D) the methods of the natural sciences have gained

GO ON TO THE NEXT PAGE

6 The Chinese believe that it is ------- which affords immunity from evil.
(A) when the Tao, "Order of the Universe"
(B) the Tao and "Order of the Universe"
(C) because the Tao, or "Order of the Universe"
(D) the Tao, or "Order of the Universe"

7 -------, in the proper sense of the word, are not the so-called savages, but the men who have never been domesticated, of which an individual example is now and then discovered.
(A) That wild men
(B) Wild men
(C) It was wild men
(D) Although wild men

8 Paracelsus expresses the healing powers of nature by the word "mumia," ------- as a sort of magnetic influence or force.
(A) he regarded it
(B) regarded he
(C) which he regarded
(D) that he regarded it

9 Poetry, drama, and the plastic arts are interesting and significant only ------- in new and ever changing circumstances the unchanging characteristics of a fundamental human nature.
(A) so far as they reveal
(B) they reveal
(C) which they reveal
(D) despite they reveal

10 The aim of folk-psychology has been, on the whole, ------- genesis and development of certain cultural forms, such as language, myth, and religion.
(A) explain the
(B) it explains the
(C) which explains the
(D) to explain the

11 ------- to stroke the aphids and induce them to void the liquid gradually so that it can be imbibed directly.
(A) Have many species learned
(B) While many species have learned
(C) Many species have leaned
(D) Many species having learned

GO ON TO THE NEXT PAGE ▶

12. The most commonly recognized distinction between man and the lower animals ------- in his possession of reason.
    (A) which lie
    (B) to lie
    (C) lies
    (D) lying

13. Cats cleanse themselves by licking their own coats more regularly than do dogs, while their tongues seem ------- the longer and more flexible tongues of dogs.
    (A) than for the work less well fitted
    (B) less well fitted for the work than
    (C) than well fitted less for the work
    (D) well fitted for the work less than

14. In ------- epidemic the specialists of Wu-ism, who act as seers, soothsayers and exorcists, engage in processions, stripped to the waist, dancing in a frantic, delirious state.
    (A) times the
    (B) that times of
    (C) timing the
    (D) times of

15. Sociology first gained ------- with the publication, between 1830 and 1842, of Auguste Comte's *Cours de philosophie positive*.
    (A) recognition as an independent science
    (B) as recognition an independent science
    (C) recognized as an independent science
    (D) recognition an independent science

GO ON TO THE NEXT PAGE ▶

Written Expression

16. Heredity <u>in</u> nature <u>causes</u> the offspring to <u>be resembling</u> or <u>repeat</u> the
       　　　A　　　　B　　　　　　　　　　C　　　　　　　D
present type.

17. Even Roger Bacon with <u>his</u> strong appeal for a new method <u>accepting</u>
　　　　　　　　　　　　　　　A　　　　　　　　　　　　　　　　　　B
the dominant mediaeval conviction <u>that</u> all the sciences did <u>but</u> minister
　　　　　　　　　　　　　　　　　　C　　　　　　　　　　　　D
to their queen, Theology.

18. The mountain fastness of the Apache in Arizona <u>permitted</u>
　　　　　　　　　　　　　　　　　　　　　　　　　　　A
<u>the most easiest</u> approach from the south and the west for <u>all who</u>
　　　B　　　　　　　　　　　　　　　　　　　　　　　　　　　　C
wished <u>to seek</u> peace or revenge.
　　　　　D

19. Although <u>it is</u> possible to draw clear distinctions in theory between the
　　　　　　　　A
purpose <u>and</u> methods of history and sociology, <u>but</u> in practice the two
　　　　　B　　　　　　　　　　　　　　　　　　　　C
forms of knowledge pass over into one another by <u>almost</u> imperceptible
　　　　　　　　　　　　　　　　　　　　　　　　　　D
gradations.

GO ON TO THE NEXT PAGE ▶

20 Lexell and Burckhardt's comet of 1770, so <u>celebrated</u> on account of the
                 A
disturbances <u>it</u> experienced from Jupiter, has <u>approached toward</u> the
    B   **C**
Earth within a smaller distance than any other <u>comet</u>.
              D

21 Natural law may <u>distinguished</u> from all other forms of law by the fact that
        A
it aims at <u>nothing more</u> than a description of the behavior of certain
 B   **C**
types <u>or</u> classes of objects.
  D

22 It seems hard to maintain that the change in a syntactical <u>constructions</u>
                 A
or in the meaning of a word <u>owes</u> its universality <u>to</u> a simultaneous and
        B   **C**
independent primary change <u>in all</u> the members of a speech-community.
       D

23 It is said that one of the <u>special advantage</u> that Montpellier <u>had over</u>
      A   **B**   **C**
Paris was its possession of so many important MSS., particularly <u>those</u>
                     D
of the Arabian writers.

GO ON TO THE NEXT PAGE ▶

24 Every <u>individual</u> comes into the world in <u>possession</u> of certain
　　　　　　　A　　　　　　　　　　　　　　　B
characteristic and <u>relatives</u> fixed behavior patterns <u>called</u> instincts.
　　　　　　　　　　　C　　　　　　　　　　　　　　　　　D

25 Sir James Dewar points out that Dalton's law demands that every gas
<u>composing</u> the atmosphere <u>has</u>, at all heights and temperatures, the
　　A　　　　　　　　　　　　　B
same pressure as if <u>it were</u> alone, the pressure decreasing the less
　　　　　　　　　　　　C
quickly, all things being equal, as <u>its</u> density becomes less.
　　　　　　　　　　　　　　　　　　D

26 The second world-wide practice which <u>it finds</u> its earliest record
　　　　　　　　　　　　　　　　　　　　　　　　A
<u>among the</u> Egyptians <u>is</u> the use of secretions and parts of the animal
　　B　　　　　　　　　　　C
body <u>as</u> medicine.
　　　D

27 It will be of <u>interesting</u> to know what studies were <u>followed</u> at a
　　　A　　　　　　B　　　　　　　　　　　　　　　　　　　　　C
<u>mediaeval</u> university.
　　D

GO ON TO THE NEXT PAGE ▶

28 Greek sciences in its palmy days seems to have been very free from the
          A   B   C
bad features of astrology.
        D

29 The various types of the social heritages are transmitted in two ways: by
                  A   B
tradition, as from generation to generation, and acculturating, as from
         C   D
group to group.

30 The descendants of the old Celtic peoples have not kept up the Celtic
                                     A   B
languages with any great extent.
      C   D

31 Judging by the similarity in language, the Apache and the Navaho in
      A
prehistoric times were as nearer a single group as the present bands of
           B   C   D
Apache are.

GO ON TO THE NEXT PAGE ▶

32 The Navaho ritual probably reached its highest phase about the
　　　　　　　　　　　　　　　　A　　B　　　　　　　　　　　C
beginning of the nineteenth centuries.
　　　　　　　　　　　　　　　D

33 A school of French psychiatrists and psychologists represented by
　　　　　　　　　　　　　　　　　　　　　　　　　　　　　A
Charcot, Janet, and Ribot has taken signal contributions to
　　　　　　　　　　　　　　B　　　　　　　　　　　　C
an understanding of the maladies of personality.
　D

34 The publication of the "Fabrica" shook the medical world to their
　　　　　　A　　　　　　　　　　　B　　　　　　　　　　　C　D
foundations.

35 In the United States, as well as in Europe, one branch of the legislature
　　　　　　　　　　　　　A
is authorized to impeach and others to judge: the House of
B　　　　　　　　　　　　　　C
Representatives arraigns the offender, and the Senate awards his
　　　　　　　D
sentence.

GO ON TO THE NEXT PAGE ▶

36. Of all the organs <u>inspected</u> in a sacrificial animal the liver, from its size,
                                  A   B
    position and <u>richness</u> in blood, <u>impressed with</u> the early observers as
                    C   D
    the most important of the body.

37. The word "university" <u>literal</u> means an association, and was not <u>at first</u>
                                 A   B
    restricted <u>to</u> learned <u>bodies</u>.
              C   D

38. It has been <u>asserting</u> that in the law courts girls <u>find</u> more sympathy than
                  A   B
    boys, and <u>that</u> for this reason the former receive <u>milder</u> sentences than
              C   D
    the latter.

39. As <u>long</u> ago as ancient Greek times, there were men <u>whose</u> suspected
        A   B
    that all matter consisted <u>of</u> tiny particles <u>which were</u> far too small to see.
                                C   D

GO ON TO THE NEXT PAGE ▶

40. Hair color is due either to a golden-brown pigment that looks black in
       　　　　　　　　　　　　　A　　　　　　　　　　　　　　　　　B
       masses, and else to a red pigment.
       　　　　　C　　　D

模試3　解答と解説

> **正解一覧**

Structure
1. (C)　2. (B)　3. (C)　4. (A)　5. (D)　6. (D)　7. (B)　8. (C)
9. (A)　10. (D)　11. (C)　12. (C)　13. (B)　14. (D)　15. (A)

Written Expression
16. (C)　17. (B)　18. (B)　19. (C)　20. (C)　21. (A)　22. (A)
23. (B)　24. (C)　25. (B)　26. (A)　27. (B)　28. (A)　29. (D)
30. (D)　31. (C)　32. (D)　33. (B)　34. (D)　35. (C)　36. (D)
37. (A)　38. (A)　39. (B)　40. (C)

Structure

1　正解（C）　　重要POINT15　p.57

Young carnivores which can be handled freely and are affectionate, very seldom can be touched while feeding.　（※英文中の下線＝S-V関係）

訳　自由な扱いを受け人懐っこい幼い肉食動物でも捕食中にめったに触れることはできない。

> 空所の前の段階で、S ＝ Young carnivores、V ＝ can be touched と主節が完成していることを確認しておき、さらに全ての選択肢に while が含まれていることに注目する。while は副詞節を作る従属接続詞なので、基本的に後ろに節（S-V 構造）を取る。(A) は while 以下に何も置かれず、(B) は are feeding に対応する主語がない。(D) は is の後ろに feeding があれば S ＝ it、V ＝ is feeding と節が完成する。したがって、(C) が正解となり、一見すると節を取っていないように見えるが、本来は while they are feeding で主節と主語が一致しているので「主語＋be 動詞」が省略されている。

2　正解（B）　　重要POINT20　p.72

Not only the condition of imperfect mental development, but also that of inability to withstand stress upon the nervous system, may be inherited.

訳　頭脳の発達が不完全な状態だけでなく神経系に対するストレスに耐えられ

ないことも遺伝されることがある。

> 英文の大きな構造を確認すると S = Not only the condition ... but also that of ... system、V = may be inherited で、英文の主要素は全て足りている。よって空所には修飾語が入り、直前に名詞である inability「能力がないこと」が置かれているので、これを修飾する形容詞的な語句を補う。(A) は関係代名詞節を導くが、この場合本来の英文の主語が inability で動詞が withstands となり「能力がないことが〜に耐える」となり意味が成立しない。(D) も現在分詞で直前の名詞を修飾するが、この場合も同様に意味上では inability が withstanding の主語となるため不適切である。(C) は動詞の現在形、あるいは原形であるため形容詞的な役割を果たさない。したがって、(B) が正解となり to withstand から nervous system までで不定詞句を作り inability を修飾する。

3 正解 (C) 重要POINT27 p.88

The purely musical effect of any sound depends on its place in what is technically called a 'scale.'

訳 いかなる音の純粋に音的な効果というのは専門的に「音階」と呼ばれるものでの位置に左右される。

> 空所の直前に前置詞である in があることから空所以下に名詞要素を作る必要があることが分かる。(A) は関係代名詞 which から始まり先行詞が its place「その位置」と考えられるが、which 以下が technically called a 'scale' となり called に対応する主語も目的語も欠落している。(B) の場合、technically called a 'scale' となり「専門的に呼ばれる『音階』」となり意味を成さない。(D) は節 (S = it、V = is called) を取っているため前置詞の後ろには置けない。したがって、(C) が正解で関係代名詞 what は the thing which に置き換えて、the thing which is technically called a 'scale' となり適切な名詞句を作っている。

4 正解 (A) 重要POINT37 p.111

During the period of the Stamp Act agitation our colonial-bred politicians and statesmen made the discovery that there was a mode of thinking and feeling which was native to all the colonists.

訳 印紙条例運動の期間中に植民地育ちの政治屋や政治家たちは全ての植民地

開拓者に特有の考え方や感じ方が存在するということを発見した。

> 文頭から英文の構造を確認すると、前置詞句 During ... agitation から始まり、S = our colonial-bred politicians and statesmen, V = made, O = the discovery と主節が完成し、次に the discovery「発見」を同格的に説明する that 節が後につながる。空所の後には名詞句（mode of ... feeling）とそれを修飾する関係代名詞節（which ... colonists）が続き、that 節の主語と動詞が欠落していることが分かる。よって、空所には「主語＋動詞」を補う必要があるので、正解は (A) となる。実際には動詞が was で主語が a mode of ... feeling となるが、残りの選択肢の全ては動詞が含まれていないため不適切である。

5　正解（D）　重要POINT28　p.90

The immense prestige the methods of the natural sciences have gained has undoubtedly led scientific men to overestimate the importance of mere conceptual and abstract knowledge.

訳　自然科学的な方法論が手にした莫大な名声によって間違いなく科学者たちは単なる概念的、抽象的知識の重要性を過剰に評価することとなった。

> 空所の前後を確認すると、前には名詞句（The immense prestige）= S、後に has led = V と scientific men = O と述部が置かれていることから主節が完成しており、このことから空所には主部を修飾する要素を補う。(A) は動詞（have gained）から始まっているが主語（The immense prestige）は単数形なので動詞と一致しない。(B) は等位接続詞 or の後に節（S = it、V = has、= the methods of the natural sciences）を取り、さらに動詞（have gained）が続いており、空所後にさらに動詞が続くことになるので不適当である。(C) は先行詞（the methods of the natural sciences）と関係代名詞節 which have gained がつながるが、have gained の目的語が欠落しており、さらに空所前の名詞ともつながらない。したがって、正解は (D) となり、S = the methods of the natural sciences、V = have gained となっており、the methods の直前に関係代名詞 which が省略されており空所前の The immense prestige を修飾する関係代名詞節を作っている。

6　正解（D）　重要POINT5　p.36

The Chinese believe that it is the Tao, or "Order of the Universe," which affords immunity from evil.

訳　悪に冒されないようにするのは道、すなわち「宇宙の道理」であると中国人たちは信じている。

> 空所の前後が it is ... which affords immunity from evil となっていることから強調構文を作っており、空所には強調される語句を補うことが分かる。which 以下の節は V = affords、O = immunity from evil となっており、主部が欠落していることから空所に入れて強調されている部分が主語であると分かる。(A) は従属接続詞である when から始まるが節が完成しておらず、(C) も同様である。(B) は「名詞句 and 名詞句」となっており、主部と考えられるが複数形扱いになるので不適切である。したがって、正解は (D) となり「A, or B」の形を取るので the Tao を同格的に "Order of the Universe" で説明している。

7　正解（B）　重要POINT2　p.33

Wild men, in the proper sense of the word, are not the so-called savages, but the men who have never been domesticated, of which an individual example is now and then discovered.

訳　野生の人間という語は、適切な語義においては、いわゆる野蛮人という意味ではなく、教化されたことが一度もない人間を指し、その個別的事例は時に発見されている。

> 文頭に空所があることから主部の欠落を疑いながら空所の後を見てみると、前置詞句 (in ... word) が挿入され、次に動詞 are、その補語として the so-called savage が続く。but 以下にはさらに節 (S = the men、V = have never been domesticated) が続くことから、やはり空所には are に対応する主部を補う必要が分かる。(A) は指示代名詞 That「あの」の後には単数名詞を補う必要があるので不適切で、(C) は It was、(D) は従属接続詞である Although が不要である。よって、正解は複数形の名詞句である (B) となる。

8　正解（C）　重要POINT26　p.87

Paracelsus expresses the healing powers of nature by the word "mumia," which he regarded as a sort of magnetic influence or force.

訳　パラケルススは自然治癒力を "mumia" という語で表現しており、彼はそれを一種の磁気を帯びた影響力、あるいは磁力と見なしていた。

空所前の段階で主節（S = Paracelsus、V = expresses、O = the hearing powers）が完成していることを確認し、選択肢から主節尾の the word "mumia"（"mumia" という語）を補足説明するものを空所以下に作る。(A) の場合 S = he、V = regarded、O = it と節を作っており、「S-V, S'-V'」の状態を作ってしまうため不適切で、(D) も that を含んでいるものの that 節と主節が適切につながらない。(B) は動詞と主語が倒置しているが結局主節とつながらないため、正解は (C) となる。(C) は関係代名詞を作り、先行詞が the word "mumia" であり元の英文にもどすと、he regarded the word "mumia" as a sort of ... となる。

9　正解（A）　重要POINT17　p.68

Poetry, drama, and the plastic arts are interesting and significant only so far as they reveal in new and ever changing circumstances the unchanging characteristics of a fundamental human nature.

訳　新しく絶えず変化している環境において基本的な人間性の不変的特徴を明らかにしている限りにおいてのみ、詩や劇、造形は興味深く、意義深いものである。

まずは空所前にS = Poetry, drama, and the plastic arts、V = are、C = interesting and significantと主節が完成していることを確認する。空所以下にはまず前置詞句in new and ever changing circumstancesが置かれ、次に名詞句the unchanging ... human natureが置かれている。選択肢に目をやると、(B)はS = they、V = revealと節を作っているが接続詞や関係詞などのつなぎ言葉がなく主節とつながらない。(C)は関係代名詞whichが含まれているが空所前に先行詞となる名詞がないため不適切で、(D)は前置詞であるdespiteの後に節が置かれているため不適切。したがって、(A)が正解となりso far asが従属接続詞で「〜する限り」の意味を表し、他動詞であるrevealの目的語が空所後の名詞句（the unchanging ... human nature）になっている。

10　正解（D）　重要POINT8　p.40

The aim of folk-psychology has been, on the whole, to explain the genesis and development of certain cultural forms, such as language, myth, and religion.

訳　民族心理学の狙いは概して言語や神話、宗教といった特定の文化形態の発生や発展を説明することであってきた。

空所の前の部分がポイントで、The aim of folk-psychology が主語で has been が動詞、その後に挿入句（on the whole）が続き空所に至る。挿入句を取り除けば空所には has been の補語にあたる部分があてはまるので、(A) は原形不定詞になっており不適切である。(B) は節（S = it、V = explains）を取っているが接続詞がないため補語にはなれず、(C) も関係代名詞を含んでいるが補語にはなれない。したがって残る (D) が正解となり、不定詞の名詞用法で補語の役割を果たしている。

11　正解（C）　重要POINT16　p.58

Many species have learned to stroke the aphids and induce them to void the liquid gradually so that it can be imbibed directly.

訳　多くの種が直接吸収できるようにアブラムシを手なずけ徐々にその液体を排泄させようとする。

空所の後に注目すると、不定詞句が to stroke ... and induce ... gradually まで続き、従属接続詞 so that によって副詞節が最後まで続く。よって空所には少なくとも主節の主語と動詞を補う必要があることが分かる。(A) は倒置を起こしているが不必要であり、(B) は従属接続詞 While から始まっており、こちらも不要。残る (C) と (D) については、(C) は S = Many species、V = have learned で主節を作っているので正解となり、(D) は動詞の部分が having learned になっており分詞構文を作ってしまうので不適切である。

12　正解（C）　重要POINT6　p.38

The most commonly recognized distinction between man and the lower animals lies in his possession of reason.

訳　人間と下等生物の間の最も一般的に認識されている違いは人間が理性を持ち合わせていることにある。

空所前後の形をチェックすると前には名詞句 The most commonly recognized distinction とそれを修飾する前置詞句 between ... animals が見つかり、空所後には前置詞句 in ... reason だけが見つかる。文頭の名詞句（The most ... recognized distinction）を主語であると考えると空所には対応する動詞が必要なので、正解は (C) であると分かる。文頭の名詞句に含まれる recognized は過去分詞形なので主動詞であると勘違いしないことがポイント。(A) と (B) はそれぞれに関係代名詞 which と不定詞 to が不要で、(D) の場合 lying だけでは主動詞になれない。

13　正解（B）　重要POINT34　p.107

<u>Cats</u> <u>cleanse</u> themselves by licking their own coats more regularly than do dogs, while their tongues seem less well fitted for the work than the longer and more flexible tongues of dogs.

訳　ネコはイヌよりも定期的に自分の毛をなめることで身体をきれいにするが、イヌのより長く柔軟な舌に比べてネコの舌はその作業に適していないように思われる。

> 選択肢から判断すると語順を問う問題であると分かる。どの選択肢にも than と less が含まれているので、than が less よりも先に置かれている (A) と (C) は不適切。残る (B) と (D) は、(D) は空所後とくっついて less than the longer and more flexible tongues of dogs「犬のより長く柔軟な舌より少ない」となるが、この場合 the work を修飾することになり英文全体で意味を成さない。よって、正解は (B) となり less well fitted for the work than ... で「…よりその作業により適さない」の意味を表す。

14　正解（D）　重要POINT10　p.51

In times of epidemic <u>the specialists</u> of Wu-ism, who act as seers, soothsayers and exorcists, <u>engage</u> in processions, stripped to the waist, dancing in a frantic, delirious state.

訳　伝染病の時期にウーイズムの専門家たちは、占い師や、予言者、祈祷師として振る舞い、祈りを行い、腰回りまで服を脱ぎ、半狂乱、精神錯乱状態で踊りを踊った。

> 空所前に前置詞 In、空所後に名詞である epidemic「伝染病」が置かれ、その後に主節 (S = the specialists、V = engage) が完成していることに注目すると、空所には、前置詞の後ろという点では名詞、名詞の前という点では冠詞や形容詞が必要であると考えられる。(A) は In times で前置詞句は完成するがその後が名詞句 the epidemic となり主節の前に名詞が置かれてしまい主語が重複する。(B) は In that の形を取ると従属接続詞になるので後ろに節を従える必要が出てくる。(C) も In timing で前置詞句は完成するが、the epidemic S-V の形を取ってしまうため不適当。したがって、(D) が正解で、In times of epidemic で「伝染病の時期に」と前置詞句を作る。

15　正解 (A)　　重要POINT7　p.39

Sociology first gained recognition as an independent science with the publication, between 1830 and 1842, of Auguste Comte's *Cours de philosophie positive*.

訳　1830年から1842年の間のアウグスト・コントの『実証哲学講義』の出版に伴って社会学は独立した科学として初めて認識されるようになった。

> 空所の前が S = Sociology、V = gained で、後に前置詞句が3つ（with the publication、between 1830 and 1842、of ... *positive*）並んでいることを確認し、空所には他動詞である gained「得る」の目的語を補うことを押さえておく。目的語になるのは名詞要素であるため、(C) は動詞の過去形、あるいは過去分詞形 recognized であり不適切。(B) は前置詞句 as recognition の後に名詞句 an independent science があるが、意味が「独立した科学を認識として得る」となり意味が分からない。(D) は名詞が2つ（recognition と an independent science）並置されているため不適当で、正解は (A) ということになる。gained recognition as an independent science で「独立した科学として認識される」の意味になる。

Written Expression

16　正解 (C) resemble　　重要POINT48　p.142

Heredity in nature causes the offspring to resemble or repeat the present type.

訳　自然界では遺伝によって子孫が現在の種と似たり、あるいはその種を繰り返したりする。

> 注目ポイントは (C) と (D) の間に置かれた等位接続詞 or である。前後の並列関係を確認すると (C) が be resembling で (D) が repeat なので並列関係が崩れている。(C) の resemble は状態動詞であるため進行形を取ることはできない。したがって、(C) を resemble とすれば正しい英文となる。

17　正解 (B) accepted　　重要POINT44　p.136

Even Roger Bacon with his strong appeal for a new method accepted the dominant mediaeval conviction that all the sciences did but minister to their queen, Theology.

訳 新しい理論を強く訴えていたロジャー・ベーコンでさえも全ての科学は女王である神学にただただ仕えているだけであるという中世において優勢であった考えを受け入れていた。

> (A) は Roger Bacon を指示しており直後に名詞句 strong appeal「強い訴え」を取るので所有格 his で正しく、(D) の but は副詞で「〜だけ」の意味を表す。(B) の accepting も注目すべき形であり、英文の大きな構造を捉えると、主語が Roger Bacon、前置詞句（with ... appeal for ... method）、そして次に (B) accepting に至る。accepting から始まるかたまりは conviction まで続き、さらに (C) から始まる that 節によって the dominant mediaeval conviction の内容が説明される。このように主語である Roger Bacon に対応する主動詞が存在しないので、(B) を主動詞に正せば主節が完成する。

18　正解　(B) the easiest　重要POINT70　p.203

The mountain fastness of the Apache in Arizona permitted the easiest approach from the south and the west for all who wished to seek peace or revenge.

訳 アリゾナ州にあるアパッチ族の山岳要塞によって、平和あるいは復讐を求める人々が皆南部と西部から最も容易に近づくことが可能になった。

> (A) は対応する主語が The mountain fastness「山岳要塞」であり、(C) 以下に続く関係代名詞節の動詞 wished の時制が過去形になっていることから時制についても正しいと分かる。尚、wish は目的語に不定詞を取り (D) の to seek も正しいと分かる。(B) は the easiest で easy の最上級を作るので most は不要。

19　正解　(C) 不要　重要POINT93　p.265

Although it is possible to draw clear distinctions in theory between the purpose and methods of history and sociology, in practice the two forms of knowledge pass over into one another by almost imperceptible gradations.

訳 歴史と社会学の目的と方法論を理論上はっきりと区別することは可能であるが、実際にはこの２つの知識形態はほぼ知覚できないほど徐々にお互いに往

来している。

> (A) の it は形式主語であるため to draw clear distinction「区別すること」が真主語となり、(C) but 以下の節の動詞が現在形（pass）を取っていることから適切であると分かる。(B) も between A and B の相関表現を適切に作っており正しく、(D) almost は副詞で直後の形容詞 imperceptible「知覚できない」を修飾している。よって、正解は (C) となるが、ポイントは文頭の Although でこの英文を形式的に表すと「Although S'-V', but S-V」となり逆接の意味を表す接続詞が重複していることが分かる。この場合、(C) の but を取り除けば正しい英文になる。

20　正解　(C) approached　重要POINT58　p.175

Lexell and Burckhardt's comet of 1770, so celebrated on account of the disturbances it experienced from Jupiter, has approached the Earth within a smaller distance than any other comet.

　訳　1770年のレクセル・ブルクハルト彗星は、木星から受ける摂動がゆえに名高く、いかなる他の彗星よりも近い距離まで地球に近づいた。

> (A) は形容詞で「名高い、有名な」の意味を表し前出の名詞句 Lexell and Burckhardt's comet of 1770 の補足説明をしており、(B) の it はこの名詞句を指示し experienced の主語であるため主格を表す it で適切である。(C) の approached は他動詞であるため後ろに直接的に目的語を取る。したがって、(C) に含まれる前置詞である toward は不要。尚、(D) 直前の other は一般的に可算名詞の複数形を修飾するが、any や no、the などの語を伴った場合可算名詞の単数形を修飾することもできる。

21　正解　(A) be distinguished　重要POINT54　p.159

Natural law may be distinguished from all other forms of law by the fact that it aims at nothing more than a description of the behavior of certain types or classes of objects.

　訳　特定の種類あるいは部類の物体の行動を描写することが唯一の狙いであるという事実によって、自然の法則は他のいかなる形態の法則とも区別されよう。

> (A) の直前に助動詞である may があることから後ろには原形不定詞が必要。(A) は distinguished となっているため be 動詞を補って受動の形を作れば正しい英文となる。(B) は指示内容が Natural law「自然の法則」で直後の aims に対応する主語であるた

め主格を示す it で正しく、(C) は nothing more than A で「A に過ぎない」の意味を表す表現で、(D) は 2 つの複数名詞 types と classes を並列しており問題ない。

22　正解　(A) construction　重要POINT72　p.215

It seems hard to maintain that the change in a syntactical construction or in the meaning of a word owes its universality to a simultaneous and independent primary change in all the members of a speech-community.

　訳　ある語の統語構造あるいは意味の変化はある言語社会の全ての構成員の同時的かつ孤立的な重要な変化がゆえに普遍的であると主張することは難しいように思われる。

(B) と (C) については owe A to B の形で「A は B のおかげである」の意味を表し、(C) の後に change と単数形の名詞を取っていることからも適切。名詞の単数・複数形についてもう 1 つ確認したいのが (A) の選択肢で、直前に a syntactical と置かれていることから (A) は単数形である必要が分かる。よって、(A) を construction とすれば正しい英文となる。

23　正解　(B) special advantages　重要POINT80　p.235

It is said that one of the special advantages that Montpellier had over Paris was its possession of so many important MSS., particularly those of the Arabian writers.

　訳　モンペリエがパリに特別勝っている点の一つはモンペリエが多くの重要な著作、とりわけアラビア語を使う作家たちの著作を輩出していることであると言われている。

(A) の It は形式主語であり that 節が真主語になっているため正しく、目につく選択肢である (D) は the MSS の代替表現で MSS は manuscripts「著作」の略語。(C) は the special advantage を先行詞に持つ関係代名詞 that 節内の動詞 had と後続する前置詞句 over Paris の over に下線が施されており、元の文は Montpellier had the special advantage over Paris となるので問題ない。(B) は直前の one of the に注目が必要で「～のうちの一つ」の意味を表すため (B) は必ず複数名詞である必要がある。

24 正解 (C) relatively　　　重要POINT91　p.261

Every individual comes into the world in possession of certain characteristic and relatively fixed behavior patterns called instincts.

訳　全ての人は本能と呼ばれる、特定の特徴や比較的固定された行動様式を持ってこの世に生まれる。

> (D) は過去分詞形で直前の名詞 patterns を修飾しており問題ない。他の選択肢にはこれといった特色がないので、それぞれの品詞が正しいかをチェックする。(A) は Every によって修飾されているので名詞で「個人、人」の意味を表し、(B) も前置詞である in の直後に置かれているので possess「所持する」の名詞形である possession で適切。(C) の relatives は名詞である relative「親族」の複数形を取っているが、直後に形容詞 fixed「固定された」があるので副詞である relatively「比較的」とする必要がある。

25 正解 (B) should have / have　　　重要POINT52　p.156

Sir James Dewar points out that Dalton's law demands that every gas composing the atmosphere should have, at all heights and temperatures, the same pressure as if it were alone, the pressure decreasing the less quickly, all things being equal, as its density becomes less.

訳　ダルトンの法則では大気を構成している全ての気体は全ての高度と温度においてまるで孤立した状態であるのと同じ圧力を持ち、全ての条件が同じであれば密度が低くなるにつれその圧力が低下する速度が落ちる必要があると、ジェームズ・デュアーは指摘している。

> 下線が施されていないため反応しづらいが、ポイントは (A) の手前にある demands「要求する」である。提案、要求、主張を意味する動詞の目的語となる that 節内では仮定法現在が用いられるので that 節の動詞である (B) の has は should have あるいは have となる必要がある。(A) は現在分詞で直前の名詞句 every gas を修飾しており、(C) は as if 節内なので仮定法過去を取っており、(D) は (C) の it と同じ every gas を指示し、直後に名詞である density を従えるので所有格を表す its で適当である。

26　正解　(A) finds　　重要POINT64　p.194

The second world-wide practice which finds its earliest record among the Egyptians is the use of secretions and parts of the animal body as medicine.

訳　エジプト人たちの間で最も古く記録に残っている世界規模の慣習の2つ目が、動物の身体の分泌液や身体の一部を薬として用いることである。

(A) については「指示内容が何か？」の前に先行詞に The second world-wide practice を持つ関係代名詞 which の節内に置かれていることに注目する。この先行詞を which 節内の本来の位置にもどそうとすると finds の主語である it の位置にもどる（つまり、本来の英文は The second world-wide practice finds its earliest ...）と分かるので、この it は不要。関係代名詞節は先行詞が元に置かれていた分の隙間が必ず生じている。(C) は対応する主語が The second world-wide practice であるため適切であり、(D) についても (C) 直後の the use から始まる the use of A as B「AをBとして用いること」の一部を成しており正しく用いられている。

27　正解　(B) interest　　重要POINT88　p.257

It will be of interest to know what studies were followed at a mediaeval university.

訳　どのような研究が中世の大学において追及されていたことを知ることは興味深いであろう。

(A) の It は形式主語であり、to know 以下が真主語を取っている。(C) は直前の were とくっついて受動態を作っており、対応する主語は what studies であるため能動・受動の関係も適切。(B) と (D) については品詞をチェックするしかなく、(D) は直前に不定冠詞 a、直後に名詞である university を持つので形容詞形である mediaeval で適切。(B) は直前に前置詞である of を持つため名詞にしておく必要があるので、interest「関心」とすれば正しい英文になる。

28　正解　(A) Greek science　　重要POINT42　p.133

Greek science in its palmy days seems to have been very free from the bad features of astrology.

訳　繁栄期のギリシア科学は占星術の持つよろしくない特徴から全く影響を受けていなかったように思われる。

(A) の Greek sciences は文頭に置かれた名詞句なので主節の主語と考えると、対応する動詞が seems となる。これでは主語と動詞が不一致な状態なので、(A) を Greek science とするべきである。尚、(B) は完了不定詞にすることで主動詞である seems と時制をずらしており (seems が現在形であることに対して to have been 以下は過去の事柄を表している)、(C) は be free from A で「A に悩まされない」の意味を表し、(D) の feature「特徴」も可算名詞であるため複数形で問題ない。

29　正解　(D) by acculturation　　重要POINT87　p.255

The various types of the social heritages are transmitted in two ways: by tradition, as from generation to generation, and by acculturation, as from group to group.

訳　様々な種類の社会的遺産は、世代から世代へと伝えられるような伝統によるものと、集団から集団へと伝えられるような文化変容によるものの二つの形で伝えられる。

(A) は直前の形容詞 various「様々な」が複数名詞を必ず従えることから適切で、(B) も直前の are とくっついて受動態を作り、対応する主語が The various types of the social heritages「様々な種類の社会的遺産」であることから意味の面でも受動関係で適切である。(C) の as は従属接続詞で本来は as the various types of the social heritages are transmitted from generation to generation だが、主節と重複する部分が省略されている。残る (D) は直前にある等位接続詞 and に注目する。並列関係をチェックすると by tradition と acculturating が並列されており、明らかに崩れている。正しくするためには (D) を by acculturation とする必要がある。

30　正解　(D) to　　重要POINT66　p.197

The descendants of the old Celtic peoples have not kept up the Celtic languages to any great extent.

訳　古ケルト民族の子孫たちは広い範囲に渡ってケルト語を維持できていない。

(A) は a people や複数形の peoples の表記の場合「民族」の意味を表し、(B) は対応する主語が The descendants「子孫たち」であり適切。(C) も複数形で問題はなく、残る (D) が正解となる。前置詞のチェックは後続する名詞との兼ね合いを確認して、今回は extent「程度」が置かれているので to が適当。

31 正解 (C) nearly   重要POINT86 p.254

Judging by the similarity in language, the Apache and the Navaho in prehistoric times were as nearly a single group as the present bands of Apache are.

訳 言語の類似点から判断すると、先史時代のアパッチ族とナバホ族は今日のアパッチ族がそうであるようにほぼ単一の集団であった。

> (A) は Judging by A で慣用的な分詞構文を作り「A から判断すると」の意味を表す。(B) は対応する主語が the Apache and the Navaho「アパッチ族とナバホ族」なので were で適切である。(C) については直前の as と (D) の as に注目すると as … as の比較表現が見つかる。1 つ目の as の直後には形容詞あるいは副詞の原級を置く必要があるので、(C) nearer では不適当である。尚、as … as の枠組みを外して元の英文にもどすと near と a single group ではつながらないので、a nearly single group「ほぼ単一の集団」が本来の形である。

32 正解 (D) century   重要POINT100 p.284

The Navaho ritual probably reached its highest phase about the beginning of the nineteenth century.

訳 ナバホ族の儀式は 19 世紀の初頭頃に恐らく最高の段階に達したのであろう。

> なかなか反応しにくい問題だが、一つずつ選択肢を確認すると (A) は他動詞として正しく用いられており「19 世紀初頭頃」のことなので過去形で適切である。(B) は指示内容が The Navaho ritual「ナバホ族の儀式」で直後に highest phase「最高の段階」と名詞を従えるので所有格の its で適切である。(C) も時間を表す名詞句 (the beginning …) と共に用いられており問題はない。注目すべきは (D) の直前で「19 世紀」の意味を表したいので (D) は century のままにしておく必要がある。the 19th century で本来的には「19 番目の世紀」の意味。

33 正解 (B) made   重要POINT49 p.152

A school of French psychiatrists and psychologists represented by Charcot, Janet, and Ribot has made signal contributions to an understanding of the maladies of personality.

376

訳　シャルコーや、ジャネ、リボーに代表されるフランスの精神科医と心理学者たちの学派は人格障害の理解に目覚ましい貢献をなしてきた。

(A) は Ribot までで固まりを作る represent「代表する」の過去分詞形で、前にある名詞句 A school ... and psychologists を修飾しており正しい。(B) については目的語に注目すると signal contributions「目覚ましい貢献」とあり、contribution とコロケーションの面で適切な動詞は make なので made とすれば正しい英文になる。(C) は make a contribution to A で「A に貢献する」の意味を表し、(D) の understanding は通例不定冠詞の an を伴って「理解」の意味を表す。

34　正解　(D) its　重要POINT81　p.236

The publication of the "Fabrica" shook the medical world to its foundations.
訳　『人体の構造』の出版によって医学会は根幹から揺るがされた。

注目ポイントである (D) をチェックすると直後に名詞である foundations「根幹」を持つので所有格は適切だが、their では指示内容が複数形である必要があり、文中に複数名詞は存在しない。文意から考えると the medical world「医学会」が指示内容なので、its とすれば正しい英文になる。代名詞に下線が施されている場合は、必ず「指示内容と格」のチェックをする習慣を身に付けよう。

35　正解　(C) another　重要POINT84　p.241

In the United States, as well as in Europe, one branch of the legislature is authorized to impeach and another to judge: the House of Representatives arraigns the offender, and the Senate awards his sentence.
訳　ヨーロッパだけでなくアメリカにおいても、下院が罪人を召喚し、上院が求刑するように、立法府の一部門が告発し、別の部門が判決を下す。

(B) に対応する主語は one branch「一部門」であるため対応する動詞は is で適切である。ここで one branch と相関的に用いられる（であろう）(C) の others に注目すると、others は「other + 複数名詞」をまとめた表現なのでこの場合であれば other branches となる。主節の主語が one branch of the legislature「立法府の一部門」と単数形を取っているので、others と複数形にすると一致しない。よって単数形に合わせて another (= another branch) とすれば適切である。尚、(D) は対応する主語が the House of Representatives「下院」で単数形扱いであり、動詞は arraigns で適当である。

36　正解　(D) impressed　　重要POINT57　p.174

Of all the organs inspected in a sacrificial animal the liver, from its size, position and richness in blood, impressed the early observers as the most important of the body.

訳　検査台となった動物の全ての臓器の中で、肝臓はその大きさと位置、血液の多さの点で昔の観察者たちに身体の中で最も重要であると印象付けた。

> (A) は a sacrificial animal までで前置詞句を作り、文尾の the most important を修飾している。(B) は直前の all the organs「全ての臓器」を修飾する過去分詞で正しく、(C) も直前の等位接続詞 and によって size（名詞で「大きさ」），position（名詞で「位置」）and richness（名詞で「多さ」）と正しく並列されている。残る (D) だが、impress は「印象付ける」の意味を表す他動詞であり、直後に前置詞を伴わずに目的語を取る。したがって、(D) の with を取り除けば正しい英文になる。

37　正解　(A) literally　　重要POINT89　p.258

The word "university" literally means an association, and was not at first restricted to learned bodies.

訳　「大学」という語は文字通りでは団体という意味であり、当初は学術的な団体に限定されてはいなかった。

> (B) は at first で「当初は」の意味を表す表現で、(C) は be restricted to A で「A に限定される」の意味を表す。残る (A) と (D) については品詞と意味の面をチェックすると、(A) は形容詞で「文字通りの」の意味を表すが直後に動詞の means があるので副詞に正す必要がある。よって、正しくは literally「文字通りに」となり、(D) は body の複数形で「団体」の意味を表しており適切である。

38　正解　(A) asserted　　重要POINT55　p.161

It has been asserted that in the law courts girls find more sympathy than boys, and that for this reason the former receive milder sentences than the latter.

訳　法廷においては女子は男子より多くの同情を受けやすく、このことが理由で前者は後者よりも穏やかな求刑を受けると主張されてきた。

(A) は直前に be 動詞の現在完了形を持つため正しく進行形を作っているが、この場合主語が It であるため「それは [that 以下] ということを主張している」となり、It の指示内容が不明である。It は形式主語で that 節を真主語と考えると、(A) を asserted と過去分詞にして has been asserted で受動態を取ることができる。この場合、「[that 以下] ということが主張されている」となり意味の面でも問題ない。(B) は対応する主語が girls であり正しく、(C) は従属接続詞 that で直前の and によって 2 つの that 節が並列されている。(D) は後ろの than the latter と呼応して正しく比較級が表現されている。

39　正解 (B) who　　重要POINT63　p.183

As long ago as ancient Greek times, there <u>were</u> <u>men</u> who suspected that all matter consisted of tiny particles which were far too small to see.

訳　古代ギリシアの時代にすでに、全ての物質が目にも見えないほど小さな微粒子によって構成されていると考えている人間がいた。

(B) と (D) の関係詞に絡む選択肢をチェックすると、(D) は先行詞が tiny particles「小さな微粒子」で関係代名詞は which で適切であり、後続する節の動詞も複数形の主語に合わせて were で問題ない。(B) については後続する節が動詞 (suspected) から始まるため対応する主語が欠落している。本来は主語の部分に先行詞となる men「人間」が置かれていたと考えられるので、who に直すと正しい英文となる。尚、(A) は下線部の後に続く as と呼応して比較の形を作り、(C) は consist of A で「A で構成される」の意味を表す。

40　正解 (C) or　　重要POINT96　p.279

<u>Hair color</u> is due either to a golden-brown pigment that looks black in masses, or else to a red pigment.

訳　髪色は塊では黒色に見える黄褐色の色素か、赤色の色素のいずれかが原因である。

下線は施されていないが、注目したい語は (A) の直前に置かれている either である。either は or と相関的に either A or B の形で「A または B」の意味を表すので、either 以下に or を探す。A に当てはまる部分が either 直後の to a ... in masses までだと分かり、(C) の and は、副詞である else を挟んで to a red pigment と to から始まる前置詞句が後続しているので、or である必要がある。尚、(A) と (D) の to は due to A の形で「A が原因で」の意味を表し、(B) は関係代名詞節の動詞であり先行詞は a golden-brown pigment なので適切である。

DATE: _____

STEP 2

POINT1-8 シャッフル問題

No.	ANSWER
1	Ⓐ Ⓑ Ⓒ Ⓓ
2	Ⓐ Ⓑ Ⓒ Ⓓ
3	Ⓐ Ⓑ Ⓒ Ⓓ
4	Ⓐ Ⓑ Ⓒ Ⓓ
5	Ⓐ Ⓑ Ⓒ Ⓓ
6	Ⓐ Ⓑ Ⓒ Ⓓ
7	Ⓐ Ⓑ Ⓒ Ⓓ
8	Ⓐ Ⓑ Ⓒ Ⓓ
TOTAL	

DATE: _____

STEP 2

POINT9-16 シャッフル問題

No.	ANSWER
1	Ⓐ Ⓑ Ⓒ Ⓓ
2	Ⓐ Ⓑ Ⓒ Ⓓ
3	Ⓐ Ⓑ Ⓒ Ⓓ
4	Ⓐ Ⓑ Ⓒ Ⓓ
5	Ⓐ Ⓑ Ⓒ Ⓓ
6	Ⓐ Ⓑ Ⓒ Ⓓ
7	Ⓐ Ⓑ Ⓒ Ⓓ
8	Ⓐ Ⓑ Ⓒ Ⓓ
TOTAL	

DATE: _____

STEP 2

POINT17-24 シャッフル問題

No.	ANSWER
1	Ⓐ Ⓑ Ⓒ Ⓓ
2	Ⓐ Ⓑ Ⓒ Ⓓ
3	Ⓐ Ⓑ Ⓒ Ⓓ
4	Ⓐ Ⓑ Ⓒ Ⓓ
5	Ⓐ Ⓑ Ⓒ Ⓓ
6	Ⓐ Ⓑ Ⓒ Ⓓ
7	Ⓐ Ⓑ Ⓒ Ⓓ
8	Ⓐ Ⓑ Ⓒ Ⓓ
TOTAL	

キリトリ

DATE: _____

STEP 2
POINT 25-32 シャッフル問題

No.	ANSWER
1	Ⓐ Ⓑ Ⓒ Ⓓ
2	Ⓐ Ⓑ Ⓒ Ⓓ
3	Ⓐ Ⓑ Ⓒ Ⓓ
4	Ⓐ Ⓑ Ⓒ Ⓓ
5	Ⓐ Ⓑ Ⓒ Ⓓ
6	Ⓐ Ⓑ Ⓒ Ⓓ
7	Ⓐ Ⓑ Ⓒ Ⓓ
8	Ⓐ Ⓑ Ⓒ Ⓓ
TOTAL	

DATE: _____

STEP 2
POINT 33-40 シャッフル問題

No.	ANSWER
1	Ⓐ Ⓑ Ⓒ Ⓓ
2	Ⓐ Ⓑ Ⓒ Ⓓ
3	Ⓐ Ⓑ Ⓒ Ⓓ
4	Ⓐ Ⓑ Ⓒ Ⓓ
5	Ⓐ Ⓑ Ⓒ Ⓓ
6	Ⓐ Ⓑ Ⓒ Ⓓ
7	Ⓐ Ⓑ Ⓒ Ⓓ
8	Ⓐ Ⓑ Ⓒ Ⓓ
TOTAL	

キリトリ

DATE: _____

STEP 3
POINT 41-48 シャッフル問題

No.	ANSWER
1	Ⓐ Ⓑ Ⓒ Ⓓ
2	Ⓐ Ⓑ Ⓒ Ⓓ
3	Ⓐ Ⓑ Ⓒ Ⓓ
4	Ⓐ Ⓑ Ⓒ Ⓓ
5	Ⓐ Ⓑ Ⓒ Ⓓ
6	Ⓐ Ⓑ Ⓒ Ⓓ
7	Ⓐ Ⓑ Ⓒ Ⓓ
8	Ⓐ Ⓑ Ⓒ Ⓓ
TOTAL	

DATE: _____

STEP 3
POINT 49-55 シャッフル問題

No.	ANSWER
1	Ⓐ Ⓑ Ⓒ Ⓓ
2	Ⓐ Ⓑ Ⓒ Ⓓ
3	Ⓐ Ⓑ Ⓒ Ⓓ
4	Ⓐ Ⓑ Ⓒ Ⓓ
5	Ⓐ Ⓑ Ⓒ Ⓓ
6	Ⓐ Ⓑ Ⓒ Ⓓ
7	Ⓐ Ⓑ Ⓒ Ⓓ
TOTAL	

DATE: _____

STEP 3
POINT 56-63 シャッフル問題

No.	ANSWER
1	Ⓐ Ⓑ Ⓒ Ⓓ
2	Ⓐ Ⓑ Ⓒ Ⓓ
3	Ⓐ Ⓑ Ⓒ Ⓓ
4	Ⓐ Ⓑ Ⓒ Ⓓ
5	Ⓐ Ⓑ Ⓒ Ⓓ
6	Ⓐ Ⓑ Ⓒ Ⓓ
7	Ⓐ Ⓑ Ⓒ Ⓓ
8	Ⓐ Ⓑ Ⓒ Ⓓ
TOTAL	

DATE: _____

STEP 3

POINT64-70 シャッフル問題

No.	ANSWER
1	Ⓐ Ⓑ Ⓒ Ⓓ
2	Ⓐ Ⓑ Ⓒ Ⓓ
3	Ⓐ Ⓑ Ⓒ Ⓓ
4	Ⓐ Ⓑ Ⓒ Ⓓ
5	Ⓐ Ⓑ Ⓒ Ⓓ
6	Ⓐ Ⓑ Ⓒ Ⓓ
7	Ⓐ Ⓑ Ⓒ Ⓓ
TOTAL	

DATE: _____

STEP 3

POINT71-78 シャッフル問題

No.	ANSWER
1	Ⓐ Ⓑ Ⓒ Ⓓ
2	Ⓐ Ⓑ Ⓒ Ⓓ
3	Ⓐ Ⓑ Ⓒ Ⓓ
4	Ⓐ Ⓑ Ⓒ Ⓓ
5	Ⓐ Ⓑ Ⓒ Ⓓ
6	Ⓐ Ⓑ Ⓒ Ⓓ
7	Ⓐ Ⓑ Ⓒ Ⓓ
8	Ⓐ Ⓑ Ⓒ Ⓓ
TOTAL	

DATE: _____

STEP 3

POINT79-85 シャッフル問題

No.	ANSWER
1	Ⓐ Ⓑ Ⓒ Ⓓ
2	Ⓐ Ⓑ Ⓒ Ⓓ
3	Ⓐ Ⓑ Ⓒ Ⓓ
4	Ⓐ Ⓑ Ⓒ Ⓓ
5	Ⓐ Ⓑ Ⓒ Ⓓ
6	Ⓐ Ⓑ Ⓒ Ⓓ
7	Ⓐ Ⓑ Ⓒ Ⓓ
TOTAL	

キリトリ

キリトリ

DATE: _____

STEP 3

POINT 86-93 シャッフル問題

No.	ANSWER
1	Ⓐ Ⓑ Ⓒ Ⓓ
2	Ⓐ Ⓑ Ⓒ Ⓓ
3	Ⓐ Ⓑ Ⓒ Ⓓ
4	Ⓐ Ⓑ Ⓒ Ⓓ
5	Ⓐ Ⓑ Ⓒ Ⓓ
6	Ⓐ Ⓑ Ⓒ Ⓓ
7	Ⓐ Ⓑ Ⓒ Ⓓ
8	Ⓐ Ⓑ Ⓒ Ⓓ

TOTAL

DATE: _____

STEP 3

POINT 94-100 シャッフル問題

No.	ANSWER
1	Ⓐ Ⓑ Ⓒ Ⓓ
2	Ⓐ Ⓑ Ⓒ Ⓓ
3	Ⓐ Ⓑ Ⓒ Ⓓ
4	Ⓐ Ⓑ Ⓒ Ⓓ
5	Ⓐ Ⓑ Ⓒ Ⓓ
6	Ⓐ Ⓑ Ⓒ Ⓓ
7	Ⓐ Ⓑ Ⓒ Ⓓ

TOTAL

STEP 4 Practice Test 1

ITP文法 模試

DATE: _____

選択した答えと一致する丸の中をていねいに塗りつぶしてください。
答えを変更する場合は、前の答えを完全に消してください。

EXAMPLE
CORRECT	Ⓐ Ⓑ ● Ⓓ	
INCORRECT	Ⓐ Ⓑ ⊘ Ⓓ	
INCORRECT	Ⓐ Ⓑ ⊠ Ⓓ	
INCORRECT	Ⓐ Ⓑ ● Ⓓ	
INCORRECT	Ⓐ Ⓑ Ⓒ Ⓓ	

NUMBER OF CORRECT ANSWERS

		TOTAL
Structure _____ (No.1–15)		
Written Expression _____ (No.16–40)		

No.	ANSWER	No.	ANSWER	No.	ANSWER	No.	ANSWER
1	Ⓐ Ⓑ Ⓒ Ⓓ	11	Ⓐ Ⓑ Ⓒ Ⓓ	21	Ⓐ Ⓑ Ⓒ Ⓓ	31	Ⓐ Ⓑ Ⓒ Ⓓ
2	Ⓐ Ⓑ Ⓒ Ⓓ	12	Ⓐ Ⓑ Ⓒ Ⓓ	22	Ⓐ Ⓑ Ⓒ Ⓓ	32	Ⓐ Ⓑ Ⓒ Ⓓ
3	Ⓐ Ⓑ Ⓒ Ⓓ	13	Ⓐ Ⓑ Ⓒ Ⓓ	23	Ⓐ Ⓑ Ⓒ Ⓓ	33	Ⓐ Ⓑ Ⓒ Ⓓ
4	Ⓐ Ⓑ Ⓒ Ⓓ	14	Ⓐ Ⓑ Ⓒ Ⓓ	24	Ⓐ Ⓑ Ⓒ Ⓓ	34	Ⓐ Ⓑ Ⓒ Ⓓ
5	Ⓐ Ⓑ Ⓒ Ⓓ	15	Ⓐ Ⓑ Ⓒ Ⓓ	25	Ⓐ Ⓑ Ⓒ Ⓓ	35	Ⓐ Ⓑ Ⓒ Ⓓ
6	Ⓐ Ⓑ Ⓒ Ⓓ	16	Ⓐ Ⓑ Ⓒ Ⓓ	26	Ⓐ Ⓑ Ⓒ Ⓓ	36	Ⓐ Ⓑ Ⓒ Ⓓ
7	Ⓐ Ⓑ Ⓒ Ⓓ	17	Ⓐ Ⓑ Ⓒ Ⓓ	27	Ⓐ Ⓑ Ⓒ Ⓓ	37	Ⓐ Ⓑ Ⓒ Ⓓ
8	Ⓐ Ⓑ Ⓒ Ⓓ	18	Ⓐ Ⓑ Ⓒ Ⓓ	28	Ⓐ Ⓑ Ⓒ Ⓓ	38	Ⓐ Ⓑ Ⓒ Ⓓ
9	Ⓐ Ⓑ Ⓒ Ⓓ	19	Ⓐ Ⓑ Ⓒ Ⓓ	29	Ⓐ Ⓑ Ⓒ Ⓓ	39	Ⓐ Ⓑ Ⓒ Ⓓ
10	Ⓐ Ⓑ Ⓒ Ⓓ	20	Ⓐ Ⓑ Ⓒ Ⓓ	30	Ⓐ Ⓑ Ⓒ Ⓓ	40	Ⓐ Ⓑ Ⓒ Ⓓ

キリトリ

STEP 4 Practice Test 2

ITP文法 模試

DATE: _____

選択した答えと一致する丸の中をていねいに塗りつぶしてください。
答えを変更する場合は、前の答えを完全に消してください。

EXAMPLE	
CORRECT	Ⓐ Ⓑ ● Ⓓ
INCORRECT	Ⓐ Ⓑ ⊘ Ⓓ
INCORRECT	Ⓐ Ⓑ ⊠ Ⓓ
INCORRECT	Ⓐ Ⓑ ◐ Ⓓ
INCORRECT	Ⓐ Ⓑ ◯ Ⓓ

NUMBER OF CORRECT ANSWERS

		TOTAL
Structure	_____ (No.1–15)	
Written Expression	_____ (No.16–40)	

No.	ANSWER
1	Ⓐ Ⓑ Ⓒ Ⓓ
2	Ⓐ Ⓑ Ⓒ Ⓓ
3	Ⓐ Ⓑ Ⓒ Ⓓ
4	Ⓐ Ⓑ Ⓒ Ⓓ
5	Ⓐ Ⓑ Ⓒ Ⓓ
6	Ⓐ Ⓑ Ⓒ Ⓓ
7	Ⓐ Ⓑ Ⓒ Ⓓ
8	Ⓐ Ⓑ Ⓒ Ⓓ
9	Ⓐ Ⓑ Ⓒ Ⓓ
10	Ⓐ Ⓑ Ⓒ Ⓓ

No.	ANSWER
11	Ⓐ Ⓑ Ⓒ Ⓓ
12	Ⓐ Ⓑ Ⓒ Ⓓ
13	Ⓐ Ⓑ Ⓒ Ⓓ
14	Ⓐ Ⓑ Ⓒ Ⓓ
15	Ⓐ Ⓑ Ⓒ Ⓓ
16	Ⓐ Ⓑ Ⓒ Ⓓ
17	Ⓐ Ⓑ Ⓒ Ⓓ
18	Ⓐ Ⓑ Ⓒ Ⓓ
19	Ⓐ Ⓑ Ⓒ Ⓓ
20	Ⓐ Ⓑ Ⓒ Ⓓ

No.	ANSWER
21	Ⓐ Ⓑ Ⓒ Ⓓ
22	Ⓐ Ⓑ Ⓒ Ⓓ
23	Ⓐ Ⓑ Ⓒ Ⓓ
24	Ⓐ Ⓑ Ⓒ Ⓓ
25	Ⓐ Ⓑ Ⓒ Ⓓ
26	Ⓐ Ⓑ Ⓒ Ⓓ
27	Ⓐ Ⓑ Ⓒ Ⓓ
28	Ⓐ Ⓑ Ⓒ Ⓓ
29	Ⓐ Ⓑ Ⓒ Ⓓ
30	Ⓐ Ⓑ Ⓒ Ⓓ

No.	ANSWER
31	Ⓐ Ⓑ Ⓒ Ⓓ
32	Ⓐ Ⓑ Ⓒ Ⓓ
33	Ⓐ Ⓑ Ⓒ Ⓓ
34	Ⓐ Ⓑ Ⓒ Ⓓ
35	Ⓐ Ⓑ Ⓒ Ⓓ
36	Ⓐ Ⓑ Ⓒ Ⓓ
37	Ⓐ Ⓑ Ⓒ Ⓓ
38	Ⓐ Ⓑ Ⓒ Ⓓ
39	Ⓐ Ⓑ Ⓒ Ⓓ
40	Ⓐ Ⓑ Ⓒ Ⓓ

キリトリ

STEP 4 Practice Test 3

ITP文法模試

選択した答えと一致する丸の中をていねいに塗りつぶしてください。
答えを変更する場合は、前の答えを完全に消してください。

EXAMPLE
CORRECT	Ⓐ Ⓑ ● Ⓓ
INCORRECT	Ⓐ Ⓑ ⊘ Ⓓ
INCORRECT	Ⓐ Ⓑ ⊗ Ⓓ
INCORRECT	Ⓐ Ⓑ ◉ Ⓓ
INCORRECT	Ⓐ Ⓑ Ⓒ Ⓓ

DATE: _____

NUMBER OF CORRECT ANSWERS

Structure _____ (No.1–15)	TOTAL
Written Expression _____ (No.16–40)	

No.	ANSWER	No.	ANSWER	No.	ANSWER	No.	ANSWER
1	Ⓐ Ⓑ Ⓒ Ⓓ	11	Ⓐ Ⓑ Ⓒ Ⓓ	21	Ⓐ Ⓑ Ⓒ Ⓓ	31	Ⓐ Ⓑ Ⓒ Ⓓ
2	Ⓐ Ⓑ Ⓒ Ⓓ	12	Ⓐ Ⓑ Ⓒ Ⓓ	22	Ⓐ Ⓑ Ⓒ Ⓓ	32	Ⓐ Ⓑ Ⓒ Ⓓ
3	Ⓐ Ⓑ Ⓒ Ⓓ	13	Ⓐ Ⓑ Ⓒ Ⓓ	23	Ⓐ Ⓑ Ⓒ Ⓓ	33	Ⓐ Ⓑ Ⓒ Ⓓ
4	Ⓐ Ⓑ Ⓒ Ⓓ	14	Ⓐ Ⓑ Ⓒ Ⓓ	24	Ⓐ Ⓑ Ⓒ Ⓓ	34	Ⓐ Ⓑ Ⓒ Ⓓ
5	Ⓐ Ⓑ Ⓒ Ⓓ	15	Ⓐ Ⓑ Ⓒ Ⓓ	25	Ⓐ Ⓑ Ⓒ Ⓓ	35	Ⓐ Ⓑ Ⓒ Ⓓ
6	Ⓐ Ⓑ Ⓒ Ⓓ	16	Ⓐ Ⓑ Ⓒ Ⓓ	26	Ⓐ Ⓑ Ⓒ Ⓓ	36	Ⓐ Ⓑ Ⓒ Ⓓ
7	Ⓐ Ⓑ Ⓒ Ⓓ	17	Ⓐ Ⓑ Ⓒ Ⓓ	27	Ⓐ Ⓑ Ⓒ Ⓓ	37	Ⓐ Ⓑ Ⓒ Ⓓ
8	Ⓐ Ⓑ Ⓒ Ⓓ	18	Ⓐ Ⓑ Ⓒ Ⓓ	28	Ⓐ Ⓑ Ⓒ Ⓓ	38	Ⓐ Ⓑ Ⓒ Ⓓ
9	Ⓐ Ⓑ Ⓒ Ⓓ	19	Ⓐ Ⓑ Ⓒ Ⓓ	29	Ⓐ Ⓑ Ⓒ Ⓓ	39	Ⓐ Ⓑ Ⓒ Ⓓ
10	Ⓐ Ⓑ Ⓒ Ⓓ	20	Ⓐ Ⓑ Ⓒ Ⓓ	30	Ⓐ Ⓑ Ⓒ Ⓓ	40	Ⓐ Ⓑ Ⓒ Ⓓ

PROFILE

鈴木 順一 Junichi Suzuki

1984年大阪生まれ。大阪大学外国語学部卒業。現在トフルゼミナール講師。中学生から大学生、社会人まで幅広い学習者に対してTOEFL、TOEIC、英検など資格試験対策や受験対策の指導、英語模試の作成、書籍の執筆を行っている。学習者の視線に立ったていねいな指導は定評がある。著書に『TOEFL TEST対策ITP模試3回』『これだけは解こう英検準1級完全予想問題集』『これだけは解こう英検2級完全予想問題集』(以上共著、テイエス企画)がある。

編集：飯塚香
カバー・本文デザイン：高橋明香（おかっぱ製作所）
DTP：有限会社中央制作社

一気に攻略
TOEFL ITP® テスト文法

発行日：2016 年 3 月 30 日　第 1 版第 1 刷
　　　　2020 年 3 月 20 日　第 1 版第 2 刷

著　者　：鈴木順一
発行者　：山内哲夫
企画・編集：トフルゼミナール英語教育研究所
発行所　：テイエス企画株式会社
　　　　　〒169-0075
　　　　　東京都新宿区高田馬場 1-30-5 千寿ビル 6F
　　　　　TEL（03）3207-7590
　　　　　E-mail　books@tsnet.co.jp
　　　　　URL　http://www.tofl.jp/books
印刷・製本：図書印刷株式会社

©Junichi Suzuki, 2016
ISBN978-4-88784-174-1　Printed in Japan
乱丁・落丁は弊社にてお取り替えいたします。